中國竹刻扇骨

李軍 著

寧波出版社

目録

綜述

摺扇與中國文人竹刻扇骨

摺扇自北宋從東瀛傳入中國以來，至明中後期由於帝王官宦的雅好和江南文人的熱衷而迅速中國化，并成爲漢文化元素的典型代表之一。晚明江南特殊的社會人文環境和方興未艾的竹刻藝術氛圍促進了扇骨竹刻的誕生。清初扇骨竹刻文化一度中斷，清中期乾嘉年間金石學勃興，一批以浙派『西泠八家』爲首的治印文人，身體力行，致力竹刻，開始了扇骨竹刻的藝術實踐，從此中國的文人一發而不可收，在清中晚期至民國中期的江南和京津地區，上演了一場文人扇骨竹刻藝術『大劇』。就某種層面而言，它是近代金石派書畫在竹刻這一特殊領域的別樣演繹，是中國文人間抒發胸臆、怡養性情、宣泄情感、交流心得的特殊媒介，是商品經濟社會下人們彰顯身份地位、表露雅趣品位的獨特『名片』，是中國近代新工藝美術思潮與觀念變革的重要載體，更是近代『都市型』文化在竹刻藝術領域的一種表現形態。同時，它也是竹刻藝術在這一歷史發展階段獨特的一種表現形式。扇骨竹刻是中國竹刻藝術領域一個重要的組成部分，它既屬於竹刻的範疇，却又有自身獨特發展的文化藝術脉絡。可以説，中國文人扇骨竹刻演繹發展歷程，也是一部中國文人集詩文、書法、繪畫、篆刻與雕刻爲一體的綜合藝術史。

一、摺扇的傳入與興盛

摺扇，又稱蝙蝠扇[一]、摺疊扇[二]、、摺揲扇[三]、聚扇[四]、聚頭扇[五]、撒扇[六]、摺子扇[七]、聚骨扇[八]等，歷朝稱謂不一，傳説起源於日本。[九]北宋端拱元年（988），日本僧侣奝然與弟子以『個人的貢獻』[一〇]首次將之傳入中國。熙寧末年，日本摺扇以奇價出現在都城汴京著名的集市相國寺。[一一]

[一]《宋史·日本傳》。

[二]（北宋）郭若虛《圖畫見聞志》。

[三]（南宋）吴自牧《夢粱録》。

[四]（宋末元初）周密《癸辛雜識·續集》。

[五]（元）趙元友《題趙千里聚頭扇》詩、明嘉靖至天啓間馮時可《蓬窗續話》。

[六]明宣宗《咏撒扇》詩、清王廷鼎《杖扇新録》。

[七]明弘治至嘉靖《大明會典》。

[八]（明）沈德符《萬曆野獲編》。

[九]《古事類苑·服飾部二十六》：『神功皇后三韓征伐時，見蝙蝠羽始作扇。今軍中所用扇，大抵一尺二寸，片面紙金色以朱畫日輪，片面紙朱色以金畫月輪。其竹骨八枚或十六枚，有紐，長可六寸，隨家傳有小异。』（東京内外書籍株式會社《古事類苑》刊行會刊本昭和十年版）從傳世文物看，日本至今還保存着12世紀平安時代的摺扇，數量達數十把之多，有些扇面上還繪製了人物和佛經插圖等。蝙蝠扇又因形制以竹片、木片、鯨鬚、鐵片等爲骨，單面糊以紙張、綾羅等，又名『紙扇』，其功能與松扇（又稱『冬扇』）有别，僅用於招凉，故别名『夏扇』。

熙寧四年（1071），宋和高麗兩國外交關係恢復之後，高麗摺扇也以『私覿物』傳入中國。[一二]但此時的高麗摺扇，實際上仍是日本摺扇。[一三]傳入北宋的摺扇，作爲一種珍貴而稀罕的舶來品，多爲帝王和朝廷官員以及少數僧道所擁有，同時也引起了一些社會名流、文人墨客的關注。當時的華鎮（約1093年前後在世）、孔武仲（1042—1097）、蘇轍（1039—1112）、黄庭堅（1045—1105）、朱翌（1097—1167）等争相賦詩贊美。摺扇無疑成爲宋朝人最珍愛的物品之一。

宋室南渡後，國人對摺扇的熱衷似乎并未因政治的變遷而减退。南宋初期，中國雖因與日本、高麗往來很少而直接限制了摺扇的輸入，但也就是從此時起，宋人開始仿製日本和高麗摺扇，至少在乾道三年（1167）之前民間作坊已出現仿製高麗的摺扇。至13世紀前後，中國仿製高麗摺扇在用材上已更顯『華侈』，大有青出於藍之勢。

至南宋中葉以後，隨着『市舶』貿易國策的推進，南宋與日本、高麗間的民間貿易日趨繁盛。日本在向宋朝輸出的商品中，明確就有扇子等工藝品。高麗也通過朝貢、使節互訪及民間貿易等途徑將物品大量輸入中國。大批的日本、高麗摺扇被作爲貿易商品進入中國市場，促進了南宋摺扇的普及和平民化。

仿製摺扇的大量生産和日本、高麗摺扇的大量輸入，使摺扇成爲大衆商品而逐漸走向市場。都城臨安出現了專門從事製作、銷售摺扇的店鋪，成爲摺扇的最大集散地。摺扇已流行於市。

1978年，江蘇武進南宋中期墓出土的朱漆戧金蓮瓣式木奩（圖一），奩蓋上戧金刻畫的仕女庭園消夏圖（圖二），成爲迄今發現最早的實物摺扇圖像。圖

[一〇]〔日〕木宫泰彦著，胡錫年譯《日中文化交流史》，商務印書館1980年版。

[一一]徽宗政和進士、天台學官江少虞在他所著的《宋朝事實類苑》卷六十《風俗雜誌·日本扇》中提到：『熙寧末，余游相國寺，見賣日本國扇者，琴漆柄，以鴉青紙厚如餅，揲爲旋風扇，淡粉畫平遠山水，薄傅以五彩。近岸爲寒蘆衰蓼，鷗鷺佇立，景物如八九月間。艤小舟，漁人披蓑釣其上，天末隱隱有微雲飛鳥之狀。意思深遠，筆勢精妙。中國之善畫者，或不能也。索價絶高，余時苦貧，無以置之，每以爲恨。其後再訪都市，不復有矣。』（江少虞《宋朝事實類苑》，上海古籍出版社1981年版。）

[一二]郭若虛在約成書於熙寧七年（1074）的《圖畫見聞志》『高麗國』條中載云：『彼（高麗國）使人每至中國，或用摺疊扇爲私覿物。其扇用鴉青紙爲之，上畫本國豪貴，雜以婦人、鞍馬，或臨水爲金砂灘，暨蓮荷、花木、水禽之類，點綴精巧；又以銀泥爲雲氣、月色之狀，極可愛。謂之倭扇，本出於倭國也。近歲尤秘惜，典客者蓋稀得之。』

[一三]《宣和奉使高麗圖經》卷二十九《供張》云：『白摺扇，編竹爲骨，而裁藤紙挽之。間用銀銅釘飾，以竹數多者爲貴，供給趨事之人，藏於懷袖之間，其用甚便。』『畫摺扇，金銀塗飾，復繪其國山林、人馬、女子之形。麗人不能之，云是日本所作。觀其所饋衣物，信然。』

中庭柳蔭下有兩仕女，一懷抱腰形紈扇，一輕摇六檔骨摺扇[一]，表明至少在南宋中期，摺扇已與團扇并行，爲大户人家普遍使用。

隨着自製摺扇的出現，摺扇扇面的書畫創作也開始在南宋時出現，并在專業畫家和宫廷皇室中流行，成爲南宋繪畫創作的最新樣式。

元代，摺扇因蒙漢文化差异和漢人地位的低下而進入低迷發展時期。原被漢人視爲高雅之物的摺扇，此時已淪落到『僕隸所執，取其便於袖藏，以避尊貴者之目』[二]的境地。

明代，摺扇在帝王的推崇和朝貢貿易的推動下得到了前所未有的發展與繁榮。明太祖時，日本摺扇已入貢朝廷。永樂二年（1404）至嘉靖八年（1529），明朝對日本實行『勘合貿易』。日本摺扇被確定爲法定貿易品，以『貢獻方物』『國王附搭物』『使臣自進物』等方式輸入中國，成爲數量僅次於倭刀的輸入品。嘉靖二十七年（1548）中日勘合貿易停止後，摺扇以朝鮮所貢爲主。明太祖把倭扇作爲戰利品賜予將臣，倭扇被賦予一種政治色彩。

永樂時，明成祖朱棣對日本摺扇的『捲舒之便』喜愛有加，『命工如式爲之』[三]，并『遍賜群臣，内府又仿其制以供賜予，天下迨遍用之』[四]，致摺扇在王公貴族和朝廷官員中逐漸流行。

明宣宗朱瞻基也是一位非常喜愛摺扇的皇帝。今北京故宫博物院收藏的十五根鑲湘妃竹骨超大摺扇上[五]『柳陰賞花』『松下讀書』圖，便是他的御筆。這也是現今所見年代最早的摺扇繪畫實物。

在明代，摺扇還被大臣們賦予許多人文光環與文化寓意。如明朝大臣、大儒方孝孺（1357—1402）曾將摺扇比附於『德』；文學家莫是龍（1537—1578）則視摺扇『揮塵』爲『交流』。顯然，摺扇已成爲一種文化象徵，而不是單純的納凉用具了。

摺扇的『别様』和『風雅』，使它迅速在江南文人中興盛。目前所見傳世最早的文人摺扇扇面是收藏於上海博物館的明謝縉汀樹釣船圖扇頁（圖三　有作者題詩，但未署年款），它至遲也應作於宣德年間（1426—1435）。從後世珍藏的明代摺扇扇面情况來看，明成化（1465—1487）以後，摺扇書畫首先在吴門興盛，當時著名的書法家、畫家，如吴寬、李應楨、沈周、文徵明、周臣、唐寅、仇英、

[一]陳晶《記江蘇武進新出土的南宋珍貴漆器》，《文物》1979年第3期。

[二]（清）高士奇《天禄識餘》卷三《聚頭扇》。

[三]（清）陳元龍《格致鏡原》卷五十八《燕賞器物》引《張東海集》條，清光緒丙申年積山書局石印本。

[四]（清）陳元龍《格致鏡原》卷五十八《燕賞器物》二，引劉元卿《賢奕編》條，清光緒丙申年積山書局石印本。

[五]南訪《明代大摺扇》，《文物》1979年第8期。

圖一

圖二

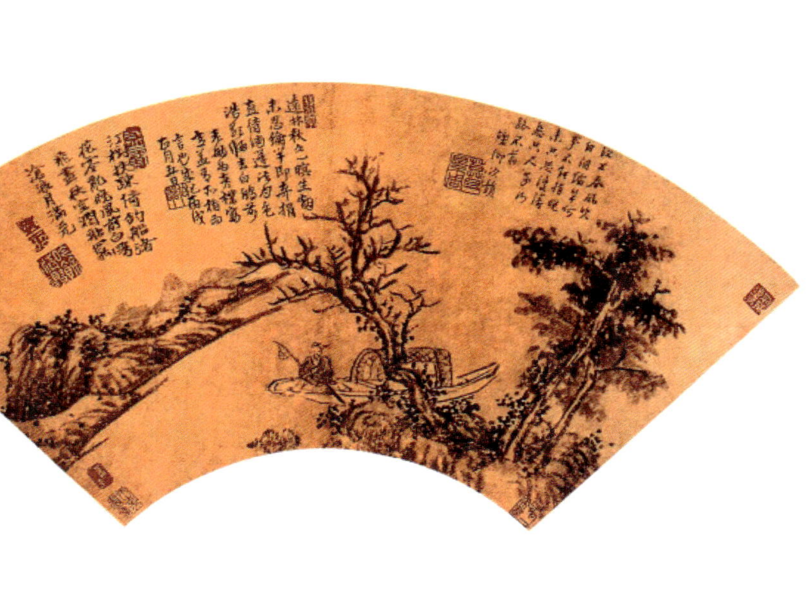

圖三

文嘉、陳淳、張路等，幾乎都創作書畫摺扇。可見，成化至萬曆中期的『吳門畫派』，成爲明中期摺扇繪畫的主要創作群體和摺扇繪畫興起的引領者。[一]明中期，吳中摺扇繪畫用作雅集玩賞、應酬交換已甚爲普遍。士大夫之間互相贈扇及炫耀雅扇成一種風氣，文人墨客題扇畫扇更成爲一種時尚。

摺扇在明代迅速流行，追蹤一些文獻和明代繪畫依然可清晰地發現它的發展軌迹。明人黃佐《翰林記》卷十六記載：至成化四年（1468）時，『凡遇端午，輒賜牙骨聚扇，上有御製《清暑歌》《解愠歌》及諸家繪畫，金織扇袋』。至成化初期，朝廷已形成每逢端午節御製書畫摺扇作爲賞品恩賜於宫内及大臣的慣例。《元明事類鈔》卷三十引李日華語曰：『（摺扇）至揮灑字畫，則始成化間。』成化起，書畫摺扇在民間興盛。陳霆在《兩山墨談》中記述：『（摺扇）天下遂遍用之。而古扇則惟江南之婦人猶存其舊，而今持者亦鮮矣。』正德年間（1506—1521），除江南婦人仍在使用傳統團扇外，摺扇在社會上已近普及。沈德符《萬曆野獲編》記：『予少時見金陵曲中，諸妓每出，尚以二團扇，令侍兒擁於前，今不復有矣。』萬曆初期，團扇已僅爲戲曲中的諸伎使用。至萬曆中後期，摺扇完全取代傳統團扇，在社會各階層盛行。收藏於中國國家博物館約創作於明嘉靖末年至萬曆前期的佚名絹本設色《皇都積勝圖》長卷（圖四），描繪了明中晚期北京城從盧溝橋經廣寧門（今廣安門）、正陽門、棋盤街、大明門、承天門（今天安門）、皇宫等街市，向北一直延伸至居庸關一帶商業繁榮、貿易發達的景象。畫面茶樓酒肆林立，熙熙攘攘的車馬行人中，不時出現揮摺扇於胸前的男子。在一組畫面中，城門下設有扇鋪，鋪上陳設打開的六檔摺扇，旁坐手持摺扇的鋪主。此畫有明代禮部侍郎翁正春於萬曆乙酉年（1609）的題跋，形象地説明了明中晚期京都北京摺扇盛行的景況。

明代社會對摺扇的特殊需求，使日本、朝鮮輸入的貢奉供不應求，於是，永樂年間（1403—1425），朝廷便在内府依式模造。陳霆《兩山墨談》記：『至倭國以充貢，朝廷以遍賜群臣，内府又仿其制以供賜予。』成化時期，民間開始出現仿製高麗摺扇。郎瑛《七修類稿》（作於嘉靖年間）記：『成化初，高麗貢至，朝命仿製以答，復書格言以賜群臣，民間遂效而爲之。』[二]最初，中國仿製的日本摺扇，工藝遠不及日本本島産品，製作簡單，『不過竹骨，繭紙薄面而已』，特别是灑金技術，尚未掌握，故在正德年間，中國專門派遣工匠赴日本學習製扇工藝。中國仿製日本摺扇并不全盤抄搬日本的工藝，而是在日本蝙蝠扇單面貼紙、扇骨一般衹有五根的基礎上進行改造，製作出雙面貼紙、扇骨較多的中國式摺扇。

[一] 朱娜《論摺扇繪畫的興起與明中期吳門畫家的審美嬗變》，揚州大學2009年碩士學位論文。

[二]《七修類稿》續集卷六《摺叠扇》，清光緒三十四年（1908）湖北官書處刻本。

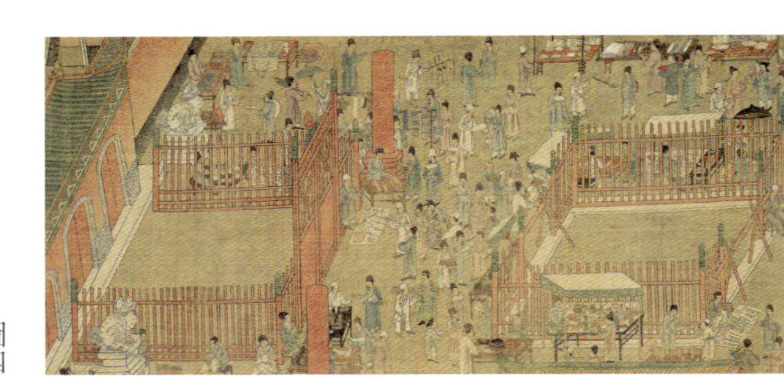

圖四

圖五

圖六

嘉靖二十七年（1548）中日勘合貿易終止後，日本停止向明朝輸入摺扇。由於人們對日本『泥金面烏竹骨』的喜愛由來已久，故在寧波這個明朝廷指定對日貿易的唯一合法港口，最先出現了爲迎合國人口味仿製的日本泥金扇。《七修類稿》卷四五《倭國物》載：『古有戧金而無泥金，有貼金而無描金、灑金……皆起自本朝。因東夷或貢或傳而有也。描金、灑金，浙之寧波多倭國通使，因與情熟言餂而得之。灑金尚不能如彼之圓，故假倭扇，亦寧波人造也。』嘉靖晚期，明仿製摺扇數量已遠遠多於日本輸入摺扇。朝廷在抄嘉靖朝權臣嚴嵩家時，列有財物清册《天水冰山録》，内中記載單是没收扇子即達三萬件，其中川扇數量占一半以上，倭扇僅數十柄。至萬曆年間，仿製摺扇已流播社會各階層，摺扇製造業蓬勃發展，成爲社會的一種新興行業，正如當時在中國的意大利人利瑪竇所言：『在這裏有一種特殊的行業遠比別處普遍，那就是製扇業。』[一] 謝肇淛《五雜俎》[二]卷十二也記録了明代仿製摺扇風靡的盛況：『上自宫禁，下至士庶，惟吴、蜀二種扇最盛行。蜀扇每歲進御，饋遺不下百餘萬，上及中宫所用，每柄率值黄金一兩，下者數銖而已。』這説明，至少在萬曆年間，摺扇生産已形成蘇州和四川兩大中心，其次還有徽州、杭州等地。[三] 其中四川地區生産的川扇主要作貢扇，面灑金，以輕雅著稱，每年進貢數量達 12000 把；蘇州製作的吴扇則以書畫扇爲貴，名家書畫扇價更高。

隨着摺扇在社會各階層的普及，嘉靖至萬曆時期，摺扇隨葬之風在江南貴族、官宦與文人中間盛行。士人競作詩詞饋扇，或持扇求賜書畫，習以爲常，其風尚所致，并作殉葬，即使偏僻之地，風尚所及，也不例外。明末著名文人、『竟陵派』創始人之一譚元春曾記：『魏子病益甚，將死，乃自題銘旌，又言：「……某篋，某賫來乞書，當送某所。」起更衣，向少弟索所愛畫扇，納之袖以殉。』[四] 考古發掘資料亦表明，在江南一帶屬明代中晚期的墓葬，大多出土有摺扇，其中僅上海地區的明墓就出土有近百把摺扇，數量之多，全國罕見。出土摺扇的墓，除了益宣王朱翊鈏夫婦墓和益藩羅川王墓墓主爲藩王、郡王外，其餘多爲朝廷官員和鄉紳文士。[五]

在隨葬的摺扇中，竹骨摺扇尤引人注目。考古發現，1965 年發掘的江蘇江陰長涇鄉明正德十年（1515）紀年墓，出土剪紙摺扇 1 把，竹骨，18 股，高 27.3 厘米，闊 1.3 厘米，扇骨色澤老熟，似已使用多年，扇面裝飾梅鵲報春圖剪紙圖案。[六]

上海嘉靖二十三年（1544）明太常卿（正三品）陸深夫婦、陸楫夫婦墓，出土摺扇 8 把，皆圓頭水磨竹骨，扇骨分 15、17、18、20、24、25 股數種，紙扇面裝飾黑底龍紋灑金和灑金加大小菱形塊圖案。[七]

江西彭澤縣黄嶺鄉嘉靖二十六年（1547）明浙江道監察御史陶醒翁墓，出土摺扇 1 把，竹骨，球形頭，扇面黑地飾菱形金片。[八]

揚州明嘉靖年間（1522—1566）山東按察副使、《嘉靖維揚志》撰者盛儀夫婦合葬墓，夫人彭淑潔棺中出土摺扇 2 把：一把棕竹骨，骨長 30.5 厘米，24 股，橢圓形扇頭，扇面灑金黑紙；另一把紅漆灑金竹骨，骨長 30 厘米，29 股，扇面泥銀黑紙，上飾褐色冰裂紋。[九]

1993 年，上海打浦橋地區發現明嘉靖年間太醫院御醫顧東川（名定芳）夫婦墓，其中顧夫人棺内出土 2 把摺扇，一把是漆畫扇骨。[一〇]

1966 年 4 月清理上海寶山區顧家村明萬曆年間（1573—1620）落葬的明文人隱士朱守城夫婦合葬墓（朱氏、夫人王氏、妾楊氏。墓葬年代爲明萬曆年間，楊氏墓槨外買地券記述楊氏亡故時間爲明萬曆九年）[一一]，出土摺扇 25 把，其中竹骨摺扇 6 把，均朱紅或黑漆裝飾，大小骨展開面描金圖案（圖五）或文字，扇面有以金箔貼出幾何圖案，或以細墨綫繪菱形圖案，或灑金不規則幾何紋。[一二]

江蘇無錫萬曆十六年（1588）明南京鴻臚寺鳴贊華復誠夫婦墓，出土摺扇 2 把，均隨葬在女墓主右手旁，一爲朱漆竹骨扇，長 27.5 厘米；一爲烏漆竹骨，長 31.4 厘米，扇骨上有人物畫像。[一三]

1962 年清理的上海松江地區明萬曆二十九年河南府推官諸純臣夫婦墓，在其妻楊氏（卒于天啓甲子年，1624）的袖内，出土一把竹骨摺扇，骨長 34 厘米，22 股，外塗黑漆，扇面上墨綫繪幾何圖案（圖六）。[一四]

1973 年江蘇吴縣東山槎灣石屋嶺萬曆三十八年明代地主文人許裕甫墓，出土竹骨摺扇 1 把，13 股，方端，長 28 厘米，泥金扇面，正面有申時行（1535—

[一]〔意〕利瑪竇《利瑪竇中國劄記》，中華書局 1983 年版。
[二] 有萬曆四十四年（1616）潘膺祉如韋館刻本。
[三]（明）文震亨《長物志·器具》云：『徽、杭亦有稍輕雅者。』
[四]（明）譚元春《譚元春集》卷二十一《魏太易傳》，上海古籍出版社 1988 年版。
[五] 夏寒《試論江南明墓出土摺扇》，《中原文物》2008 年第 2 期。
[六] 江陰縣文化館《江蘇省江陰縣出土的明代剪紙藝術摺扇》，《文物》1979 年 3 期。其中封面有『正德十年』四字的收糧簿與梅鵲報春圖剪紙摺扇同時出土。
[七] 上海博物館《上海浦東明陸氏墓記述》，《考古》1985 年 6 期。
[八] 丁茂松《彭澤清理一座明監察御史墓》，《江西文物》1990 年第 1 期。
[九] 馬庭順《揮灑聚散見乾坤——揚州博物館摺扇賞析（上）》，《收藏家》2000 年第 9 期。
[一〇] 上海市文物管理委員會，何繼英主編《上海明墓》，文物出版社 2009 年版。
[一一] 上海市文物管理委員會《上海寶山明朱守城夫婦合葬墓》，《文物》1992 年第 5 期。
[一二] 上海市文物管理委員會，何繼英主編《上海明墓》，文物出版社 2009 年版。
[一三] 無錫文物管理委員會《江蘇無錫明華復誠夫婦墓發掘簡報》，《文物資料叢刊》1978 年 2 輯。
[一四] 上海市文物保管委員會《上海市郊明墓清理簡報》，《考古》1963 年第 11 期。

1614）行書《興福寺》及《石公山》詩二首，背面無字畫。[一]

江蘇蘇州虎丘新莊萬曆四十一年（1613）明吏部尚書王錫爵夫婦墓，1966年12月出土竹骨摺扇3把，一把男用方圓頭水磨竹骨，骨長27厘米，16股，紙面書畫摺扇（扇面已毀）。兩把女用方圓頭雨金烏漆竹骨，骨長27厘米，22股，扇面墨底灑金加貼金大小菱形、三角形塊金圖案。[二]

江西南城明益宣王（藩王）朱翊鈏夫婦墓（朱氏、李氏、孫氏，分别葬于1603年、1555年、1582年）出土竹骨摺扇4把。朱氏1把，竹骨，31厘米，紙面，兩面爲黑底描金彩繪祥雲和雙龍戲珠紋。主骨描金，上透雕雙龍戲珠紋圖案，上端内側有墨書『價廿五』字樣。李氏1把，竹骨，素面，骨把和主骨上塗金，扇面爲嫦娥奔月描金畫。孫氏2把，竹骨，扇骨塗金，主骨透雕，一爲龍戲珠紋，一爲鳳穿雲紋，扇面黑地描金畫。[三]

江蘇無錫甘露鄉彩橋村東蕭墳崇禎二年（1629）明翰林院學士華察之子華師伊（1566—1619）夫婦墓，1984年7月出土竹骨摺扇7把，男棺出土5把，女棺2把，其中有一把竹骨透雕葵瓣葵花草圖案，長31.5厘米。[四]

此外，傳世文物在2005年北京誠軒拍賣公司舉辦的臺灣藏扇名家黃天才『善哉扇齋』藏扇專場中，有一件比較完整的水墨金箋雙面畫成扇，系明末書畫名家王建章于崇禎五年（1632）所畫，金扇面，兩面均爲水墨山水。扇骨質材爲上等水磨竹，素面無雕刻，做工精良，古樸可喜。[五]

從以上明墓出土竹扇骨情況來看，大約在嘉靖年間開始，竹扇骨逐漸流行。

二、明代竹刻扇骨的興起

在明永樂之前很長的一段時間内，扇骨雖作爲摺扇的重要組成部分，却一直鮮有人重視，人們關注的衹是扇面的裝飾與書畫創作，而對扇骨的選材與製作工藝不十分講究，乃至扇骨都是采用普通的松木和檜木等木材製成。明中葉起，隨着仿製品的大量生産，扇骨的製作工藝受到了人們的重視，尤其是在當時摺扇的集中流行地金陵與蘇州地區。明謝肇淛撰《五雜俎·物部四》載：『吴扇初以重金妝飾其面爲貴，近乃并其骨，製之極精。』[六]從成化、弘治開始，金陵與蘇州兩地出現了一批以善製扇骨著稱於時的名家，文獻資料中記載的有成化、弘治年間（1465—1505）的李昭、李贇、蔣誠，正德、嘉靖年間（1506—1566）的馬勳、馬福、劉永暉、曹大本，萬曆年間（1573—1620）的柳玉臺、蔣蘇臺、沈少樓、張芝山、杭元孝等等，皆以製骨之巧、造型之美而聞名於時。如明代蘇州李昭者『不數骨，堅厚無窪窿，揮之純然』，馬勳者『其致圓根疏骨，闔闢信手』。又有明張元長稱：『劉（柳）玉臺者，曾識其人於徐慶生汪園中……手削竹如風，聚竹秤之，輕重正等，不差杪忽。』柳玉臺也曾自稱：『吾妙在用膠，得我法，用之則開，舍之則藏，不勞腕力。』[七]明人筆記對此更有詳細的記録，周暉（1546—？）在筆記《金陵瑣事·良工》中記載：『李昭、李贇、蔣誠製扇骨極精工。』[八]《續金陵瑣事》載：『李郎竹骨名遍天下。』明沈德符《萬曆野獲編》云：『往時名手有馬勳、馬福、劉永暉之屬……近年則有沈少樓、柳玉臺……而蔣蘇臺，同時尤稱絶技。』明末清初陳定生《秋園雜佩》記録：『其摺叠扇自永樂朝鮮貢始，始頒其式。宣（德）、宏（治）間，扇名於時者，尖根爲李昭，馬勳爲單根圓頭。又方家製方，相傳云：「文衡山非方扇不書。」川扇、弋扇以地著，後又有蔣三蘇臺、荷葉李、玉臺柳、邵明若、李文甫耀、濮仲謙，雕邊之最精者也。遠者百餘年，近亦四五十年，物即一扇之製，而精堅脆薄，其爲升降也具矣。』[九]明《長物志》也記：『其匠作則有李昭、李贇、馬勳、蔣三、柳玉臺、沈少樓諸人，皆高手也。』清人王士禛在《香祖筆記》卷八中記述，明代『成（化）、弘（治）間，留都扇骨，以李昭製者爲最……往徐健庵司寇爲宫坊時，贈予金陵仰氏扇，予謝以詩，有「舊京扇貴李昭骨」之句』。《中國藝術家徵略·金陵諸美術家》：『南中以工技著名者，有……李昭、李贇、蔣誠之製扇骨……又如濮仲謙之竹器，皆一時絶藝。若仲謙高雅之士，又其餘事耳，爲近時所不及。』《香祖筆記》記吴越諸美術家：『吴中陸子岡之治玉，鮑天成之治犀，朱碧山之治銀，趙良璧之治錫，馬勳之治扇……皆比常價再倍，其人或與士大夫抗禮。』明末著名畫家、收藏家李日華在他所記的《味水軒日記》中記載了萬曆三十八年（1610）六月九日在盛德潛家中得到成扇一事。文曰：『九日，過真如牧隱房，看盛德潛疾。德潛憊矣，檢點平日書畫雜迹，除易薪米、酬交游外，尚有零細種種。對之曰：「我去後，不知竟落誰手。」又曰：「公异日《書畫想像録》刻出，幸附賤姓名，無忘也。」因以正德中吴人劉永暉所製闊板竹骨扇一柄貽余，曰：「扇工雖瑣細，然求如此渾堅精緻者，其法絶矣。」扇有陳眉公（陳繼儒）書一絶云：「萬壑松濤碧影流，石床冰簟冷如秋。卷簾飛瀑懸千丈，恰對吾家竹里樓。」』詩意既清邁，

[一] 蘇華萍《吴縣洞庭山明墓出土的文徵明書畫》，《文物》1977年第3期。

[二] 蘇州市博物館《虎丘王錫爵墓清理紀略》，《文物》1975年第3期。

[三] 劉林、余家棟、許智範《江西南城明益宣王朱翊鈏夫婦合葬墓》，《文物》1982年第8期。

[四] 無錫市博物館、無錫縣文物管理委員會《江蘇無錫縣明華師伊夫婦墓》，《文物》1989年第7期。

[五] 阮富春《書畫成扇走勢堅挺》，《文物天地》2006年第9期。

[六]（明）謝肇淛《五雜俎》，付梓於萬曆四十三年（1615）秋，存世最早爲萬曆四十四年（1616）如韋館刻本，應爲萬曆年間所著。

[七]（明）張大復《梅花草堂筆談》卷十四，浙江人民美術出版社2016年版。

[八]（明）周暉《金陵瑣事》，南京出版社2007年版。

[九]（明）陳貞慧《秋園雜佩·摺叠扇》，粤雅堂叢書本。

書法亦蘇、黄、米相雜。』此外，明張大復《梅花草堂筆談》記載：『扇推李昭、馬勳、劉（柳）玉臺，我皆識之，信名下無虚士，今日樫持一箑，美而净，展闔如意，令人不忍去手。』張岱《陶庵夢憶》（成書於 1644 年之後）也提到：『吴中絶技……馬勳、荷葉李之治扇……俱可上下百年，保無敵手。』明末秀才徐樹丕《識小録》也記：『若吴中……馬勳之治扇……皆一時之尚也。』

此外清乾隆年間的《吴縣志》載萬曆中有杭元孝者，『仿高麗式，精整絶倫。生平所製有限，海内外鑒賞家寶藏之』。清《吴縣志》更是具體地記載了明代幾位製扇名家及其所製扇骨的形制特點，如『馬勳、李昭、柳玉臺、蔣蘇臺、沈少樓皆扇工之最馳名者，馬圓頭，李尖頭，柳方頭，蔣沈方圓并精，各擅其巧』[一]。

衆多扇骨製作名家的出現，使得扇骨價格倍增，以至於社會上出現了『其面重金，亦不足貴，唯骨爲時所尚』[二]的現象。以沈周、文徵明等爲代表的吴門畫家的興起推動了摺扇書畫的興盛，文人們『求樂』的人生志趣和『尚物』『尚雅』的文化心態以及對摺扇骨與扇畫珠聯璧合的心理渴求，使得他們在創作時對扇面與扇骨提出了更高的要求。清阮葵生説文徵明是『非方扇、蔣骨不書』，清王士禛《香祖筆記》也記載了『文衡山非方扇不書』，即非方氏製的『方扇』不書，非名手蔣蘇臺（或劉永暉、李昭、馬勳、曹大本等人）所製的扇骨不畫。此外，文獻還記載了周臣（1460—1535）畫扇喜用曹大本製的扇，陳淳（1484—1543）喜用馬勳的扇，仇英（1494—1552）喜用柳玉臺的扇等。其中，曹大本所製的扇骨，與周臣之畫、文徵明之書合璧，被後人稱爲『舊扇中三絶』。明代吴地一些著名書畫家對扇面、扇骨的挑剔，一方面促進了製扇技藝的精進，另一方面也對扇骨價值的提升起到了推波助瀾的作用。於是，至嘉靖、萬曆年間，馬勳、馬福、劉永暉等名家的扇骨價值『數銖』，要比普通製扇者的貴兩倍。明王世貞（1526—1590）《觚不觚録》記：『今吾吴中……馬勳治扇……皆比常價再倍。』《萬曆野獲編》記：『往時名手有馬勳、馬福、劉永暉之屬，其值數銖。』而到萬曆年間，名家扇骨的價格已比前朝高出數倍，并且高價中還分出了檔次，即便是製骨名家之間，其價格也存在較大差距。如謝肇淛在《五雜俎·物部四》中記載，蘇州摺扇『有柳玉臺者，白竹爲骨，厚薄輕重稱量，無毫髮差爽，光滑可鑒，每柄值白金半兩，斯亦淫巧無用者矣』[三]。可見，萬曆時期製扇名家柳玉臺所製扇骨，一柄值『白金半兩』。而幾乎與《五雜俎》同時撰寫的沈德符《萬曆野獲編》也記載：『近年則有沈少樓、柳玉臺，價遂至一金。而蔣蘇臺，同時尤稱絶技，一柄至值三四金。冶兒争購，如大骨董，然亦扇妖也。』[四]也就是説，同是萬曆年間的製扇名家，沈少樓、柳玉臺等名家所製的扇骨，價值是『一金』，而蔣蘇臺因身懷『絶技』，製作的扇骨最高價則是他們的三到四倍。明張大復的《梅花草堂筆談》則對以上若干製扇名家的扇骨市價作了一個總體表述，即：『有馬勳、馬福、劉永暉之屬，其值數銖。近年則有沈少樓、劉（柳）玉臺，價遂一金。而蔣蘇臺同時尤稱絶技，扇骨一柄，至值三四金。』由此可見明中後期名家製扇骨價值之高，受文人士大夫重視之盛。

明代對摺扇的推崇，不但體現在製扇工藝的精進，還表現在對扇骨材質和裝飾的注重上。明中期後，摺扇已基本取代了團扇。摺扇在人們的日常生活中已不再祇作爲納凉的用具，而是成爲社交禮節的必備品和身份地位的標志物，無論春温夏熱、秋凉冬寒，外出應事，會親探友，必一扇在手，以示儒雅風流，更有甚者則非名扇不用。在文人士大夫、官宦人士之中，摺扇甚至是一種極爲盛行、趣味濃厚的文玩。這種新的生活方式與理念使得人們在使用摺扇時逐漸意識到，摺扇在平時隨身携帶時更多的是以摺叠起來的形態出現的，摺扇從袖子裏被拿出時首先讓人們看到的是大邊的扇骨。扇骨就像是摺扇的門面，是首先受到人們玩賞品評的對象。於是，扇骨的材質與裝飾受到了人們的重視。加之明中後期，特别是江南地區，在商業化潮流的衝擊下，社會文化逐漸崇尚『奢華』，生活開始呈現『藝術化』。此時，歐洲地理大發現所帶來的海外商品的湧入，也使得人們開始有更多的機會選用那些花紋美麗，被稱爲『文木』的花梨、紫檀、鷄翅等進口木材。爲了滿足奢靡生活的需要，一些進口的沉香、犀角等材料也被大量用於工藝美術品的製作。『沉香、犀角等貴重難得材料入口日多，高級官僚貴族因此多歡喜用來雕成種種美術品，示闊鬥奢。』[五]在這樣的社會大潮中，人們對摺扇扇骨的用材也日趨講究，以往多以松、檜等一般木料製作的木質扇骨，開始向紅木等高檔木材挺進，如紫檀、鷄翅、烏木、檀香、白檀、楠木、黄楊、桃絲木等均成爲製作扇骨的用料；而竹質扇骨，已不滿足選用最常見的玉竹和白竹，開始用棕竹、烏竹、梅鹿、湘妃、方竹、佛肚、老松竹、櫻桃紅等名貴品種。除此以外，玳瑁、象牙等名貴舶來品以及獸骨、牛角甚至金屬等材質也用作扇骨製作。文震亨（1585—1645）在他成書於崇禎七年（1634）的《長物志》中就記載：『姑蘇最重書畫扇，其骨以白竹、棕竹、烏木、紫白檀、湘妃、眉緑爲之，間有用牙及玳瑁者。』

摺扇在社會上的風靡、流俗，尤其是追求扇骨之華麗奢靡的風氣，使得江南文人摺扇的創導者吴門書畫家覺得已逐漸偏離了摺扇『風雅』的初衷。在文人雅

[一] 曹允源《吴縣志》卷七十五上《列傳·藝術》一。
[二]（明）沈德符《萬曆野獲編》卷二十六《摺扇》，中華書局 1959 年版。
[三]（明）謝肇淛《五雜俎》第十二卷《物部》。
[四]（明）沈德符《萬曆野獲編》卷二十六《摺扇》，中華書局 1959 年版。
[五] 沈從文《花花朵朵壇壇罐罐》，外文出版社 1994 年版。

士們看來，摺扇原本是優游林泉、寄情抒意的載體，是清逸雅集時的風雅之物，而并非商賈之間携之以炫耀的道具。文人雅士趨雅惡俗的心理、『尚雅』的文化心態以及傳統觀念中對竹之高尚品格的崇尚，使得他們覺得唯有素潔淡雅的竹製扇骨纔是真正的藝術品位所在。因此，在明代中後期方始流行的竹、木、象牙、玳瑁等多種材質的扇骨中，文人們唯獨對竹製扇骨格外珍視。正如沈德符《萬曆野獲編》中所説的：『吴中摺扇，凡紫檀、象牙、烏木者，俱目爲俗製，惟以棕竹、毛竹爲之者稱懷袖雅物。其面重金亦不足貴，惟骨爲時所尚。』[一]如蘇軾所言：『可使食無肉，不可使居無竹。無肉令人瘦，無竹令人俗。人瘦尚可肥，俗士不可醫。旁人笑此言，似高還似癡。』[二]有竹就雅、無竹就俗的中國傳統文人理念，在晚明時期的竹製扇骨中又得到了淋漓盡致的體現。另一方面，竹子的天然柔韌與彈性，也使人們能揮扇自如，竹子因此成爲製作扇骨效果最佳的材料。

晚明時期社會流行閑適、雅致、安逸和享受的生活，人們生活觀念的轉變引起生活藝術化潮流，藝術發展趨向世俗化、生活化。人們在生活中尤其講求藝術之風，與高雅、清韵情調的訴求，使得扇骨即便是流行竹製，也頗講究裝點華麗的紋飾，文人士大夫階層便是這股風氣的主要倡導者。考古資料顯示，嘉靖時期，人們開始注重竹製扇骨的裝飾，其中在竹製扇骨上髹漆、灑金、塗金等工藝較爲流行，漆畫扇骨也初見端倪。萬曆時期，扇骨裝飾愈加受到重視，除繼續流行在扇骨上塗朱、烏（黑）漆或金，或漆上灑金以外，還新出現了在主骨上繪畫人物紋飾，甚至在大小扇骨展開面上以漆地描金滿繪花鳥人物或書寫長篇名文等，使得整把扇骨無論是折叠還是展開都顯得富麗華貴，分外奪眼。典型的即是上海寶山明萬曆年間（1573—1620）朱守城夫婦合葬墓（朱氏、夫人王氏、妾楊氏）[三]出土的6把竹骨摺扇，均爲髹漆描金裝飾。其中朱氏出有5把：1把扇骨朱紅漆，大小骨展開面用金綫繪出花卉禽鳥等。2把竹骨黑漆，大小骨展開面中部皆爲海棠形開光，扇骨與扇面交接處繪四出葉紋連續圖案。這2把中，一把海棠形開光内漆骨灑金士人郊游圖（圖七），繪一官人騎在馬上，馬後跟一挑書侍從，開光外左右兩側各繪一株菊花，枝梗細長，花朵向上怒放；另一把開光内繪士人賞荷圖，兩側爲盛開的荷花（圖八）。還有2把黑漆，大小扇骨展開面上書寫泥金蠅頭小楷《前出師表》（圖九），字體工整秀麗，落款爲『吴舜卿真金巧扇』。王氏出有竹骨摺扇1把，漆骨，大小扇骨展開面作畫灑金雄鷄牡丹圖，畫面中心是一隻昂首的雄鷄，兩側各一朵盛開的牡丹花（圖十）。[四]上述6把摺扇，

[一]（明）沈德符《萬曆野獲編》卷二十六《摺扇》，中華書局1959年版。

[二]（宋）蘇軾《蘇軾詩集》卷九《於潛僧緑筠軒》，中華書局1982年版。

[三]上海市文物管理委員會《上海寶山明朱守城夫婦合葬墓》，《文物》1992年第5期。

[四]上海市文物管理委員會，何繼英主编《上海明墓》，文物出版社2009年版。

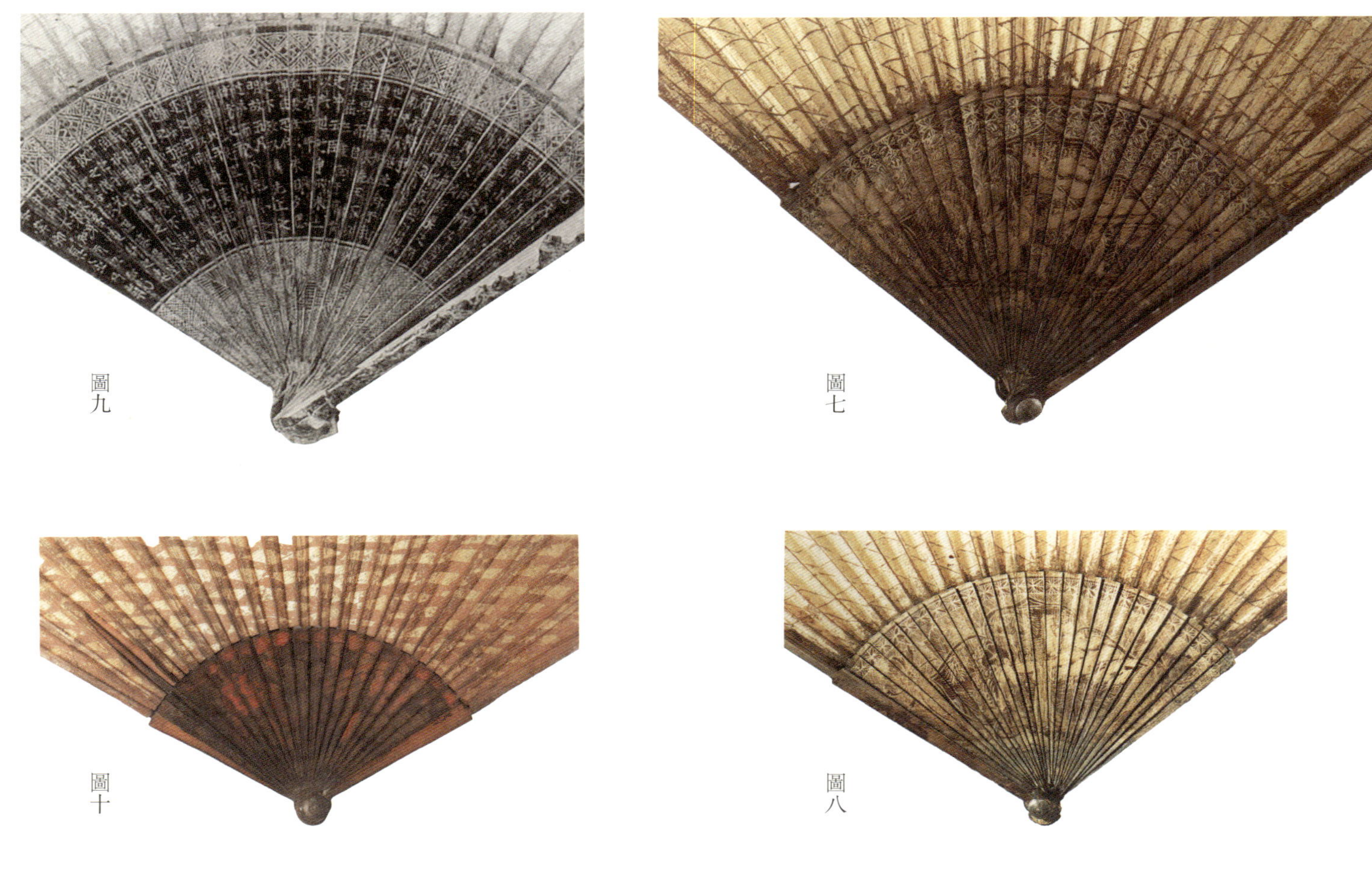

圖七

圖九

圖八

圖十

扇骨描金畫面之精緻非一般扇工所企及。更爲考究的是藩王等皇族使用的摺扇，在塗金的扇骨上再透雕精美的龍、鳳圖案，以增强裝飾與貴氣。如：江西南城朱翊鈏夫婦（朱翊鈏、李氏、孫氏）墓出土的4把竹骨摺扇。朱氏1把，主骨描金上透雕雙龍戲珠紋圖案（圖十一），扇主骨上端内側有墨書『價廿五』字樣。李氏1把，竹骨把和主骨上塗金。孫氏2把，竹扇骨塗金，主骨透雕，一把爲龍戲珠紋（圖十二），另一把爲鳳穿雲紋（圖十三）。這種透雕的技法在崇禎年間繼續沿用，但似乎僅在官宦之家享用。可見，明萬曆年間方始出現的扇骨竹刻從一開始便顯示出它的尊貴。從益宣王朱翊鈏墨書『價廿五』字樣的摺扇來看，『價廿五』應是這件裝飾精美的扇骨的市面標價，按明萬曆三十二年（1604）户部『發京倉二十萬石平糶，每石價六錢五分』[一]計，『價廿五』當是糧餉38.46石米，即1923公斤大米的價錢，亦相當於當時北京一個神木廠雕工匠約417日的工錢或一個翰林院門子兩年半的工食銀[二]。說明確非尋常百姓人家使用。這些竹骨描金扇骨，代表了萬曆時期扇骨描金工藝的最高水平。

但是，以竹爲扇骨，裝飾色漆、塗灑金和繪畫等，在一些文人看來似乎還并非徹底地『雅』，它還不能貼切地反映出中國文人士大夫的精神品格和審美趣味。晚明文人在王陽明『心學』思潮的影響下，向往自由，崇尚真情靈性，講氣節、重情趣、求雅格，講究獨抒個性的審美意識，追求精緻的生活和高逸的品位，他們崇尚古雅，追求清淡幽遠、飄逸靈動、文逸超俗的韵致，并通過直接或間接的參與，將之滲透到文化藝術的各個領域，并使之達到一個藝術的高峰，形成劃時代的意義。如明正德、嘉靖年間，長洲（今屬江蘇蘇州）文彭以凍石爲印材，開啓了文人篆刻的時代潮流；嘉定朱鶴以竹根爲材琢製文房用具，開創了文人竹刻的嶄新紀元。篆刻、雕刻等各領域，尤其是文人竹刻的興起，對扇骨雕刻起到了很大的推動作用。加之明中期開始社會崇尚奢靡華貴、注重精雕細琢、崇尚雅趣之風的主流風尚，更是客觀上對扇骨竹刻的興起和發展起到了推波助瀾的作用，一時間，文人士大夫們以刻竹爲雅事。在這樣的社會背景和藝術潮流中，扇骨竹刻在舊都金陵和繁華都市蘇州首先興起，并在兩地出現了一批扇刻名家。明末清初散文家陳貞慧曾在《秋園雜佩》中提到：『後又有蔣三蘇臺、荷葉李、玉臺柳、邵明若、李文甫耀、濮仲謙，雕邊之最精者也。』這是目前在文獻中所見到的明確能雕刻扇骨的六位名家。其中前三位活躍在蘇州，後三位活躍在金陵。

[一]《明神宗實録》卷四〇三『萬曆三十二年十一月辛丑』條。

[二]高壽仙《明萬曆年間北京的物價和工資》，《清華大學學報》（哲學社會科學版）2008年第3期（第23卷）。

圖十一

圖十二

圖十三

（一）金陵地區

金陵（今江蘇南京），明代的開國都城，明中後期的陪都（也稱南都），一度是全國性的政治、經濟和文化中心。這裏富甲天下，文化繁榮，擁有全國最大的學府之一『南國子監』，設有江南最大的考場『江南貢院』。作爲江南的科考重地，它吸引着全國各地的精英。據記載，弘治六年癸丑（1493），文徵明游學於南京；弘治十一年戊午（1498），唐寅在南京鄉試中一舉奪魁；正德九年甲戌（1514），王守仁到南京講學；萬曆二十八年庚子（1600），李贄在南京講學；萬曆年間，何震篆刻以創新稱雄南京印壇，公安、竟陵兩派競豔南京文壇。而明中期後，資本主義的萌芽又爲南京帶來了厚實的經濟基礎。南京特殊的政治地位和地理位置都使其引領明代藝術潮流，走在明代藝術的最前端。金陵，是明代摺扇仿製的起源之地，摺扇製造業發達。名揚天下的金陵摺扇『京扇』，與『吴扇』『川扇』齊名。明代周暉的《續金陵瑣事》稱：『南京摺扇名揚天下，成化年間李昭竹骨，王孟仁畫面，稱爲二絶。』[一]據記載，當時摺扇的作坊、店肆，大部分集中在通濟門外和三山街、綢緞廊一帶，有數十家，著名的扇莊有『張氏慶元館』『吴舜卿』等，現今南京秦淮河的南岸仍保留着『扇骨營』這一古老地名。金陵還是明代扇骨竹刻的發祥之地，中國的扇骨竹刻在金陵興起，并形成了竹刻藝術史上的重要流派『金陵派』。大約活躍於成化、弘治、正德、嘉靖四朝的著名扇骨竹刻名家李耀（又名昭，字文甫），成爲金陵派竹刻的先驅。《竹個叢抄》記載：『李文甫，名耀，金陵人，擅雕扇骨，所鐫花草，皆玲瓏有致，亦能刻牙章，曾爲文三橋捉刀。』從文獻記載中獲見，李耀以擅雕扇骨印章馳名，作品『玲瓏有致』，聲名遠播，時有『舊京扇貴李昭骨』之説。傳世作品中其扇骨竹刻已不復見，僅見今臺北故宫博物院收藏的仿古銅器式樣白玉水盛，器座爲紫檀木製，座底有『文甫製』款識，該木座爲李耀所製。金陵派竹刻的另一位大家便是明末清初的濮澄。關於濮澄的生卒、生平和藝術風格等，文獻有不少記載。鄧之誠在《骨董瑣記》中曾對濮澄的生卒年做過考證，曰：『牧齋《有學集·贈濮老仲謙詩》云：「滄海茫茫換劫塵，靈光無恙見遺民。少將楮葉供游戲，晚向蓮花結净因。枝底青山爲老友，窗前翠竹似閑身。堯年甲子欣相并，何處桃源許卜鄰。」自注云：君與予同壬午。按，此作於戊子、己丑間。濮年當六十七八矣。』按牧齋所記，濮仲謙生年與牧齋同年，爲萬曆十年壬午（1582），清順治五年己丑（1648），年六十七八，并且退隱山林。清《愚山文集》有記安徽歙縣人李希喬所斫竹臂擱及界尺，『雖近世濮陽仲謙，號竹工絶技，不是過也』。李希喬曾從施閏章（1618—1683）游幕十年，李氏活躍年代爲清代初年，可見濮仲謙於清初尚在。按以上資料，濮仲謙生活時間應在1582年至1660年之間。而時代與濮澄接近的張岱（1597—1684）則在其筆記《陶庵夢憶》中專門作文一篇，稱贊濮仲謙高超的雕刻技藝：『南京濮仲謙，古貌古心，粥粥若無能者，然其技藝之巧，奪天工焉。其竹器一帚一刷，竹寸耳，勾勒數刀，價以兩計。然其所以自喜者，又必用竹之盤根錯節，以不事刀斧爲奇，則是經其手略刮磨之，而遂得重價，真不可解也。仲謙名噪甚，得其款，物輒騰貴。三山街潤澤於仲謙之手者數十人焉，而仲謙赤貧自如也。於友人座間見有佳竹、佳犀，輒自爲之。意偶不屬，雖勢劫之、利啖之，終不可得。』除善借『竹之盤根錯節，以不事刀斧爲奇』，經手略刮磨即成器的雕刻技巧備受世人推崇以外，濮仲謙還以善製、擅刻扇骨而名噪一時。鄧之誠在《骨董瑣記》中曾引劉鑾《五石瓠》提到濮製水磨扇骨，[二]而褚德彝在民國年間曾得到過濮仲謙所刻的雙松竹扇骨，他在《竹刻脞語》中引《初月樓聞見集》言：『其技藝之巧奪天工，其竹器一帚一刷，勾勒數刀，便與凡异。數年前，曾得其竹扇骨，刻雙松纏蔦蘿，糺結不斷，淺刻款「仲謙」二字，然此種刻法似未足云巧也。』褚德彝認爲『淺刻始於明之濮仲謙、李文甫』。從文獻記載來看，濮仲謙雕刻竹扇骨常用的技法是淺刻。目前僅存的實例是天津市藝術博物館於20世紀80年代徵集到的兩件出土於河北省明墓的濮仲謙淺刻竹扇骨。其中一件扇骨長31厘米，邊骨寬2厘米，16股，圓頭（圖十四），一側大骨上部刻梅花一枝，花下刻行書七言詩兩行：『雪滿山中高士卧，月明林下美人來。』另一側大骨近中部刻一枝梅花，其上刻行書款『壬戌仲秋月製，仲謙』，款下刻陰文篆書『可登』印一方。另一件長32.3厘米，邊骨寬2厘米，16股，方頭（圖十五），一側大骨上部刻一簇盛開的水仙花，花下刻行書七言詩兩句：『月明階下窗紗薄，多少清香透入來。』另一側上部刻行書款『壬戌秋八月製，仲謙』，并刻一陰文篆書『可登』方印，款下刻蘭花。[三]兩件扇骨雕工精美，是目前僅見的明代名家扇骨竹刻實物。

李耀與濮澄，均擅扇骨竹刻，并以此聞名於時，可謂扇骨竹刻的開山之祖、金陵派竹刻的創始者。他們繼承了牙雕印章雕刻的簡潔風格，在一定程度上吸收了其雕刻刀法，之後自成體系，獨立一派，刻風追求古樸淡雅，并以淺刻、毛雕

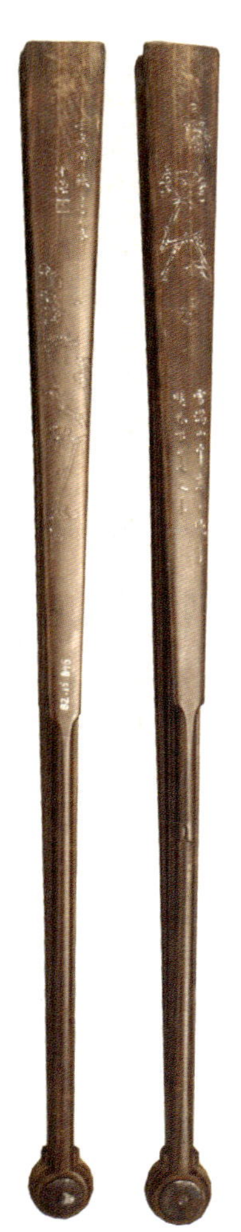

圖十四

[一]（明）周暉《續金陵瑣事》上卷《摺扇》。

[二]（清）劉鑾（1727—1756），乾隆十九年（1754）進士。《五石瓠》之『濮仲謙江千里』條云：『蘇州濮仲謙水磨竹器，如扇骨、酒杯、筆筒、臂擱之類，妙絶一時。亦磨紫檀、烏木、象牙，然不多。』

[三]李世霞《介紹兩件濮仲謙刻竹扇骨》，《文物》1990年第2期。

圖十五

兩種陰文刻法最爲擅長，作品明顯帶有文人藝術的雅趣。他們所開創的以淺陰刻來雕扇骨大邊，注重刻點、綫條與平面有機結合的新技法，相對於當時以朱鶴爲首開創的以圓雕或深刻兼透雕為特點的『嘉定派』竹刻藝術技法，可謂獨樹一幟，不僅成爲金陵派竹刻藝術的標志性特點，亦成爲後世扇骨竹刻技法遵循的主流，具有開創意義。由此亦可見，明中晚期，金陵派不僅首創扇骨竹刻，而且技法已非常成熟。清初大文人王士禛在其《香祖筆記》一書中贊嘆：『蓋南京爲産扇之地，名工所萃也！』

（二）蘇州地區

明代蘇州府，轄吴縣、長洲、常熟、吴江、崑山、嘉定、崇明七縣。明中期，吴中物産豐饒，『士大夫閑居無事，相與輕衣緩帶，留連文酒……鑒賞則法書名畫，鐘鼎彝器』[一]，奢靡、『尚物』之風漸次興起。明憲宗成化以後，蘇州愈益繁華，吴俗奢靡，號稱天下之最[二]，遂形成晚明『風尚奢靡』的世風。明中期後，蘇州成爲『士大夫必游五都會』（北京、蘇州、南京、杭州、揚州）之一，文人雅士聚集，被認爲是文人藝術發展最理想的地方。尤其在成化至嘉靖年間，蘇州形成了以沈周、文徵明爲領袖人物的『吴門畫派』書畫家群體，他們張揚個性、抒發情感的藝術觀念，消閑解愁、怡悦性情的文人心境，嘯咏泉石、怡情書畫的獨特生活方式，以及聚會結社、商榷古今、吟咏唱和的傳統文人活動，爲當時蘇州的人們帶來了新的生活方式，引起人們審美趣味的變化，最終形成了以『精雅』爲主要特徵的蘇式工藝風格。明晚期，蘇州時尚風靡全國，『姑蘇人聰慧好古……善操海内上下進退之權，蘇人以爲雅者，則四方隨而雅之；俗者，則隨而俗之。其賞識品第本精，故物莫能違。……海内僻遠皆效尤之，此亦嘉、隆、萬三朝爲始盛。』[三]以至天啓年間（1621—1627），南京、蘇州在服飾上曾流行兩個新名詞：『蘇樣』和『蘇意』。即凡服裝式樣，新鮮、離奇，一概稱爲『蘇樣』；見到別的稀奇鮮見的事物，稱爲『蘇意』。這些都爲扇骨竹刻藝術在蘇州的興起與發展提供了有利的社會環境。加之，蘇州管轄竹刻藝術的發祥地嘉定，與扇骨竹刻的發源地金陵又有着千絲萬縷的聯繫。金陵竹刻名家李文甫『嘗爲文三橋操刀』，『金陵派』創始人之一濮仲謙曾流寓過蘇州。因此，萬曆年間，蘇州出現了雕刻扇骨的名家柳玉臺和蔣誠等。柳玉臺，蘇州人，萬曆間在世，製作扇骨，『手削竹如風，聚竹秤之，輕重正等，不差杪忽』[四]，因其擅製方形扇頭，民間有『柳方頭』之稱。蔣誠，又名蔣三，號蘇臺，蘇州人，嘉靖萬曆年間在世，兼善直根，不啻絶技，一柄至值三四金，如大骨董，有『扇妖』之目。王士性在《廣志繹》中云：『至於寸竹片石摩弄成物，動輒千文百緡，如陸子岡之玉，馬小官之扇，趙良璧之鍛，得者競賽，咸不論錢，幾成物妖，亦爲俗蠹。』[五]這説明在明代，雕刻名家和製扇藝人已重視在摺扇領域發揮竹雕技藝。

摺扇大邊的雕刻，古稱『雕邊』。從文獻記載來看，最早可以追溯到宋末元初，周密在《癸辛雜識》續集下《倭人居處》中曰：『其聚扇用倭紙爲之，以雕木爲骨，作金銀花草爲飾，或作不肖之畫於其上。』[六]而據王勇先生在《日本摺扇的起源及在中國的仿製》中介紹：日本室町時代（1336—1573）的摺扇，雖然以『唐扇』[七]式樣爲主流，但日本工匠在模仿中仍然有所創新，如在扇骨上施以各種雕飾，創製出一種『皆雕骨扇』。在勘合貿易中輸往明朝的貢扇，主要是這種改良型的摺扇。可見，當時仿製倭扇，已注意在木質扇骨上雕飾花紋。至明代，摺扇雖在中國得以普及，但存世的明代成扇和扇骨數量并不多，而有雕刻的扇骨則更爲少見，從清乾隆時期張若靄根據清宫收藏摺扇所編《煙雲寶笈成扇目録》中統計，宫廷收藏的三百多把明代摺扇中，有花紋的扇骨僅見棕竹鏤空扇六把，雕鏤扇兩把，且紋飾較爲簡潔。明代扇骨總體以『和尚頭』和明式方頭爲主，扇骨裝飾多是在竹或木上作透空雕鏤，但主流仍以素面爲主。蘇式摺扇中也有流行陽雕淺刻而極爲纖細的邊飾、大邊凹板的做法，典型的是鏤雕『禹門洞』，常見的爲三組，參照的是明代建築、家具上習見的做法和盛行的紋樣。[八]文獻中，我們還見到明末清初談遷（1593—1657）在《棗林雜俎》中有這樣的記載：『乙未（清順治十二年，1655年）四月七日，文書房傳旨：着四川布政司照進到年例扇柄，内欽降花樣彩畫面各樣龍鳳扇八百一十柄，内金釘鉸彩畫面、渾貼雕邊骨龍鳳舟船扇十五柄……』可見，明末清初四川貢扇中也有扇骨雕邊，

[一]（清）錢謙益《牧齋初學集》卷七十八《翟少潛哀辭》，上海古籍出版社1985年版。
[二]（明）王錡《寓圃雜記》卷五『吴中近年之盛』；（清）龔煒《巢林筆談》卷五『吴俗奢靡日盛』。
[三]（明）王士性《廣志繹》，《元明史料筆記叢刊》，中華書局1981年版。
[四]（明）张大復《梅花草堂筆談》卷十四。
[五]（明）王士性《廣志繹》，《元明史料筆記叢刊》，中華書局1981年版。
[六]（宋）周密《癸辛雜識》，上海古籍出版社2012年版。
[七]據日本《國史大辭典》『扇』條載：迨至14世紀後葉，在此之前中國已經開始仿製日本扇，仿扇在扇骨雙面貼紙，正反兩面均不顯扇骨。當時，這種形制的仿扇逆向輸入日本，被稱之爲『唐扇』。
[八]蘇州地區文化局、蘇州市文物管理委員會、蘇州博物館編《蘇州文物資料選編》，1980年9月内部印刷版。

但數量極少，紋飾有龍紋、鳳紋、舟船紋等等。另外，明晚期和清早期民間最爲普遍且最有代表性的裝飾扇骨便是『鑲螺鈿黑漆骨』。這是一種屬於民間工藝範疇的髹漆螺鈿鑲嵌技術，即在竹製骨上塗一層光亮的黑漆，并貼上『螺鈿』形成圖案，再用小刀在漆上將圖案刻劃出來。除此之外，人們所能見到的明代雕邊扇骨實物，是在明末藩王與官宦的墓葬中發現的。在江南發掘的百餘座考古墓葬中，摺扇出土甚多，但扇骨雕刻紋飾的却衹寥寥數柄。可見，明晚期，扇骨竹刻已在金陵與蘇州等地興起，但尚未普及，衹是在社會上層和文人士大夫階層流行，其中雕刻有龍鳳紋扇骨的成扇當爲四川等地上貢朝廷供皇家貴族使用的專用品。

三、清至民國竹刻扇骨的盛衰

1644年，清軍入關，明王朝滅亡。嗣後，清王朝經歷了數十年的征戰和對漢文化的學習與接受的過程。順治十八年（1661）南明政權始告平定，康熙中葉各地反清力量方漸偃息，乾隆朝蒙、藏、回族等少數民族地區也已安定。在這王朝易祚的大變動時期，文人階層同樣也經歷了一場嚴酷的考驗。一批受儒家忠君愛國思想熏陶、懷有民族氣節的文人，不是以身殉國，就是隱迹山林，或遁迹佛道，以表示與新王朝的抗争，加之順治末至康熙二年（1663）的《明史》案，使知識階層被害尤深。在朝廷内部，始以八旗勛貴得勢，而漢大臣衹作文學顧問，直到康熙八年（1669）鼇拜被革職禁錮後，漢大臣方獲得起用，而真正被委以重任，亦在康熙中葉之後。因此，作爲以少數民族入主中原的清王朝，清初統治者蔑視漢族文化傳統和生活習俗的政策，曾激起民衆强烈的反抗，這使清王朝意識到衹有把自己作爲以漢族爲主體的全民族文化傳統的代表，纔能體認其『文治』的功業和『正朔』的合法傳承性，纔能有利於政權的鞏固。於是，從康熙朝中葉開始，清承明制，政局漸趨穩定，生産逐漸恢復，清朝由此進入『康乾盛世』時期。在文化發展方面，康熙五十二年朝廷御纂《朱子全書》成書，之後又廣開科舉和博學宏詞，從而使漢族文化典章制度正式成爲『正朔』，并至乾隆時達到高潮。在這樣的政權體制和文化規制下，摺扇發展也有如其他許多漢文化藝術種類，沿襲明朝舊制，復履前朝發展軌迹，經歷了復興與中興的歷程。

清康熙中期，隨着清王朝對漢文化的接受，摺扇重新得以廣泛流傳。清初康熙朝著名的學者，精考據、善鑒賞的高士奇（1645—1704）在他著於康熙中期的《天禄識餘》中談到了當時摺扇的流行情况，他説：『今之摺疊扇，初名聚頭扇，元時高麗始以充貢，明永樂間稍效爲之，今則流傳浸廣，團扇廢矣。』康熙晚期，康熙大帝仿明朝永樂等皇帝的舊制，每年擇五月吉日，將御書摺扇恩賜予朝廷滿漢大臣。清初傑出詩人、學者、文學家王士禛就曾得到過御賜摺扇，他在《香祖筆記》中有這樣的記載：『五月十五日，朝退，御乾清門，賜滿漢大學士、尚書、侍郎御書扇各一，士禛得御製《虎丘》五言律詩一首，前有「暢春」小印，後有「康熙宸翰」「稽古右文」二印。』這樣，摺扇在清統治者的推崇下得到了一定的發展。阮葵生在《茶餘客話》中記載：『康熙間尚金陵仰（待川）氏扇、伊（莘野）氏素紙扇，繼又尚青陽扇、武陵夾紗扇、曹扇、靴扇、溧陽歌扇。近日又尚豐潤畫扇。』説明康熙年間，摺扇崇尚素紙扇，産地仍沿襲明代，以金陵爲中心。大約到康熙晚期至雍正時期則夾紗扇、曹扇、靴扇、歌扇等多種式樣摺扇興起，生産區域已擴大到安徽青陽、湖南武陵、江蘇溧陽等地。至乾隆時畫扇興盛，産地更是發展到河北豐潤。這些地區生産的摺扇，因功能、樣式的特色各异而爲各朝的人們所崇尚。此外，劉廷璣（約1654—?）在約成書於清康熙、雍正時期的《在園雜志》中對康熙、雍正時期的摺扇，尤其是以上所提到的靴扇、夾紗扇等作了具體的描述。他在書中稱摺扇自永樂以後，『至本朝三百餘年，日盛一日。其扇骨有用象牙者、玳瑁者、檀香者、沉香者、棕竹者、各種木者、羅甸者、雕漆者、漆上灑金退光洋漆者，有鏤空邊骨内藏極小牙牌三十二者，有鏤空通身填以异香者。扇頭釘鉸眼錢，有鑲嵌象牙、金銀、玳瑁、瑪瑙、蜜蠟、各種异香者，且有空圓釘鉸，内藏極小骰子者，刻各種花樣，備極奇巧，甚有仿擬燕尾，更有藏釘鉸於内而外無痕迹者。其便面有白紙三礬者，有五色繽紛者，有糊香塗面者，有搥金者、灑金者。命名不一，其骨多而輕細者，名曰春扇、秋扇；以香塗面者，曰香扇；可藏於靴中以事行旅者，曰靴扇；更有以各色漏地紗爲面，可以隔扇窺人者，曰瞧郎扇；且有左右可開，製爲三面，暗藏其中畫横陳像者，曰三面扇』。可見，康熙、雍正年間，摺扇製作不但在材質上日趨高檔奢華與多樣化，而且在工藝上亦愈加豐富精湛，製作各异，呈現出豐富多彩的面貌。

然而，在明代備受文人推崇的書畫摺扇，入清後在清前期却發展緩慢，儘管清初畫壇不乏有如『松江畫派』『清六家』『四僧』『金陵八家』『揚州八怪』等衆多畫派的書畫大家，但他們的傳世書畫摺扇却數量不多，成扇則更是少見。以館藏書畫扇較有特色的吉林省博物院爲例，也僅有王翚山水圖設色紙本成扇（和尚頭棕竹扇骨）等寥寥數把。清前期文人書畫摺扇的不多見，與當時清朝廷壓抑的政治氣候和文化高壓政策有很大的關聯。衆所周知，書畫摺扇在整個宋代以及明代，乃文人之間雅集結社、遣情怡性、寄托情感的特有之物，但在清前期，朝廷因有鑒於明末黨争的教訓，爲了鞏固政權，對文人士大夫的聚會結社進行了嚴厲的禁止。順治九年（1652），禮部頒布條文規定：『生員不許糾黨多人，立盟結社，把持官府，武斷鄉曲，所作文字，不許妄行刊刻，違者聽提調官治罪。』[一]

[一]（清）陶越《過庭記餘》卷下。

順治十六年（1659），順治帝又下諭：『士習不端，結社定盟，把持衙門，關説公事，相煽成風。着嚴行禁止。以後有犯者，該學臣即行黜革參奏。學臣徇隱，事發一體治罪。』[一]雍正三年（1725），朝廷再下令規定：『嗣後如有生監人等，假托文會，結盟聚黨，縱酒呼盧者，該地方官即拿究申革。其有遠集各府州縣之人，標立社名，論年序譜，指日盟心，放僻爲非者，照奸徒結盟律，分别首從治罪。』[二]除嚴禁文人士子立盟結社之外，清統治者還大興殘酷的文字獄，但凡知識分子言行稍有不慎，便有可能遭身家性命之憂，甚至抄家滅族之灾，文字獄之竣密，前所未有。[三]以至於這一時期，文人學士人人自危。這種文化高壓政策，不僅禁錮了人們的思想，而且扼殺了文人與書畫家的高情雅興，從而直接導致詩社、文社與畫社的衰落，也使文人書畫摺扇失去了適宜創作的寬鬆的政治環境和滋潤的文化土壤。

清中期，隨着社會的進一步穩定和文化藝術的繁榮，書畫摺扇也開始步入繁榮時期，當朝的統治者乾隆皇帝成爲文人書畫摺扇在清中後期走向輝煌的重要主導者和推動者。乾隆是一位對漢族傳統藝術近乎癡迷的皇帝，他對摺扇情有獨鍾，不僅自己繪畫扇面，還收藏歷代名家的扇面作品。乾隆八年（1743），他令畫家張若靄將内府所藏元明兩代三百多把摺扇編目列序，并親題御詞，名曰《煙雲寶笈》。天子玩扇、藏扇，文人雅士乃至庶民百姓亦争相效仿，自此摺扇遂在社會盛行。受此影響，社會上尤其是士大夫階層興起了一股收藏古扇、玩賞古扇的風氣。大約生活於康熙五十四年（1715）至乾隆二十八年（1763）間的文學家曹雪芹在他的名著《紅樓夢》第四十八回《濫情人情誤思游藝　慕雅女雅集苦吟詩》中重筆描述了賈赦奪扇的故事，他説賈寶玉家藏的二十把扇子，『全是湘妃、棕竹、麋鹿、玉竹的，皆是古人寫畫真迹』。由於這些扇子材質名貴和繪有名人書畫或題詞，具相當高的藝術價值和文物價值，以致賈赦不惜勾結官府，巧取豪奪，甚至以逼出人命爲代價，將扇子占爲己有。這是當時社會藏扇風氣的一種生動寫照和形象反映。從中還可注意到，《紅樓夢》産生的時代，人們對摺扇關注得更多的是扇骨、扇面材質的考究與扇面上的繪畫，如『摺扇柄則象齒、檀香，甚或描寫仕女，以泥金填出雪景等』。産於江南的摺扇在乾隆晚期還被當作中國的特産成爲皇帝贈送給外賓的國禮。如清乾隆五十八年（1793），英國使臣馬戛爾尼奉英國王喬治三世之命來華，於9月14日在熱河行宫覲見乾隆皇帝，乾隆回贈他240把珍貴的杭州摺扇和26把宫扇，托他轉交喬治三世。受清皇宫推崇的影響，17和18世紀的歐洲，摺扇已經成爲諸國宫廷中訂婚、結婚、加冕、歡慶勝利、慶祝國王病愈、葬禮、舞會等禮儀的禮物或紀念品[四]。由此可見，乾隆一朝，摺扇不僅已成爲帝王的文玩，還成爲國家對外交往的國禮，至此，摺扇的功能在原有歷朝的基礎上得到了進一步的提升。

由於乾隆皇帝的積極推崇，至清中期，摺扇已衍變成爲文人官員身份地位和趣味品位的象徵。手持摺扇被認爲是生活高雅的標志，以致官紳人士間互贈書扇成爲風氣，京官必定遍求朝中諸貴或京中名人書扇作回鄉饋贈禮品。扇子已不僅是生風納凉的工具，也不僅是文人案頭袖中的雅玩與藝術品，它已完全成爲一種社會角色的道具。因此，文人官宦間使用扇子亦越加頻仍，不僅是酷熱的炎夏，即便是氣候凉爽的季節，手執一扇，開合張攏，或佩掛腰間，或藏於袖中，對於時人而言都具有人格表露、情感交流的意義。清無名氏《避兵雜記》曰，清乾嘉以後，『摺扇柄則象齒、檀香，甚或描寫仕女，以泥金填出雪景等。製一扇，所費數金，而人必數扇，且輾轉乞求名手書畫，以相誇耀』。親朋好友相互贈扇已成常事。摺扇由此迎來了有史以來的大發展時期。摺扇的盛行，使與扇面一體的扇骨也得到了人們的重視，人們開始講究起它的製作工藝。1995年翰海扇面專場拍賣會上有一柄乾隆御書成扇，骨爲桃絲竹九檔和尚頭，雕工爲典型的螭龍紋，這是清朝摺扇中扇骨雕刻出現較早的成扇。

乾嘉之際，中國的文化藝術界正經歷着一場巨大的變革。此時碑學勃興，帶動了碑學書法、金石派繪畫的興起和文人篆刻印風的變革，清朝由此進入文化藝術的『嘉道中興』。與此同時，時代審美意趣也同步發生着由柔媚秀逸向樸質剛健轉化的重大變异。在這蓬勃發展與變革之際，各個領域相互滲化之風席捲整個藝術界。同樣，在摺扇雕刻領域，也迎來了一場扇骨藝術的『革命』，即文人繪畫扇骨竹刻的興起。早在雍乾時期，被譽爲金陵派竹刻第一傳承者、兼擅淺刻的竹刻名家潘西鳳便在江南的經濟文化重鎮揚州重開清朝扇骨文人竹刻之先風，他與鄭板橋合作的竹斑畫梅扇骨，開啓了竹人與書畫家合作、印人刻竹製扇骨的新風尚。與此同時，在竹刻藝術的發祥地嘉定地區，由明代朱鶴爲首開創的以圓雕和深刻兼透雕等爲主要藝術風格的『嘉定派』竹刻雕刻技法亦正經歷着一場劃時代的變革，爲首的周灝徹底改變了原『嘉定派』朱鶴首創的以『南宋畫法』（按南北宗論南宋畫爲『北宗』）入竹刻的思想，而是將南宗畫法融匯於竹刻，使竹刻成爲一種以平面陰刻爲主的特殊的書畫形式，同樣講究畫面的意境，講究詩書畫印的合一，注重用刀痕鑿迹來再現書畫的效果，表現筆情墨趣，這種充滿濃厚書卷氣的竹刻表現形式，被廣大竹人視爲竹刻藝術境界之最高追求。這些都爲清中期文人扇骨竹刻的興起與繁盛開啓了先風，鋪墊了道路。

[一] 光緒《大清會典事例》卷三八三《禮部·學校》。

[二] 光緒《大清會典事例》卷三八三《禮部·學校》。

[三] 喬志强《中國近代繪畫社團研究》，浙江大學2005年博士學位論文。

[四]《中國大百科全書·輕工》，中國大百科全書出版社2002年版。

值得重視的是，乾嘉道間中國美學藝術界革命性的變革，在某種程度上也爲文人扇骨竹刻的創新與繁盛創造了歷史性的機遇與條件。碑學書法的興起，顛覆了書法以帖學爲傳統綱要的模式，使書法更具剛健雄勁的金石之味。乾嘉之交，適着英魂禅志出土漸多，書家和金石學者們訪碑尋古之舉大興，原本寂没於荒野窮郊、屋壁斷垣間的碑碣刻石陸續被發現，因此，金石考據之學空前昌盛，尤其是嘉慶年間孫星衍所編纂的《寰宇訪碑録》和王昶所編纂的《金石萃編》這兩部整理碑志金石資料宏著的先後問世，受到了書法界的特别注目，學習碑碣書法的風氣由此蔓延開來。其間更有阮元、包世臣與康有爲等書論家的推波助瀾。於是，自乾嘉之交至光緒中一百年間，碑學書法繁盛，在書壇占主導地位。這種力挽帖學衰頽書風，以取法和精研秦篆漢隸和北碑爲主，書體藴含樸質剛健氣息的書法風格，爲扇骨竹刻的興盛提供了認知上的支撑。

除書法的碑學運動外，乾隆至嘉慶年間，印壇也同樣經歷着一場重要的變革。金石學的勃興，進一步開拓了印人取資傳統的視野，使相沿已久的刻印風格産生了很大的變化，篆刻界開始追宗秦漢璽印，以樸茂蒼勁爲歸，并形成了影響深遠的徽派、浙派、皖派三大派。徽派的巴慰祖、胡長庚、汪肇龍等人，上繼清初的程邃，宗法秦漢鉨印，刀法凝重，篆刻工緻挺秀。浙江杭州府錢塘縣人丁敬，篆刻冶秦漢六朝鉨印於一爐，善用切刀法表達筆意，風格凝重穩健，開創出浙派，繼起者有蔣仁、黄易、奚岡、陳豫鍾、陳鴻壽、趙之琛、錢松等，合稱『西泠八家』。嘉慶年間安徽懷寧人鄧石如，又在徽、浙派外，戛戛獨造，刻印出入秦漢，刀法蒼勁渾樸，姿態剛健婀娜，時人稱之爲『皖派』或『鄧派』。徽、浙、皖三家印派縱横印壇，與書法界宗碑之風同氣相應，力糾書苑印壇矯揉嫵媚之失，蔚成樸茂剛健的新審美風尚。[一] 尤其是浙派，刀法開創了『刀筆合一』的新時代，這些都爲扇骨竹刻的興盛提供了藝術上的借鑒。

繪畫，本身與書法就有着密切的親緣關係，它們在用筆、使墨及審美意趣上有着异質同構的規律。書法、篆刻領域的急遽變革，勢必形成對繪畫的强大衝擊波，隨着碑學書法和文人篆刻的日漸盛行，將金石筆意參入繪畫的意識愈益自覺起來。很多畫家自覺地上追秦漢，在金石碑碣中汲取有益的營養來豐富和充實書畫藝術的肌體。由於兼長書法和篆刻，他們在書法、篆刻和繪畫三門藝術的技法和審美追求上，又很容易産生通感，於是，從事金石篆刻等研究兼擅作畫的文人群體『金石畫派』應運而生。其中最具代表性的就是『西泠八家』，其中的黄易、奚岡、陳鴻壽、趙之琛等，是『嘉道中興』時期著名的金石書畫家，也是晚清金石派繪畫的開路先鋒，他們的藝術實踐，爲道咸之後文人畫的深刻變革拉開了序幕，與此同時也爲扇骨竹刻的創作提供了可資借鑒的藝術支撑。從某種意義而言，清代後期，帖學趨於式微，篆、隸、北魏書大盛，碑學書法、金石繪畫與文人篆刻的興盛，與以刀代筆、以竹作紙的扇骨竹刻藝術正是一種本質上的契合。

另一方面，清中期後社會經濟結構的改變與都市化城市的興起，促使清代藝術朝着世俗化的傾向發展，不同門類、品種的美術形態之間相互影響、滲化，彼此取法的現象也變得更加明顯。一些文人往往兼書法家、繪畫家和印人於一身，他們在研究、探索金石碑版并使之初步影響繪畫，繼而旁及扇骨、製硯、製壺諸領域方面作出了種種努力，成爲晚清書畫工藝美學觀念變革的先行者。尤其是在扇骨竹刻領域，他們借助於金石學的成果，使畫風、書品、印格、竹刻一脉相通，在扇骨竹刻上實踐詩、書、畫、印四全，使詩、書、畫、印熔爲一爐，冶成一體，相得益彰。最爲突出的是『西泠八家』中的黄易、陳鴻壽、趙之琛、蔣仁、奚岡、錢松等人，他們對金石藝術的認識和見解具有超越時代的意義，成爲這一時期扇骨竹刻書畫藝術的先行者和實踐者，他們皆善刻竹，刀法崇尚簡率拙樸，刻竹以自然天趣和再現書畫筆情墨趣爲最高追求。尤其是黄易，大膽實踐，對扇骨竹刻風尚意趣的轉變起到重要的促進作用。受他們的影響，與『西泠後四家』相先後的『浙派』印人胡震、張燕昌、楊澥、翁大年等也參與了扇骨竹刻的創作。與此同時，『皖派』的代表人物吴熙載、徐三庚等也身體力行，操刀扇骨。這一時期從事扇骨竹刻創作的，還有以書法篆刻馳名、體研金石碑版，同時也兼繪畫的士大夫畫家文鼎、高愷、郭麐、程庭鷺等人。

藝術的相通，文人間的交游，帶動了當時的一些紫砂製壺名家積極投身到扇骨竹刻的創作。其中較有影響的有楊彭年、朱堅、鄧奎等人。楊彭年，字二泉，號大鵬，清乾隆至嘉慶年間宜興紫砂壺名藝人，荆溪（今屬江蘇宜興）人，一説浙江桐鄉人，善配泥製茗壺，風格或渾樸雅致，或精巧玲瓏，所製紫砂壺世稱『彭年壺』『彭年曼生壺』『彭年石瓢壺』等，又善銘刻、工隸書，追求金石味。他與陳鴻壽友善，兩人合作，由陳鴻壽設計、楊彭年製作的『曼生壺』頗具影響。據記載，他曾與當時的名士陳鴻壽（曼生）、瞿應紹（子冶）、朱堅（石梅）、鄧奎（符生）、郭麐（祥伯、頻伽）等均有鎸刻書畫的合作，且技藝成熟，至善盡美。陳鴻壽、瞿應紹、朱堅、鄧奎、郭麐等，均有竹刻扇骨傳世。如：清乾隆晚期至嘉慶七年（1802）黄易刻騎驢暮歸圖、郭麐刻行書陸游詩句扇骨（見圖版一），清嘉慶朱堅刻計芬梅花圖、摹汾陰宫鼎唐人鏡銘扇骨（見圖版七），清嘉慶朱堅刻『秋江冷豔』、仿趙大年本人物山水扇骨（見圖版八），清道光十二年（1833）鄧奎摹刻漢尚方銅器、晋太康釜銘扇骨（見圖版二九），以及《懷袖雅物：蘇州摺扇》卷三《扇刻》收録的清嘉慶二十一年瞿應紹摹金農畫梅、楷書咏梅詩扇骨（圖十六），清道光二十七年（1847）鄧奎摹漢染棓銘文扇骨（圖十七）等。

[一] 單國霖著《畫史與鑒賞叢稿》，浙江大學出版社 2013 年版，第 135 頁。

受他們的影響，楊彭年亦擅刻竹，且竹刻扇骨存世不少，如清嘉慶十五年（1810）楊彭年刻王學浩修竹、陳鴻壽行書七言詩扇骨，清嘉慶十五年楊彭年刻鐘鼎銘文、王學浩竹枝圖扇骨（圖十八）等。朱堅是清嘉慶至咸豐年間的紫砂壺高手，擅長金石書畫，善墨梅，精鐵筆，竹、石、銅、錫靡不工，創製沙胎錫壺，著有《壺史》。鄧奎是清道光年間的紫砂壺高手，工書法，精篆、隸，鐵筆，尤擅模刻，製壺技藝超群。他們亦皆善刻竹。

這一時期，一些著名的竹刻大家在風尚潮流的驅動下也紛紛參與到扇骨竹刻的創作中來，如歸安（今屬浙江湖州）的韓潮、蕭山的蔡照等，他們均有精美的竹刻扇骨傳世。韓潮，字鮫門，一作蛟門，歸安人，活躍於嘉慶末年至道光年間，以精於刻竹著稱於時，工書法、篆刻，能在扇骨上精刻數百字小行楷，圓轉自如，尤其擅長摹刻鐘鼎款識，所刻陰陽文渾樸無比。韓潮一生攻書法刻竹，以精刻行草、小行楷著稱，竹刻扇骨尤精，作品在當時已爲時人所珍。清嘉慶二十五年至道光年間韓潮爲其好友菊人刻十件書法竹刻扇骨（見圖版一一至二〇），備受同期著名書畫家費丹旭、蔣寶齡的推崇。扇骨取小行草刻寫，書體放縱，毫無拘束，每篇氣脉貫穿，筆勢連屬，一氣呵成，行草結字大小隨行文需要而隨意變化，字裏行間可見自然隨意、爽快流利之筆勢，字體瀟灑秀逸，富有抒情韵味，給人以清沁、活潑的視覺美感。除善小行草以外，韓潮還以『特別擅長摹刻鐘鼎款識』扇骨而著稱。清道光元年韓潮摹刻漢盤、漢磚銘扇骨（見圖版九）和清道光二年韓潮摹刻周京姜鬲、吴寶鼎磚銘扇骨（見圖版一〇）均是他摹刻古器銘文的扇骨，整體風格渾樸古茂，尤其是古器青銅之銹斑殘缺，均歷歷逼肖，他憑着自身對金石學與古文字學的見地，博引相關史料，對摹刻之古器進行了詳細的考證，并對其銘文進行釋文和書法點評，使得這些扇骨在彰顯視覺藝術的同時兼具史料價值，更顯珍貴。

蔡照，原名照初，字容莊，浙江蕭山人，活躍於清咸豐至光緒年間。能篆隸，好治印，精於鑒別古金石文，擅長刻竹木、碑版。刻竹擅多種刻法，尤以淺刻畫本爲最佳。常與同鄉任熊合作製版畫及竹器，由任熊落墨，蔡照奏刀，珠聯璧合，精妙絶倫，一時無雙。《滌山筆記》云：『任渭長以畫名海内，所繪《列仙酒牌》《於越先賢傳》《劍俠傳》筆法精細，非庸工所能辦。』蔡照爲之，并使之『奇巧工細，有觀止之嘆』，是謂版畫雕刻。蔡照與任熊合作竹刻亦不計其數，以臂擱、扇骨爲主，尤以扇骨爲多。據《竹人續録》記，褚德彝曾『見其所刻箑邊一百件拓本，乃爲蕭山小竹里館王氏所刻者，花卉、山水、人物無種不備，惜扇骨均已散佚，余僅購得二件』。同時《竹刻脞語》中又記：『其邑子王氏乞任渭長畫竹扇骨百枋，凡花卉、山水、仕女、佛像，各種俱備，屬容莊刻之。余曾見其拓本，紙墨甚舊，尚是當時所拓也。』觀其前後所記，應爲一事。清光緒六年（1880）

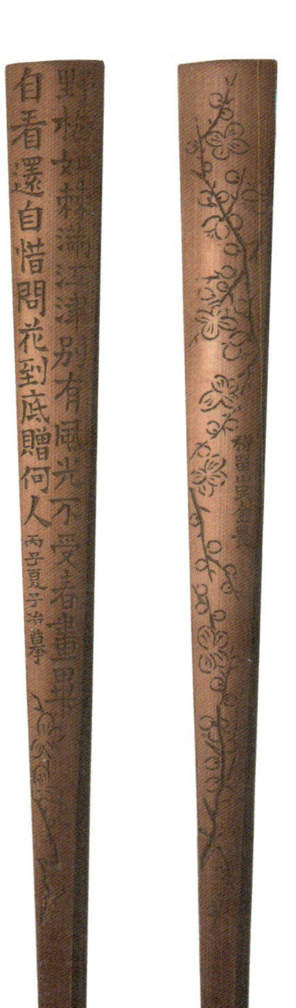
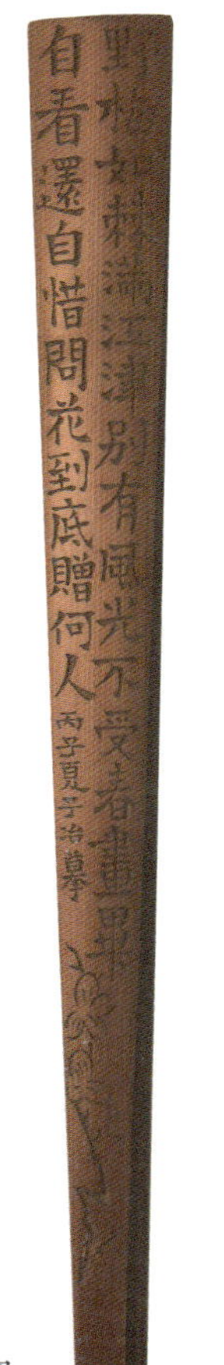

圖十六

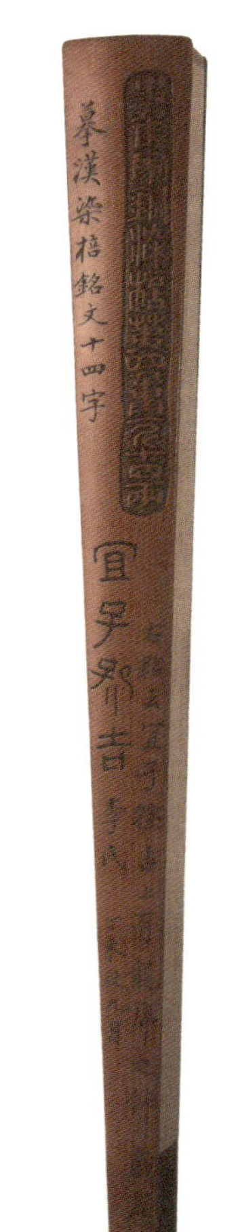

圖十七

圖十八

蔡照刻周泰山水、秦量銘扇骨（見圖版一五四），一面以平遠法陰刻山水，近處坡石，旁臨水一屋，修竹幽篁，枯木參差，遠處山巒連綿，寒雁齊飛，平静而寬闊的湖面上漂泊着一葉孤舟，一派蕭疏澹逸的文人畫意境。上方題『明齋屬，伯安畫，容莊刻，庚辰九月』，庚辰爲光緒六年；一面陷地浮雕篆書『始皇帝其於久遠』，旁陰刻行書『撫秦量銘七字陽識刻之，即請』，下方陰刻『明齋老兄我師以充揮暑之用，并求教正。容莊弟記於西河近聖人居』。

清朝扇骨竹刻的發展，有着明顯的地域特徵。由於受政治和經濟、歷史文化背景等因素的影響，江南的揚州、蘇州、嘉興、上海等地以及北方的京津地區，成爲清中期至民國時期中國扇骨竹刻盛行的中心區域。

（一）揚州地區

揚州地處運河、長江交匯處，自古占漕運、鹽務、河運三政要之利，是南北交通樞紐和全國財貨集散地，清前期更是朝廷倚重的全國最大鹽業、鹽運重鎮，晋商、徽商雲集，富甲天下。康熙、乾隆皇帝下江南幾駐揚州，促進了揚州的空前繁榮。素有『賈而好儒』『咸近士風』傳統的徽商在揚州修築園林，舉行虹橋修禊、詩文盛會等各種雅集，招攬、贊助天下文人，附庸風雅。至乾嘉時期，揚州繁華甲於天下，河下能商無不席豐履厚，風雅好客，招致天下文人紛至沓來，形成了城市文化的極度繁榮，於是，『懷才抱藝者，莫不寓居於此，四方賢士大夫無不至此』[一]，以至『海内文士，半集揚州』，揚州因此成爲清前中期全國文化藝術交流的中心、南方繪畫創作活動最活躍的地區和江南最繁華的消費型商業大都會。李斗在《揚州畫舫録》中記載，天下文士聚集揚州的有近百人之多，著名者有『揚州八怪』等。揚州還一度成爲全國印人的重要活動中心，清朝揚州的第一任兩淮都轉運使周亮工，便是一位終生癡迷印篆的官員兼文人，他不僅在政務之餘致力於篆刻藝術，一生遍交篆刻名手，而且還撰著《印人傳》流傳後世；徽派代表人物歙縣人程邃，明亡後移居揚州達四十年；康熙、雍正、乾隆年間，浙派（『西泠八家』）中的代表人物丁敬、黄易、奚岡、蔣仁、陳鴻壽等都先後長期活動於揚州。揚州良好的文化藝術氛圍爲清代文人扇骨竹刻的孕育與産生奠定了重要基礎，揚州成爲清代文人扇骨竹刻的發祥地。而清雍乾時期寓居揚州的竹刻名家潘西鳳，則成爲文人扇骨竹刻的先導者。潘西鳳，字桐岡，號老桐、板桐、阪桐、天台山姥閑人、天姥山樵、天台天姥山樵等，浙江新昌人，乾隆十六年（1751）前僑居廣陵（今江蘇揚州），以鬻藝爲生。他技藝超群，擅雕刻，尤精於刻竹，善『平面淺刻』與留青技法，能借竹之畸生形態，稍加刮磨，卓然成器，巧奪天趣。雕刻風格獨樹一幟，題材廣泛，涉及人物肖像、花卉、草蟲、書法等，取材於竹、紫檀與黄楊木皆宜。他交友甚廣，傳世作品清雍正五年（1727）『淺刻黄慎畫壽星李鱓題句臂擱』（圖十九）與清雍正五年『淺刻蔡嘉繪人物紫檀筆筒』（圖二十）等均有反映，尤其是紫檀筆筒款署『雍正歲次乙巳小春月，諸君同集臥秋草堂，老匏（朱冕）賦詩，雪堂（蔡嘉）寫意，藥谿（汪宏）作書，老桐法鐫』等識文，均傳遞出他與當時流寓揚州的名士彼此交往合作，切磋技藝的深厚友誼。他與當時風靡畫壇的『揚州八怪』鄭燮（1693—1765）、李鱓（1686—1762）、黄慎（1687—1770）等畫家交往甚篤。鄭燮30歲左右開始到揚州賣畫，與當時在揚州以賣畫爲生的李鱓關係密切，鄭有『賣畫揚州，與李同老』之説。而黄慎於1724年賣畫揚州。清雍正三年（1725），鄭燮、李鱓、黄慎三人同寓天寧寺，潘西鳳成爲他們核心交游圈中的友人。此外，潘西鳳與揚州名士蔡嘉、朱冕、汪宏等亦有交往。蔡嘉（1686—1779）在揚州時與高翔、汪士慎、朱冕等爲詩畫友，與朱冕、高翔、高鳳翰、汪士慎被并稱爲『五君子』。潘西鳳也因兼擅治印，與其中的高翔（鳳岡）、高鳳翰、沈鳳等并稱爲揚州印林『四鳳』，在印壇具一定影響。清雍正、乾隆年間流寓揚州的詩人董偉業在乾隆五年（1740）所作的《揚州竹枝詞》中曾贊道：『老桐與竹結知音，苦竹雕鏤若費心。十載竹西歌吹夜，幾回燒去竹爲琴。』鄭燮也曾咏詩稱贊潘西鳳：『年年爲恨詩書累，處處逢人勸讀書。試看潘郎精刻竹，胸中萬卷待何如？』鄭燮還稱贊潘西鳳爲濮仲謙之後金陵派竹刻之第一人，他與潘西鳳曾合作製扇骨。鄭燮在湘妃扇骨上巧借斑點爲梅萼，畫老梅二枝，題詩一首，潘西鳳操刀刻就。對此，民國褚德彝《竹人續録》有記：『曾見老桐所刻湘竹扇骨，板橋就竹斑畫梅二斜枝，上題一詩，老桐署款其下。』可謂匠心獨運，別出心裁。他們的合作，也開啓了之後竹人與書畫家携手治竹、印人以刻印方法雕刻竹扇骨的時尚新風。現藏於蘇州博物館的花果設色扇面（圖二十一）也是六位寓居揚州的書畫家於雍正七年（1729）合作而成，分別由黄慎畫秋葵，蔣璋畫桂花，汪師虞畫雁來紅，陳撰畫秋海棠，邊壽民畫菊花、香橼。可見，在清初繁華的鹽商都市、文人匯集的揚州，摺扇已儼然成爲文人間交游、交流的重要載體。潘西鳳的竹刻藝術成就與影響力，對之後長期活動於揚州的浙派篆刻代表人物黄易、奚岡、蔣仁、陳鴻壽等親手操刀扇骨竹刻等都産生了深遠的影響，揚州成爲孕育清代文人扇骨竹刻興盛的搖籃。

據《清代徽宗印風》記載，潘西鳳在乾隆十六年（1751）後便離開揚州回到浙江天台原籍，在他離開廣陵的前幾年及此後的十年間，揚州還活躍着另一位竹刻藝術大家，他就是來自竹刻之鄉嘉定的周灝之侄周笠。周笠（約1700—

[一]（清）李斗《揚州畫舫録》卷十二，中華書局1960年版。

1760），小灝十餘歲，善刻竹，與周灝齊名。他也擅長繪畫，山水師法元四家，水墨花卉生意盎然。少時與周灝同時學畫，同刻竹，『但各得其意，不相襲也』。清人評其作品『生意遠出，神氣内涵，萬點當虚，千層叠起，渾厚中自露秀色』，刻竹『悉中規矩』。晚年寓居揚州馬氏小玲瓏山館。小玲瓏山館是清雍、乾時期揚州徽籍鹽商馬曰琯、馬曰璐兄弟在揚州所建的園林，『二馬』因癡心藏書刻印出版與鑒藏古代書畫，喜好結識士人文友與書畫名家，故常在山館舉行詩文酒會。據李斗記載，當時『揚州詩文會，以馬氏小玲瓏山館、程氏筱園及鄭氏休園爲最盛』。他們除典籍外，所藏書法、繪畫、金石拓片精品亦甚多，藏畫有宋代李成《寒林鴉集圖》、蘇軾《文竹屏風》、趙子固《墨蘭圖》，元代趙孟頫《墨梅圖》、黄公望《天地石壁圖》、文徵明《煮茶圖》等，『每逢午日，堂齋軒室皆懸鍾馗，無一同者，其畫手亦皆明以前人，無本朝手筆，可謂鉅觀』。而當時以『揚州八怪』爲主的揚州畫家便是小玲瓏山館的常客，汪士慎、金農、鄭板橋等詩集中都曾多次提到二馬招飲、索畫以及共同觀畫、吟詩、賞花、游園等事例，作爲寓居馬氏小玲瓏山館數十年的周笠，與小玲瓏山館的常客『揚州八怪』中的汪士慎、金農、鄭板橋等定有較多的接觸與交往，周笠竹刻也應爲鄭板橋、金農等揚州主流畫家的交游圈所知曉。竹刻扇骨傳世作品中已見周灝深刻仙山嶺雲尋幽圖扇骨[二]，但還未見周笠之竹刻扇骨作品。

從現存時代較早的扇骨竹刻作品來看，大多是屬於清乾隆晚期至嘉、道時期浙派印人『西泠八家』的，而『西泠八家』中但凡有竹刻扇骨傳世的，均曾長期僑寓或游歷過揚州，并曾一度主導揚州印壇，在畫壇上亦占一席之地。《清史稿》『列傳』二百九十一『藝術一』謂：『乾嘉之間，浙西畫學稱盛，而揚州游士所聚，一時名流競逐。其尤著者，爲高鳳翰、鄭燮、金農、羅聘、奚岡、黄易、錢杜、方薰等。』

黄易（1744—1802），與揚州有着很深的淵源，其父黄樹穀（字松石，1700—1751）善詩詞、書畫，清雍正八年至乾隆四年（1730—1739）曾經寓居揚州鹽商吴軼容莊園中，書畫名噪一時。鄭板橋在乾隆十二年曾作記：『王箬林澍、金壽門農、李復堂鱓、黄松石樹穀（后改名黄山）、鄭板橋燮、高西塘翔、高鳳翰西園，皆以筆租墨税，歲獲千金，少亦數百金，以此知吾揚之重士也。乾隆十二年，歲在丁卯，濟南鎖院，板橋居士偶記。』據資料記載，黄樹穀與張照及『揚州八怪』中的黄慎、金農亦相友善。黄樹穀寓居揚州期間，正是潘西鳳在揚州鬻藝之時，他與黄慎、鄭板橋之間的友善與交往，也正好在潘西鳳的核心交游圈内。因此，黄樹穀與潘西鳳在揚州也有可能交往，而少時的黄易因其父而經常往來於

[二] 趙羽《懷袖雅物：蘇州摺扇》卷三《扇刻》，上海書畫出版社 2010 年版。

圖十九

圖二十

圖二十一

揚州，潘西鳳等的藝術成就對黄易當有耳濡目染之影響。今寧波博物館收藏之黄易刻騎驢暮歸圖、郭麐刻行書陸游詩句扇骨（見圖版一），年代爲清乾隆三十二年至嘉慶七年間（1767—1802），當爲目前所見年代較早的扇骨竹刻，可作爲考察浙派印人製竹與揚州扇骨竹刻興起之重要文物。此扇骨係黄易與郭麐之合作作品：一面以綫條表現爲主刻畫遠處城墻高聳，密雲繚繞，鴻雁齊飛，焦陽烈日下有一男子騎驢漸遠的背影，款署『黄易』，鈐『小松』陽文橢圓印；一面深刻行書陸游詩句『高岸眼看爲谷，寸根手自(種)成陰。一卷楚騷細讀，數行晋帖閑臨』，款署『青菴表弟屬，頻迦郭麐』，鈐『十三郎』陽文長方印。黄易，喜畫山水，宗『婁東派』，法董源、巨然，參以明四家筆意，并以金石意味入畫。書法最精隸書，結體參鐘鼎法，頗古雅。篆刻師事丁敬，旁及秦漢宋元，有出藍之譽，與丁敬齊名，并稱『丁黄』。尤嗜金石，博通之，寢食依之，廣搜碑刻，足迹半天下。『迨壯歲而遠游，繼復官於河上，歷幽、燕、青、兖、徐、豫、荆、揚之域，幾遍名山大川以及殘碑古碣，無不登臨搜訪。』[二]收藏石刻達3000餘種，又藏古印、錢、刀、鼎、爐、鏡數百種，均有考證辨僞，人稱『文藝金石巨家』。存世有《秋影盦主印譜》《小蓬萊閣金石文字》《武林訪碑録》《種德堂集印》《岱岩訪古日記》《嵩洛訪碑日記》。翁方綱對他曾作如是評價，曰：『黄伯思、米芾而後，世久無此人矣。』此件扇骨年代久遠，可見黄易開始涉足該領域，操刀扇骨之先。郭麐（1767—1831），清嘉、道年間浙西詞派重要詞人，字祥伯，號頻伽（又作頻迦），一作蘋迦，晚號復翁、蘅蘿、眉樓、神廬、老復丁廬，又自稱白眉生、苧蘿長者、蘧盦居士、靈芬館主，江蘇吴江人，嘉慶三年（1798）舉家遷居浙江嘉善魏塘賣魚橋。工詩、詞、文，書法黄庭堅，善篆刻，間畫竹石，别有天趣，著有《詩初集》《二集》《三集》《四集》《續集》，《靈芬館雜著》《雜著續稿》及《金石例補》《靈芬館印譜》《蘅夢詞》等。郭麐與揚州關係密切，他自乾隆五十三年戊申（1788）春便入隨園袁枚門下，乾隆五十四年（1789）起曾多次游歷揚州，行迹遍歷吴江、秀州、東湖、金陵、揚州、鎮江等地；嘉慶九年甲子（1804）春又參與曾燠所招之虹橋雅集，留揚州康山將近一個月；嘉慶十年乙丑冬則重游揚州，參與曾燠所舉辦的銷寒六會等。黄易刻騎驢暮歸圖、郭麐刻行書陸遊詩句扇骨一面款署『黄易』，鈐陽文橢圓印『小松』；一面款署『青菴表弟屬，頻迦郭麐』，鈐陽文長方印『十三郎』。顯然，這是一件黄易與郭麐分别爲『青菴』所刻的竹扇骨。關於『青菴』其人，郭麐在《樗園銷夏録》中有記載：『顧青菴虯與余相知二十年……』另根據黄麗勤《郭麐研究》一文，郭麐年少時曾有五位自小熟識并過從甚密、彼此詩酒唱和共談理想人生的『髪小』，其中就有一位名顧

[二]（清）黄元長《秋盦遺稿·後跋》。

圖二十二

圖二十三

圖二十四

圖二十五

蚪者，其號爲『青菴』，吴江人，生平爲詩頗多，存世有《青菴遺詩》。此外，《郭麐研究・郭麐年譜》引《靈芬館詩初集》卷三《人日諸君子過訪頻伽齋即事有作》載有乾隆五十九年甲寅（1794）正月初七，朱春生、鄭璜、顧蚪、潘眉等人同集郭麐家中。可見，此扇骨主人『青菴』當爲郭麐摯友顧蚪，而他們的文化活動圈似乎都没離開過揚州或與揚州有關的周邊區域。

浙派『西泠八家』中的另一位代表人物奚岡（1746—1803），與揚州也頗有淵源，《揚州畫舫録》稱其『往來揚州，畫山水得唐宋人筆意』。乾隆年間，他與方薰同時以畫譽滿揚州，世稱『方奚』。奚岡書畫中也多留有揚州足迹，如清乾隆六十年（1795），奚岡與黄承吉、江藩、焦循、李斗等在揚州虹橋净香園爲阮元赴任浙江學政餞行，雨中泛游瘦西湖，奚岡繪製一幅《虹橋話舊圖》以記之。嘉慶七年（1802），奚岡作《湖石圖軸》[一]，上落款識『洛下春游誰嗣續，揚州明月又樓臺。壬戌結夏，擬錢玉潭意，蒙泉外史岡』，鈐印『奚岡之印』（朱文）、『寉渚生』（白文），再一次明確提到了揚州。從《虹橋話舊圖》及《湖石圖軸》的題款中均可感知到奚岡與揚州的密切關係。奚岡善刻竹，存世竹刻有奚岡深刻顧洛童叟觀鶴圖臂擱，奚岡刻達摩面壁、梅花圖扇骨等。其中達摩面壁、梅花圖扇骨（見圖版二），以多變的刀法刻一達摩盤坐草蒲面壁沉思，高懸的崖壁苔草錯生，達摩神情肅穆，身旁放置一叠用布巾捆紮的書函。畫面雖爲淺刻，但極富變化的刀痕却盡顯物體不同之質感，尤其人物的面部，雖輪廓簡潔，但鬚髯稠密畢現，非常生動，款署『越樵一兄大人雅屬，鐵生弟作』。另一面淺刻梅花，梅枝蒼健，繁花怒放，略有深淺變化的刀痕綫條盡現筆墨乾濕濃淡之逸趣，從而將梅花之清純冷艷、枝幹之交叉舒展、花瓣之轉折勾勒、花蕾之含苞待放表達得淋漓盡致。

蔣仁（1743—1795），初名泰，後因於揚州平山堂得『蔣仁之印』古銅印而改名爲蔣仁，字山堂，與畫家羅聘有親家之誼。乾隆四十七年（1782）刻『揚州顧廉』，邊款上記：『龍泓先生（丁敬）爲羅兩峰製朱文方印，文曰「揚州羅聘」，古雅之甚。惜兩峰風塵自縛，游大人之門，辱先生篆矣。頑夫大兄六法遠過兩峰，二十四橋無出其右者，因作此印奉贈，當之庶無愧色。愧余筆法不能追蹤曩哲耳。』臺灣《尚象成形——中國傳統竹雕藝術》稱：蔣仁，清乾隆年間杭州人。『西泠八家』之一，工書擅畫，尤精篆刻，亦工刻竹。

陳鴻壽（1768—1822），字子恭，號曼生、曼龔等，浙派『西泠八家』之一，錢塘（今浙江杭州）人，曾任溧陽知縣、江南海防同知，晚年客居揚州最久。工詩文、書畫，書法長於行、草、篆、隸諸體，尤以隸書和行書最爲知名。擅寫花卉、蘭竹、山水，與陳豫鍾（浚儀）齊名，時稱『二陳』，篆刻出入秦漢，在揚州印壇、書畫界有廣泛影響。他曾以宋詞人姜夔（白石）詩句刻『小紅低唱我吹簫』印，并記長跋：『余客游邗上久，每往來二十四橋，輒憶白石之詩。雖相去數百年，而其流風餘韵，如白雲之舒捲於絳霄，可望而不可即也。』陳鴻壽擅長刻竹，取法治印，擅用切刀，刀法縱肆爽利，鋒棱顯露，古拙恣肆，蒼茫渾厚。《懷袖雅物：蘇州摺扇》卷三《扇刻》收録有陳鴻壽與楊彭年於嘉慶十五年（1810）合作刻製的王學浩修竹圖、行書七言詩竹扇骨（圖二十二），這是目前發現年代較早的陳鴻壽扇骨竹刻作品。上海博物館收藏的陳鴻壽竹刻書畫扇骨（圖二十三），一面刻倒垂梅花，以篆、隸筆趣入畫，構圖空靈疏朗，意境蕭疏簡淡，雄渾恣肆，奇崛老辣；一面刻行書，結體奇特，清勁瀟灑，筆畫圓勁細插，如銀畫鐵鈎，金石氣十足。陰刻之行書『畫梅之妙。廣陵得二友，汪巢林（汪士慎）繁，高西唐（高翔）疏』，『皆是不食煙火人者。此一枝不疏不密，得毋類丁埜堂一流乎？惕夫[二]先生正，陳鴻壽』等内容，則説明了陳鴻壽與揚州流寓文人間的交游往來。他性愛交游，在揚州客寓康山草堂時，曾爲主人江文尗刻『江郎』白文印和『江郎山館』朱文印。其在『江郎』一印邊款中記述，此印係乘興當衆鼓刀，觀摩者有張壽賓、葉生白、張子貞等人。其中的張子貞即張鏐（1769—1821），是清乾隆、嘉慶年間揚州的金石名家，字子貞、紫貞，號老薑、井南居士，江都（今江蘇揚州）人，以詩、書、畫、印俱全『馳聲江淮間』，通篆隸，善山水，精工鐵筆，擅長金石篆刻和牙、竹刻，尤擅長深刻。今揚州博物館藏有其所刻竹刻扇骨的拓片（圖二十四），民國時期滬上甬籍著名竹刻收藏家秦康祥先生也曾收藏有張鏐刻蔓藤草蟲、松鼠葡萄圖鷄翅木扇骨（圖二十五）。張鏐被認爲是繼潘西鳳之後揚州竹刻扇骨之又一人。其篆刻深受陳鴻壽的影響。陳鴻壽與郭麐同是袁枚門下弟子，陳鴻壽官溧陽縣令時，郭麐與張鏐、楊彭年、改七薌等都是陳鴻壽『桑連理館』書齋的常客。道光二年（1822）三月，陳鴻壽以風疾卒於官，郭麐爲其撰《陳曼生墓志銘文》。

綜合上述情況，文人扇骨竹刻在清代流行初始時，存在着一個文人交游圈。它在雍乾時期自潘西鳳於揚州重啓扇骨竹刻新風之後，至乾嘉時期又在以黄易、奚岡、蔣仁、陳鴻壽、郭麐等印人爲核心的文人交游圈中被推廣和傳揚，而此時金石學的興起與文人交游之風的盛行以及揚州繁榮的商貿經濟和深厚的文化底藴，都爲文人扇骨竹刻的興盛提供了滋潤的土壤，它還對周邊蘇州、秀州（嘉興）及不久之後上海文人扇骨竹刻的興起産生了輻射式的影響。

揚州扇骨竹刻，從清雍乾時期潘西鳳以刻竹和刻印法兼融的淺刻，發展到乾

[一] 2010年西泠印社春季拍賣會中國書畫古代作品專場編號0502拍品。

[二] 葛朝（1780—1828），字易初，一字東士，自號惕夫，又號醉仙，浙江慈谿人，嘉慶二十一年（1816）舉人，官至户部郎中。

嘉時期流寓揚州的浙派篆刻『西泠八家』以及嘉慶時期揚州篆刻家張鏐以篆刻法入竹、富有金石之味的深刻，而真正形成被後世所繼承的揚州扇骨竹刻自身獨特風格的，則始自道光時期書畫篆刻家王素、朱鋐與吳熙載等人的直接操刀參與。

他們共同開創了揚州扇骨竹刻淺刻的新風格，從而真正地運用刻刀，用篆刻的原理，將書畫的筆情墨意傳神地表達在竹子上，徹底實現了以刀代筆、以竹爲紙的藝術實踐。他們在扇骨竹刻上所力追與最終呈現的藝術效果，是單一依靠書畫或篆刻手段所無法達到的。它是兩者天衣無縫、近乎完美的交融與結合，是真正意義上的金石書畫竹刻藝術，從而真正達到了使雕刻品呈現書畫藝術之美的不凡境界。毋庸置疑，他們在扇骨竹刻上所取得的巨大成就，首先得益於他們深厚的書畫技藝與篆刻功力。從目前所見的王素、朱鋐與吳熙載三人傳世扇骨竹刻作品來看，年代最早的是收録於《懷袖雅物：蘇州摺扇》卷三《扇刻》中的王素刻於清道光十二年（1832）的蔓藤草蟲、楊柳蜻蜓圖竹扇骨（圖二十六）。此扇骨一面落款『邗上小某寫於緑楊邨』，鈐陽文『小某』印；一面款署『擬新羅山人法，壬辰夏日，王素』，鈐白、朱文二方印『王』『素』。王素（1794—1877），字小梅，亦作小某（古梅字）、少某，又字遜之（有印『小梅又字遜之』），號竹里主人，别署八十翁，甘泉（今屬江蘇揚州）人，清代書畫史上康乾『揚州八怪』落幕至晚清『海上畫派』興起間空白期傑出的畫家兼篆刻家，揚州畫壇繼『八怪』之後『揚州十小』畫派中的首席代表人物，被譽爲道光至光緒前期揚州畫壇之翹楚、揚城一代畫史之宗師，《清畫家詩史》《墨林今話續編》《揚州畫苑録》《清朝書畫家筆録》《廣印人傳》等均有載。清末民初的董玉書在《蕪城懷舊録》中云：『當時士大夫皆非王（小某）畫、吳（讓之）書不足相配。若不得其一，即以爲減色。』這形象地說明了王素在當時就已被視爲可與吳讓之相抗衡且并稱於揚州的名家。事實上，王素是一位藝術全才，他善畫，幼師鮑芥田，又多臨華喦。華喦，評論家説他工畫人物、山水、花鳥、草蟲，脱去時習，力追古法，寫動物尤佳。善書，能詩，時稱『三絶』。王素繪畫題材豐富，凡人物、花鳥、走獸、蟲魚、果品，無不入妙，筆法工細，既有傳統的寫意繪畫功力和工筆繪畫能力，又有吸收西洋外來藝術的經驗。他作畫手法多樣，既能小筆勾描，又能大筆揮寫，所作人物花鳥魚蟲造型準確，神態逼真；花卉超俗絶塵，用色清新，形神皆優；山水意境深遠，疏秀而簡淡，并能以小取勝，在尺幅中表達極爲寬廣的藝趣。他的主要成就是人物仕女畫，尤其在仕女畫方面有其獨創的一面，所畫仕女清淡雅逸，顧盼多姿，秀媚絶倫，頗具文秀之氣。他與嘉道時江浙一帶的著名畫家虞集、改琦、費丹旭等人齊名，享譽江淮。王素在世時其丹青即已馳譽大江南北，傳世名作有《鍾馗五美圖》（收藏於上海博物館）、《梧桐仕女圖》（收藏於南京博物院）、《夏日仕女圖》（收藏於揚州博物館）、《朝雲小像》（收藏於清華美院）等，另有《二湘圖》《春雷起蟄圖》，現存日本。他亦精篆刻，效法漢印，爲畫名所掩。兼擅淺刻，竹刻作品尤精，尤其扇骨竹刻有多件傳世，除上述的清道光十二年蔓藤草蟲、楊柳蜻蜓圖竹扇骨外，還見有清道光王素刻閑看兒童、采菊東籬圖扇骨（見圖版六五）等。該扇骨一面刻巖崖枯枝，水榭亭屋，小橋流水，一中年男子面目祥和，依窗俯視小橋上正手舞足蹈的兒童。扇骨刀痕豐富，清晰委婉，表現對象物體的質感，極富變化，人物衣紋以刀痕的粗細深淺傳遞出筆墨乾濕濃淡的變化。人物頭部刻劃細膩生動，刀痕處理與周邊景物乃至衣紋都很不同，在光影的作用下顯得刀痕尤深且犀利，但實則亦淺，這使得人物顯得特别醒目而精神，秀氣文雅，韵致無窮。上題『閑看兒童着柳花』。另一面刻籬笆、繁菊、秋草，淵明采菊東籬下，手持菊花細細觀察，神情專注，人物面部表情豐富，刀痕深淺粗細婉

圖二十六

轉，表現衣紋濃淡褶皺變化，點睛之處，刀痕深刻犀利。上題：『采菊東籬下，秋色掬盈把。千古仰高風，當時知音少。』款署『立夫大兄大人正，小某刊』。品鑒王素的這件扇骨竹刻，體味到他雖手操的是刻刀，但在竹面上力求傳達的則是翰墨書畫的筆意，流溢出的也是濃濃的筆墨書畫之味。作品刀痕刻意之精彩，雕工之精到，技法之嫻熟，人物之傳神，令人拍案叫絶，真乃神品！從這件扇骨竹刻，我們讀到王素更注重的是以篆刻技藝來表現他書畫的筆墨，這也與他較之自身篆刻更勝一籌的繪畫功力有很大的關係。

此外，還見有與同時期書畫、篆刻家朱鋐合作，由他畫稿，由朱鋐刻的懸崖嘶馬、秋山行人圖扇骨（見圖版三八），以及清同治年間（1862—1875）與竹刻藝人金彝合作的『漁舟唱晚』、『日暮倚修竹』扇骨（見圖版一二〇）。從王素道光十二年（1832）紀年扇骨竹刻和這些數量較多的由他自刻或爲他人提供畫稿合作的扇骨竹刻作品來看，王素在竹扇骨上以刀代筆進行繪刻的時間當比朱鋐和吳熙載開始刻竹的時間要早。此外，從另一個角度也可看出王素在扇骨竹刻方面對他人的提携。由此亦可見，清中晚期揚州扇骨竹刻淺刻之風的再度興起，王素當是首要創導者之一。後人在談及揚州竹刻淺刻時往往會强調吳熙載是主要的領軍人物，這多與吳熙載在中國篆刻史上突出的地位和重要的影響力有很大的關係。從目前所發現的傳世竹刻扇骨來看，王素在揚州扇骨竹刻藝術上的成就與貢獻，當在吳熙載之上。

在揚州幾乎與王素同時期進行扇骨竹刻創作的另一位竹刻家，便是書畫、篆刻家朱鋐。朱鋐，字震伯，江都（一作儀徵，今均屬江蘇揚州）人。諸生，生卒年不詳。阮充《雲莊印話》中《印人詩事》稱其『筆意生動，殊有士氣，負性傲岸，不屑肩隨熙載之後，又不願見富室達官，以是揚人不甚知之』。據包世臣（1775—1855）《小倦游閣法帖》中《答熙載九問》《答三子問》記載，

圖二十七

道光十一年朱鋐曾與吳熙載同時師從包世臣，習包氏書體。道光十三年七月，吳熙載在包世臣《十七帖疏證》跋文中記述：『右包先生爲碧公書《十七帖疏證》。颰與震伯分任鈎橅，逐字逐畫，玩其回鋒抽掣，盤紆環結之勢，盡《黃庭》《畫贊》之能事。』説明朱鋐曾與吳熙載一起參與包世臣《十七帖疏證》的鈎摹。道光十五年六月十三日，包世臣在將赴江西任職，早發登艫北望時曾頗多感慨地回憶起其初來揚州時與黃洵、梅蘊生、朱震伯、吳熙載、劉孟瞻等人的交往：『憶余初游邗，諸君童或丱。及今當遠別，偉矣皆英彦。劉生備三德，手胝破萬卷。黃生工五言，建安風不遠。文藻盛梅生，揮送追中散。超妙能入神，吳朱書同擅。』詩中所提『吳朱』即指吳熙載與朱鋐，説明此時朱鋐在書法上已有建樹。包世臣將他與吳熙載相提并論，予以稱贊。道光十七年，朱鋐著刊《月底修簫譜》兩卷，包世臣爲此譜作序。從這些記載來看，朱鋐當在道光年間即已出道，其藝術成就或不亞於吳熙載，而年齡有可能稍長於吳熙載，故『不屑肩隨熙載之後』。朱鋐工詩詞，書法篆隸楷行四體皆擅，尤精隸書，印法鄧石如，兼作文人畫。他的花鳥畫宗法自然，出自白陽，畫作追求筆墨酣暢，用色冷艷，翎毛、花卉生動有趣。善刻竹，尤善刻扇骨，傳世扇骨竹刻有收藏於寧波博物館的朱鋐刻王素懸崖嘶馬、秋山行人圖扇骨，清道光二十四年朱鋐刻蓮打鴛鴦、湖雁泛舟圖扇骨（見圖版三七），收藏於上海博物館的朱鋐刻王素耄耋慶壽圖竹扇骨（圖二十七），以及收藏於揚州博物館的朱鋐刻柳燕、人物觀雁圖竹扇骨（圖二十八）等。從上述作品來看，他與王素有較多的合作。其中朱鋐刻王素懸崖嘶馬、秋山行人圖扇骨（見圖版三八），一面以刀刻畫微風摇曳的柳條與竹葉，一匹駿馬踱步回首嘶鳴，悠揚的神情使人仿佛能聽到馬的畫外之聲，馬濃密的鬃毛歷歷而現，款署『仿新羅山人意，小某刊』；一面刻畫山間竹林旁，正在對語的二行人，人物飄動的衣紋和彼此流露出的神情都細膩傳神。畫面右上方

圖二十八

題款『秋山人在畫中行』，款署『震伯刻』。蓮打鴛鴦、湖雁泛舟圖扇骨是朱鉉現存有紀年的扇骨竹刻作品，扇骨一面刻蘆葦、河塘、孤舟、大雁，風動的葦葉，漂流的孤舟，高空一行大雁飛掠而過，舟人仰面回望，衣紋隨風飛動鼓起，綫條圓潤，短促而流動，款署『甲辰（1844）小春月爲子讓大兄正之，震伯刻』；另一面刻畫飄揚的垂柳下，一纖弱貌美女子臨窗俯視，手執蓮子欲打河塘草叢中一對正在嬉戲的鴛鴦，河水因鴛鴦泛起陣陣的漪漣，岸旁的荷花有含苞，有怒放，碩大的荷葉在微風中搖曳翻轉，仕女專注的神情躍然竹上，人物衣紋纖柔絹細，左上方題『笑將蓮子打鴛鴦』。扇骨雕刻精美，出神入化，視覺效果有如絹紙上的水墨設色書畫一般。朱鉉的竹刻與王素的相比，更多的是以綫條表現爲主，他以多變的刀法、刀痕來再現筆墨意趣，如山體、草木、走獸、人物等等，但總體似略遜一籌。

比之道光時期已涉足揚州扇骨竹刻創作的王素、朱鉉，年齡稍小的吳熙載似乎是步了他們的後塵。吳熙載（1799—1870），清代傑出的書畫、篆刻家，清代碑派書法和鄧派印學的傑出代表，晚清三大金石家（吳熙載、趙之謙、吳昌碩）之一。原名廷揚，字熙載，號讓之，攘之、讓翁、攘翁，晚學居士，晚學生、方竹丈人、言庵、言甫、難進易退學者，齋堂爲晉銅鼓齋、師慎軒，五十歲以後以字行。祖籍江寧（今江蘇南京），自父輩起移居儀徵，後寓居揚州、泰州。擅長篆刻，少爲包世臣入室弟子，後又宗法皖派金石名家鄧石如，并在傳承鄧石如衣缽的基礎上大膽創新，融秦漢之印、近代各家之長與碑刻摹印於一體，使篆刻風格自成面目。他繼承和發展了鄧石如開創的印學流派，不僅打破了清中後期印壇浙派一統天下的局面，形成了以『鄧吳』爲代表的鄧派印學，而且使晚清的印學再度繁榮，印風爲時所崇尚。後起的印林巨擘吳昌碩、黃牧甫等，無不受到他的重大影響。吳熙載善各體書，尤工篆、隸，間作寫意設色花卉，精金石考證，著有《通鑒地理今釋稿》《晉銅鼓齋印存》《師慎軒印譜》《吳讓之印譜》《匏瓜室詞》等。總之，他是一位在清代篆刻書法史上，乃至在中國印學史上都具有極其重要地位且影響後世篆刻書法甚遠的人物，可謂一代大家。從目前傳世的吳熙載扇骨竹刻作品來看，他在致力於篆刻書法的同時，也投入扇骨竹刻的創作。所見主要作品有刻行書詩句扇骨（圖二十九）[二]、刻枇杷、書法扇骨（見圖版一一八）和刻荷葉蜻蜓、寒梅圖扇骨（圖三十　揚州博物館藏）等。此外，還有一件款署『臨爭座位，平齋書』『癸酉夏讓之刻』的吳熙載刻吳雲行草臨《爭座位帖》象牙扇骨（圖三十一），因癸酉爲清同治十二年（1873），與史載吳熙載的卒年清同治九年不甚相符，儘管有明確紀年，

[一] 君康《吳讓之刻扇骨》，《蘇州日報》2014年12月28日。

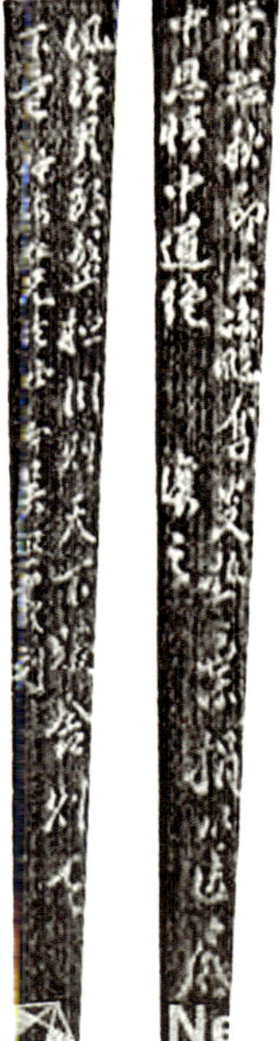

圖二十九

圖三十

暫且另當別論。就其現存的三件竹刻扇骨，考證它們的大致年代，這對了解吳熙載大約何時參與扇骨創作將具有一定意義。吳熙載刻行書詩句竹扇骨，一面陰刻行書『常恐秋節至，凉飈奪炎熱。棄捐篋笥中，恩情中道絶』，落『讓之』款；一面陰刻『風清月朗盤桓，用則天下暖，舍則天下寒。仲海仁兄法正，弟吳熙載刻』。仲海仁兄，乃吳熙載好友姚正鏞。姚正鏞，字仲聲，又字仲海，號轉蓬吟館、槐廬等，生卒年不詳，蓋平（今屬遼寧蓋州）人。官户部郎中，常住江蘇泰州。詩詞書畫皆能，善金石篆刻，嗜收藏。書法喜習六朝碑版，能畫山水、花鳥，尤喜作梅，饒有古致。據朱天曙在《清代書家吳讓之交游初考》[三]一文中的考證，吳熙載與姚正鏞的交往是在咸豐年間太平軍攻打揚州，吳熙載避兵至泰州後。姚正鏞是吳熙載寓居泰州時文化圈中的重要人物。此前，吳熙載於道光二十九年（1849）分典揚州文匯閣秘書，并分輯《南史注》，咸豐三年（1853）二月江寧失守後，千餘太平軍突圍揚州，將庋藏《四庫全書》的文匯閣付之一炬，吳熙載避兵出逃至朋友較多的泰州，首寓姚正鏞家。在咸豐三年後的幾年，吳熙載往來於揚州、泰州之間，其中與姚正鏞、汪硯山來往最多。咸豐七年到咸豐十年，吳、姚之間關係密切。其中咸豐十年，吳熙載與姚正鏞多有往還。同治三年後，吳熙載由泰州回到揚州，至此少見吳氏與姚氏來往的蹤迹。可見，落款『仲海仁兄法正』的吳熙載刻行書詩句竹扇骨，當是吳熙載於咸豐三年至同治三年間在泰州與姚正鏞交往時所刻的作品。吳熙載刻枇杷、書法扇骨（寧波博物館藏）和刻荷葉蜻蜓、寒梅圖竹扇骨（揚州博物館藏），

[三] 朱天曙《清代書家吳讓之交游初考》，載《南通大學學報（社會科學版）》第23卷第1期，雙月刊2007年1月出版。

圖三十一

圖三十二

兩件扇骨均落『讓之』款。其中刻枇杷、書法扇骨，一面刻枇杷圖，圖中小草、樹枝、闊葉、枇杷，不同的刀法，深淺變化，刀痕如行筆般起伏跌宕，枝幹如寫篆書般渾厚老辣，可以看出他是自覺地將篆刻、書法、繪畫的筆意融入竹刻中，以篆刻刀意入竹，運刀如筆，刀法剛柔相濟，委婉流暢，率直瀟灑，爽利俊邁，透射出濃濃的金石之味。拿他好友姚正鏞評價其篆刻時所説的『使刀如使筆』『操縱之妙，非復思慮所及』『深得篆勢精蘊，故臻神極』來贊譽他的竹刻也實不爲過。揚州地方志曾如是評價他的竹刻：『他所創作的竹刻扇骨，用刀采用了他篆刻的技巧，以輕淺取勢，善於披削，使刀如筆，鋒穎畢露，迅疾流暢，輕鬆淡蕩，如行雲流水，神游太虛，作品盡顯端莊遒麗，跌宕生姿，章法於平穩中求虛實變化，於自然沉着中寓巧思，款款君子之風，不作怪异之態。』扇骨另一面刻書法行楷『作畫撫琴，皆以養身、怡悦性情，今若以專爲生計，是變雅爲俗，欲求佳品，何可得耶』，款『讓之刻』。字體筆勢勁健，舒展飄逸，婀娜多姿，風采自得。可見，吴熙載刻竹如其治印，已經達到了運刀嫻熟、刀刀見筆、刀筆交融、操刀如筆的境界，其竹刻之得心應手，猶如庖丁解牛，游刃有餘。

吴熙載啓用『讓之』之號，據有關專家考證，當是在咸豐三年（1853）。且『咸豐三年至同治元年間，他在書法、篆刻上已都見使用「讓之」之號』。[一]咸豐三年，吴熙載五十四歲，由此推論，落款『讓之』的刻枇杷、書法竹扇骨和刻荷葉蜻蜓、寒梅圖竹扇骨，至少是吴熙載五十四歲以後的作品。另一方面，刻枇杷、書法竹扇骨中之書法『作畫撫琴，皆以養身、怡悦性情，今若以專爲生計，是變雅爲俗，欲求佳品，何可得耶』等内容，也足以説明吴熙載刻此扇骨時當在他貧困潦倒的晚年。或許，吴熙載涉足竹刻，某種程度上也是爲了生計。因此，就目前所見，吴熙載的扇骨竹刻創作時間應該是在咸豐至同治年間。由此亦可見，吴熙載參與扇骨竹刻創作的時間較王素、朱鋐爲晚。早在道光十一年至十五年（1831—1835）間，吴熙載便已結識朱鋐，他們同入當時寓居揚州的包世臣門下，成爲包氏的入室弟子，并於道光十三年七月一起爲包世臣的《十七帖疏證》『分任鉤橅』，吴熙載與朱鋐的關係當爲師兄弟的關係。而吴熙載寓居揚州時就住在石牌樓的觀音庵，據清董玉書《蕪城懷舊録》記載，吴熙載在揚州觀音庵居住時，當時畫家王素也寄宿於觀音庵内，因兩人共爲揚州人推重，故『當時士大夫皆非王（王素）畫吴（吴讓之）書不足相配。若不得其一，即以爲減色』，因此，吴熙載與王素十分熟悉。吴熙載開始扇骨竹刻創作，極有可能是受到了王素、朱鋐的影響。

可以這麼説，清道光、咸豐、同治時期，王素、朱鋐和吴熙載三位書畫、篆刻家均各自以其在書畫、篆刻上的造詣與功力，形成了各自不同的藝術創作風格，從而將揚州扇骨竹刻的藝術水準推向了頂峰。緊隨他們之後，活躍在同治、光緒時期揚州的扇骨竹刻家有金彝、穆半園、方鎬、趙淇、耿西池等，從他們傳世的扇骨竹刻藝術風格及合作關係來看，師承王素的有金彝、穆半園、趙淇等，其中金彝、穆半園都有與王素合作的竹刻扇骨傳世，如收藏於寧波博物館的金彝刻王素『漁舟唱晚』『日暮倚修竹』竹扇骨（見圖版一二〇）和收藏於揚州博物館的穆半園刻王素仕女、貫之行草詩句竹扇骨（圖三十二　揚州博物館藏）；師承吴熙載的有耿西池等。但是，他們的藝術成就均未超越其師。金彝，字爵山，清同治年間揚州人。工人物、花鳥，揚州博物館藏有其款署『己巳冬日邗上弟金彝畫

[一] 朱天曙《清代書家吴讓之交游初考》，載《南通大學學報（社會科學版）》第23卷第1期，雙月刊2007年1月出版。

并刻』的竹刻扇骨（圖三十三）。穆半園（生卒年不詳），揚州人，工仕女及書法，精竹刻與牙雕，傳世作品有題『厚五大兄雅正』，并落『小某半園合作』『辛亥秋八月，貫之書』款的刻王素仕女、貫之行草詩句竹扇骨和落款『己丑半園刻』的陰刻蔬果圖象牙對盒（圖三十四）。方鎬（？—1906），字仰之，篆隸刻印仿吴讓之，槀篳吴𠵉，師事吴昌碩，能得其奥窔。趙淇，字竹賓，江蘇儀徵人。拜師王素，學畫人物，頗有古意。淺刻人物，十分工細，鬚眉衣紋栩栩如生。小楷摹趙孟頫，竹骨上可刻十幾行，已屬微刻。耿西池，江蘇揚州人，與趙淇同時期人，吴讓之嫡傳弟子，擅淺刻山水人物，意境蕭疏清遠（圖三十五　清耿西池『遠浦歸帆』、趙淇書法扇骨　揚州博物館藏）。

如果説清晚期，揚州的扇骨竹刻是在遵循着王素、吴熙載所創導的藝術風格路綫發展的話，那么到晚清至民國初期，隨着揚州八刻中瓷雕與牙雕的興盛，藝術領域的相通以及扇骨在社會各界的普及與流行，使得瓷雕與牙雕領域的藝術家們也積極參與到扇骨竹刻的創作中來，著名的有江雨三、徐來賓、于碩等，他們都以各自固有的雕刻風格，在竹刻領域中一展風采，共同推動着揚州扇骨竹刻藝術的發展。江雨三（生卒年不詳），江都（今江蘇揚州）人，清光緒、民國時期揚州著名的瓷刻藝人，擅在瓷器上雕刻，仕女人物、花鳥、山水皆精，刀法斑斕純熟，綫條簡約流暢，極富表現力。揚州博物館藏有其瓷刻代表作品《風筝圖》（圖三十六）《蟬柳圖》（圖三十七）等。江雨三刻登崖觀奇、秋塘殘荷圖竹扇骨（見圖版一八二），約爲民國十年（1921）的作品，一面刻一策杖老者，攀登懸崖面壁觀奇，人物衣紋褶皺繁縟，款署『印若仁兄大人之正，弟雨三刊』；一面刻秋塘水草，荷花殘葉。雕刻技法和風格與其瓷刻如出一轍。徐來賓，字雅鴻，清末民初江蘇興化人。工篆刻，擅刻行書、花鳥。善淺刻，瓷、竹、木、石刻製細及毫髮，以瓷刻名於時。今揚州博物館藏有其所刻鼻煙壺。徐來賓的扇骨竹刻也是采用了他刻瓷的技法入竹。江雨三與徐來賓，兩者的扇骨竹刻作品，均顯示出各自鮮明的個人風格。

此時，在揚州扇骨竹刻藝壇上起重要作用的，是竹刻、牙雕兩栖，且以牙雕成就更爲突出的清末民初中國最著名的象牙微雕大師、竹刻家于碩。于碩（1873—1957），又名宗慶，字嘯軒、嘯仙、笑仙，嘯一作歗，以嘯軒字行，江都（今江蘇揚州）人，久寓揚州，後寓北京，民國初曾在天津及北京爲人刻竹。工書畫，近王小梅，精篆刻，尤精淺雕及毛雕，以微雕名世。清光緒二十三年（1897）于碩淺刻行草、楷書《隨園集》詩竹扇骨（見圖版一九六）和清光緒于碩深刻朱孝臧行書竹扇骨（見圖版一九七）是他早年的竹刻作品，分别以淺刻和深刻技法刻就，顯示出他早年在扇骨竹刻上繼承揚州前輩技藝，同時不囿於地域限制，博取衆長的藝術特點。他在繼承雕刻藝術的同時，於清光緒年間創微刻技藝，而象牙

圖三十三

圖三十五

圖三十四

圖三十六

圖三十七

堅實光潔，易於奏刀的質地，又爲于碩的藝術創作提供了優勢，使他能憑借着他的鋭勁在『微』字上狠下功夫，并卓見成效。他的象牙微刻作品能於方寸牙板上刻六千餘字，以顯微鏡照之，筆致活潑，神采飛揚，堪稱絶技。所刻扇骨一邊上能刻字數十行，專憑指意，用鋒端刻畫，字迹極小，於圓潤中見蒼老。其藝術特點是重在刀工，在細微上下功夫，但細觀之，似難脱匠氣。于碩所開創的微刻雕刻藝術風格，使得揚州的扇骨竹刻在原淺刻的基礎上又向着微刻邁進，從而影響着自他之後揚州的竹人們。

民國時期直至20世紀50年代之後，活躍在揚州的扇骨竹刻藝術家有陳康侯、周無方、何其愚、吴南愚、鄭小西、黄瑋、宫宜盦、吴南敏、吴紉之等，他們中多數人的藝術創作已不單局限在扇骨竹刻上，而是跨越在竹刻與牙雕之間，雕刻由淺及微，風格各异，自有所長。

陳康侯（1866—1937），字錫藩，又作夕帆，揚州人，清末民初揚州著名的海派名家之一，與李墅齊名。工山水人物、花卉草蟲、翎毛雜件，尤善花鳥，亦善竹刻，傳世扇骨竹刻有民國十四年（1925）刻梅花圖竹扇骨（圖三十八 揚州博物館藏），作品以淺刻體現出作者畫風清新秀麗，構圖疏朗靈動，用筆灑脱飄逸。款署『乙丑八月寫，爲漢侯仁世兄方家雅正』『夕帆陳康侯』，鈐『陳』方印。周無方（1879—1963），字咏臺，名柏年，號無方，後以號行。雖一生從醫，但興趣廣泛，工山水、花鳥，酷愛刻竹，尤善皮雕，精通各種竹刻技法，著有《刻竹瑣談》《刻竹經驗談》，傳世作品極少。今揚州博物館藏有其留青山水扇骨（圖三十九 揚州博物館藏），風格渾厚蒼雄，樸拙自然。何其愚（1891—1958），名如，字學衡，一字學恨，號其愚，以號行，又號北固閑人，江蘇丹徒人，後寓揚州。書畫受其父熏陶，又師從陳錫藩學畫，工花卉、翎鳥，筆墨冷雋瀟逸，疏淡雅致，有新羅山人筆意。擅長行草。詩、書、篆刻造詣亦深。善刻竹，兼工淺刻，扇骨有淺刻咏梅、荷趣等，完全以自身書法、繪畫風格再現於竹、牙淺刻，喜題自創詩文，刀筆之下盡顯詩情畫意（圖四十 民國二十五年（1936）何其愚梅花、書法扇骨 揚州博物館藏）。民國二十年（1931）何其愚刻行草《後赤壁賦》、『赤壁夜游圖』扇骨（見圖版二七二），一面以小行草刻蘇軾《後赤壁賦》全文，字體瀟灑秀逸；一面刻畫蘇軾與友人夜游赤壁，秋江美景，皓月當空。款署『永清老友法正，辛未初春句容何其愚作於海上曉風軒之南窗』，鈐陰文長方印『何如』；『赤壁夜游圖，辛未（1931）夏，其愚又作』，鈐陰文圓印『如』。吴南愚（1894—1942，《廣陵區志》作『1893—1941』），名岳，字南愚，以字行，榜其居曰縹緗館，江都（今江蘇揚州）人，書法家吴仲容之子，擅書法，四體皆工，楷書尤佳，兼工山水、人物、花鳥，能傳古意，筆意蕭逸，能治印，亦善刻象牙及扇骨，尤擅長微雕，早年潛心研究于碩刻法，能在一粒米大的象牙片

圖三十八

圖三十九

圖四十

圖四十一

上刻百餘字。後寓北京，在北京勸業場飄香館美術社以微刻爲業，1927年以《紅樓十二金釵》等兩件淺刻作品參加巴拿馬萬国賽會獲獎。刻於民國十一年（1922）的淺刻秉燭夜游圖、行楷杜甫《咏懷古迹》五首扇骨（圖四十一 揚州博物館藏），以極淺的刀法，一面刻深秋庭院中一紈扇仕女與一侍童在秉燭夜游，人物五官清秀端麗，衣紋流暢飄逸，款署『壬戌仲夏南愚吴岳刻於揖斯樓』；一面刻杜甫《咏懷古迹》五首，書法鐵畫銀鉤，如錐畫沙，雖蠅頭小字但深見功力，款署『漢侯先生雅正。南愚吴岳録杜甫《咏懷古迹》五首於都門客次』。這是吴岳寄寓北平（今北京）時以典型的揚州工刻的一件扇骨，非常之精妙。深刻蕭疎松濤圖、行書詩句扇骨（見圖版二七八），款署『民國癸酉末伏後一日江都南愚鐵筆於首都』，

鈐陽文圓印『吴』，是吴南愚於民國二十二年（1933）寓居北京時的作品，不同於揚州淺刻的深刻技法，説明了他竹刻技藝的多樣性以及受到的北方竹刻風格的影響。鄭小西（1899—1950），字紹琴，江都（今江蘇揚州）人，自幼隨父鄭桐（字逸琴）學習象牙淺刻，書法宗『二王』，山水宗『四王』，仕女人物師吴門唐寅，亦善淺刻竹。黄瑋（1902—1976），字漢英、良瑋，自號蘭癡，揚州人。師從耿耀庭，亦得陳錫蕃指點，擅竹牙淺刻、微雕，尤擅毫芒雕刻小字，以臨摹晉、唐、宋名家書法見長，尤以縮臨『宋四家』爲勝，同時亦善臨晉、唐各家書法，如王羲之、王獻之的行草，以及柳公權、歐陽詢、虞世南等大家的作品，能得其神髓，從而在先人已創的揚州淺刻、微雕基礎上又開創出了縮臨技藝，豐富了揚州的扇骨竹刻風格。他的竹刻作品常落『蘭癡』『一生心血』等閑章，可見他對竹刻藝術的潛心與專注。宫宜盦（1915—1968）是黄瑋的嫡傳弟子，傳承其師衣缽，工刻、繪畫、書法，借其師技藝另闢題材，以縮臨『明四家』（唐寅、文徵明、祝允明、仇英）書法作品見長，其中以臨文徵明的作品爲最佳。刻畫，除山水外，尤以臨摹『揚州八怪』作品最多，也最精美。吴南敏（1915—1997），自幼習書、學畫，其書法臨王覺斯，山水師沈石田。十八歲即從堂兄吴南愚學藝，牙、竹兼工。每方寸牙面可刻6000餘字。以書法、繪畫功底，并結合純熟的微刻技巧，以鐵筆再現書畫水墨韵味。

綜上可見，揚州的扇骨竹刻，經歷了清康雍時期的淺刻，乾嘉道的深、淺刻，道咸同的淺刻以及清末民國時期的淺刻、微刻與縮臨，發展軌迹清晰，藝術風格鮮明，各個時期均有名家涌現，代有傳人，且以王素、吴熙載的藝術成就最高。總體而言，揚州扇骨竹刻尤以風格獨特的淺刻與微刻馳名於時，其淺刻的顯著特點是刻痕極淺，乃至淺到衹有在高光下纔能看清刀法的境地，這是雕刻中陰刻最淺的技法。此外淺刻中還有一種毛雕刻法，其刻痕之淺，可以毛髮喻之。這兩種淺刻方法一般被用於竹筠上刮劃刻繪山水、人物和花鳥等題材的作品。另一種雕刻技法是淺刻兼微刻，一般用於書法題材爲多，往往在竹筠上挑刀刻字，字體微小，講求神似。揚州微刻中尤以刻字擅長。除此之外，揚州扇骨竹刻在題材上與其他地域顯著不同的是當時社會上較盛行的摹刻金石、鐘鼎、古泉等作品幾乎不見。

（二）蘇州地區

清初蘇州經歷了一段非常繁榮的時期，清代蘇州名列天下『四聚』（全國四大商業中心，北則京師，南則佛山，東則蘇州，西則漢口）之一，時有『繁而不華漢川口，華而不繁廣陵阜，人間都會最繁華，除是京師吴下有』之説，號稱『海内繁華、江南佳麗之地』，是東南最發達的都會，全國第二大城市，名副其實的全國經濟中心。黄鈞宰（約1826—1895）在其記録自道光甲午（1834）至同治癸酉（1873）四十年見聞的《金壺浪墨》中説：『江省繁麗，莫盛蘇揚。』清代蘇州經濟文化繁榮昌盛，民間工藝發達，其中摺扇是大宗，精製的水磨竹骨摺扇清初時進貢朝廷。清代中期，蘇州扇業更趨繁榮。清乾隆二十四年（1759）徐揚作《盛世滋生圖》長卷（圖四十二），畫有兩家扇莊：一家在木瀆中市，懸『蘇杭雜貨』『各色雅扇』招牌，櫃上掛有摺扇；一家在山塘橋堍，檐外懸『手巾扇子』招牌，這是蘇州摺扇市場的真實寫照[二]。當時蘇州的陸墓鎮及之後發展的桃花塢扇莊等，是全國著名的自産自銷、專門經營扇子的特色扇莊。蘇州繁榮的製扇業與商貿經濟，吸引着四方名流匯聚吴門，如明代製扇中心南京的刻竹及製扇藝人紛紛南遷蘇州，明清竹刻淵源地嘉定的竹刻名手王易和趙學海、趙得山父子也先後客居蘇州。竹刻與摺扇在蘇州的匯流與碰撞，助推着蘇州扇骨竹刻的興起與繁盛，於是融書畫、雕刻爲一體的『吴門雅扇』應運而生，并迅速走向繁榮。蘇州因其製扇業的發達及全國製扇中心的特殊地位，其扇骨雕刻迅速商業化，并出現了雕邊行業。與其他地區不同，蘇州的扇骨竹刻藝人在蘇州區域内有『清客』與『作家』之分。所謂『清客』，是指一些擅長金石書畫篆刻并參與刻竹、不以刻竹爲業的文人，作品注重藝術品位與創造，講究書畫韵味和刀味，絶少匠氣。『作家』，是指以竹刻爲業，專門從事竹刻商品生産的藝人。他們以技爲重，師徒相傳，刀法嫻熟，産品批量加工，藝術性則相對不足，即被稱爲『行貨』者。蘇州清末的刻竹名家，志乘雜史有記録可考查者，達一百餘人之多，足見當時蘇州竹刻藝人的盛况。據清乾隆《虎丘山志》記載，蘇州竹刻集中在山塘一帶。

清代蘇州扇骨竹刻，『清客』名家輩出，精品紛呈，目前發現較早創作扇骨竹刻的是清嘉慶年間的吴縣（今屬江蘇蘇州）人馬根仙，他出身丹青世家，精繪事，工刻扇骨，《吴縣志》記載他竹刻『善陰陽文，仕女、花卉窮工極巧，人莫能及』，以刻工精細、精巧著稱，尤以擅刻人物見長。刻山野問徑、策杖仙道圖扇骨（見圖版四），刻征鞍期歸、桐蔭吹笛圖扇骨（見圖版五）和刻『桃花人面圖』、氈帳秋深圖扇骨（見圖版六），均是他以人物爲題材的扇骨竹刻作品，構圖疏密相濟，張弛有度，充滿畫意，整幅作品是篆刻與書畫的完美結合，刀痕矯健遒勁，深淺得當，盡顯書畫之行筆用鋒和雕刻之功力。周邊景物以深刻爲主，人物越到細部刻痕越淺，尤其是臉部、眼神、嘴唇、毛髮以及仕女衣裙上的繡花寬邊等，刻刀纖細入微，具有强烈的視覺衝擊力。人物表情刻畫細膩生動，靈氣十足，傳神畫外。同時期的還有盛吟崖、盛德基兄弟等。

清道光時期，隨着社會上扇骨竹刻之風的初興，蘇州的一些書畫、篆刻家也積極投入扇骨竹刻的創作中，湧現出不少扇骨竹刻名家，如楊澥、毛懷、沈

[二] 趙羽《懷袖雅物：蘇州摺扇》，上海書畫出版社2010年版。

基庶、陳凝福、石麒、韋雅、朱雪松、劉德三、陳慕卿、黃濬、譚松坡、徐樹基、王雲等。

楊澥（1781—1850），初名海，四十歲後改名澥，字龍石，號竹唐，別號聾石、聾石道人、聾子、聾道人、野航、野航逸民、石公、石公山人、枯楊生，江蘇吴江（今屬江蘇蘇州）人。他精金石考據之學，工篆刻，初學浙派，後致力於秦漢印，擅鎸金石，時稱『江南第一名手』。道光年間，他以治印法入竹，芙蓉蘆鳥圖、楷書扇骨（見圖版二二）便是他於清道光二年（1822）與吴門畫家夏之鼎合作的作品，由夏之鼎畫稿，楊澥雕刻。扇骨一面刻芙蓉綻放，一枝蘆葦盎然伸出畫外，一長喙孤鳥踮立蘆杆，欲振翅撲食，畫面生動，款署『壬午秋日寫，茝谷』，鈐陰文長方印『之鼎』；另一面刻楷書詩句『采采流水，蓬蓬遠春，窈窕深谷，時見美人』，題『節書詩品』，款署『聾石』，鈐陰文長方印『石公』。扇骨以深刻法刻就，刀法緊隨畫意，蒼拙而講究神韵，刀痕不求光潔，闊葉濃墨處以陷地法表現，別有意趣。書法俊雅樸厚，骨力勁勃，酣暢勁秀，具漢隸魏碑之風，運刀勁健深圓，能將書法藝術講究的毛拙感和篆刻邊款那種率意古樸的韵味完美地在竹刻上再現出來，异於他家。由於他精於金石考據之學，故他的竹刻善深刻縮本金石文字，刀法精湛，作品多體現這方面的題材。如摹刻《漢桐柏淮源廟碑》、楷書詞句竹扇骨（見圖版二三），節摹《漢石室祥瑞圖》、《曹全碑》銘扇骨（見圖版二四），摹刻《漢司農劉夫人碑》、楷書宋人句扇骨（見圖版二五），摹刻定武瘦本《蘭亭序》扇骨（見圖版二七）等。他嘗曰：『刻朱文用刀之法，須從春蠶食葉參悟。』其扇骨竹刻用刀衝切結合，轉换自如，深得篆刻神髓。

毛懷，字士清，號意香，又號鐵道人，清嘉慶、道光年間吴縣（今屬江蘇蘇州）人，與王石香、胡芑香并稱『三香』。於道光十九年（1839）始游上海。顧震濤《吴門表隱》卷十八稱其『性高潔，工詩文。布衣蔬食，形若枯禪。以書名世，筆意神妙』。工書，擅刻竹，尤精於淺刻細字，與彭秋士、吴時中之輩皆友善，其書法不下於吴時中，尤工題跋，著有《南園草堂集》《意香剩稿》。毛懷深刻行書詩句、夏翬風竹圖扇骨（見圖版四二），以深刻法，一面刻寫行草書法詩句，書法結體自然，流暢見鋒，款署『心蘭先生屬，意香懷』，鈐篆書陽文方印『懷』；一面刻夏翬之《風竹圖》，兩枝細竹蒼勁遒健，枝興葉茂，挺立風中，刀痕蒼拙老辣，金石之味躍然竹上。

石麒，號巽柏，又號容卿，幼即好篆刻，落筆不落俗套，刻竹精雅可愛。

黃濬（1777—？），字素川，號士升，吴縣（今屬江蘇蘇州）人，清道光、咸豐年間篆刻家，工書法，善刻印，尤擅刻竹，能以陰刻、陷地陽文、留青等多種技法刻竹扇骨，技法嫻熟。陰刻深淺有致，陰刻梅蘭竹菊緑漆填金扇骨（見圖

圖四十二

版五二）以不同的刀痕技法，刻畫出了梅蘭竹菊四君子的不同秉性；留青地子光素平整，刀痕利落，留青行草詩句扇骨（見圖版四九）書法邊界光潔，與地子相互輝映；陷地陽文刀法流利，深淺層次豐富，深刻園蔬圖扇骨（見圖版五〇）能在極薄的大骨上將白菜莖葉的舒展反轉抑仰之態表現殆盡，畦間的小草，飛舞的蝠蝶、蝴蝶，令人彷彿行走在田間小路上。黄濬六佳雕刻技法多樣，而且創作題材豐富且不拘一格，有山水、花草、人物、各種字體的書法以及流行的摹刻縮本金石文字等，皆工細精緻，纖微畢現，頗具功力。摹刻古金石文字極爲工緻，亦擅陰刻書法，楷書、行草、行書皆精。刻楷書詩句扇骨（見圖版五一），字體端莊秀雅，骨力道健，規中見逸；刻行草詩句扇骨（見圖版五三），清俊飄逸，深淺得度，飛白流動。道光丙申年（1836）刻行書《蘭亭序》扇骨（圖四十三　上海博物館藏），筆力勁挺，雋永俊秀，靈動瀟灑。《吴門表隱》稱其『名著於世，有玉潤珠圓之妙』。

王雲，字石薌，一字石香，吴縣（今屬江蘇蘇州）人。活躍於清道光、同治年間，『吴門四香』之一，爲吴中名手、『清客』高手，與楊澥（龍石）、翁廣平之子翁叔均（大年）、陳春熙等齊名。精書法，多宗六朝。好金石，工篆刻，專法宋、元、明，別具標格，同治三年（1864）曾刻『松父』印。刻竹尤精，善刻扇骨，尤擅以篆刻技藝在竹面上陰文深刻，摹刻吉金文字，殘缺處均能逼肖，有金石味，且布置工雅，脱盡習氣，可作拓本觀。流傳作品，都極精工，爲人所寶愛。尤善在扇骨上刻草書，刻草書節臨《書譜》扇骨（見圖版五四）、行草詩句扇骨（見圖版五五）與賞梅圖、草書詩句扇骨（見圖版五六），其草書結體簡約流美，裊娜婉轉，氣韵連貫，奔逸不拘，酣暢連綿，遒勁流動，運刀揮灑自如，疾緩有度，剛柔相濟，深淺起伏，刀味、筆意互現，層次豐富且極具變化，盡顯筆墨輕重濃淡之逸趣。《賞梅圖》更是刀法精絶，方寸之間刀痕因表現物象而富變化，山石與老梅虬枝以屈澀生硬刀痕表現，蒼老遒勁，超塵脱俗；梅花寥寥數勾，冰清玉潔，清幽雅致；人物綫條簡約流暢，給人以寧静之態，面部勾勒簡潔明了，眯縫的雙眼洋溢着喜悦的神情，稀疏的鬚髯以極其淺細的毛雕劃出，生動傳神；運刀細膩文静，入刀深淺皆契合運筆之輕重，刀隨筆轉，深得其中三昧。

圖四十三

沈基庶，字玉森、玉生，清嘉慶、道光時吴縣（今屬江蘇蘇州）人，擅隸書。與包棟曠野駐馬蹄圖、行書詩句扇骨（見圖版六八）爲他於清咸豐七年（1857）與包棟合作的扇骨竹刻，扇骨一面陰刻包棟曠野駐馬蹄圖，路邊紛揚着未及發芽的柳條枯枝，一馬回首駐足在泥路上，刀法如用墨，勾勒、皴擦、細描、塗染，用刀盡顯筆墨之韵味，上題『年年柳繫章臺路，豔煞春風駐馬蹄』，款署『湘艇道長屬，子梁題』；一面刻行書『青樽紅燭人逾健，酒史茶經客共論』，書法秀逸端莊，款署『丁巳上巳書，請湘艇四兄大人雅鑒，玉生弟沈基庶』。

清道光時期，兼擅刻竹的釋達受、程庭鷺等都曾寓居蘇州。被阮元稱爲『南屏金石僧』的釋達受，曾於道光十五年（1835）主蘇州滄浪亭，入住大雲庵，直至道光二十年庚子纔辭退滄浪亭住持一職回到海昌。嘉定書畫、篆刻家程庭鷺，也曾留吴門甚久。他們都有較多的竹刻扇骨傳世。清道光六年，釋達受刻垂枝梅花圖、摹考南漢鐵花盆銘扇骨（見圖版二八）。清道光二十年，『重九後二日』，程庭鷺應『海村瀓君詞丈，既倩泉唐錢翁叔美作桃源圖扇頁，回屬拙書刻寫』，刻行書《桃花源記》扇骨（見圖版三四），題材取自與扇面書畫互爲對應的《桃花源記》，書與畫相映生輝。程庭鷺竹刻多以畫入竹，以陰刻綫條勾勒表現，筆墨沉厚蒼茫，意境蕭疏，也見以陷地陽文與浮雕技法刻梧桐仕女圖、陰刻行楷七言詩竹扇骨（圖四十四）[二]，體現出這一段時期嘉定派竹人的刻竹風格。他早歲曾問業於陳文述，與吴縣潘曾瑩（1808—1878）、杭州錢杜（1764—1845）、嘉興郭容光、常熟蔣寶齡（1781—1841）等爲詩畫友。

清咸豐、同治、光緒時期，蘇州的扇骨竹刻藝術在前人的基礎上得到了進一步的發展，其中吴雲、謝庸、何世基、蒯增、于士俊、章桂三、周之禮、張楫如、錢逢源、李寶函、王易（字又白）、王大炘（字冠山，號冰鐵）、沈筱莊、朱雪

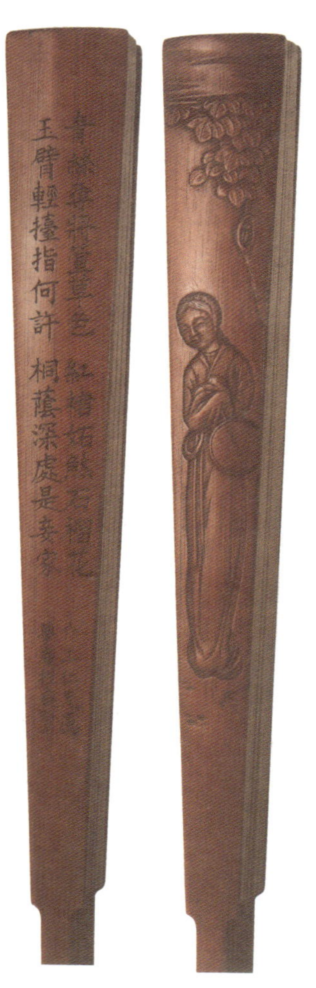
圖四十四

[二] 趙羽《懷袖雅物：蘇州摺扇》卷三《扇刻》，上海書畫出版社 2010 年版。

松、徐熙等都是這一時期的名家。

吴雲（1811—1883），字少甫，號平齋，晚號退樓，又號榆（一作愉）庭，安徽歙縣人，一作歸安（今屬浙江湖州）人。清代印學家、古璽印收藏家。酷愛金石，精鑒别與考據，收藏鼎彝、碑帖、名畫、宋元書籍、周秦漢古璽印甚富，所藏齊侯罍二、王羲之《蘭亭序》兩百種最爲珍秘。書法顔真卿，刻印澤古功深，兼善山水及枯木竹石，著有《兩罍軒彝器圖釋》《二百蘭亭齋金石三種》。咸豐年間，他曾官蘇州知府。善刻竹。吴雲刻竹枝圖、行書詩句扇骨（見圖版一一九），一面刻畫竹枝圖，疏枝密葉。作者以特殊的刀法，以刀代筆，模仿水墨繪竹時慣用的筆法卧側和偏鋒等，在極淺的竹之表皮刮劃出豐富的層次，從而將枝幹的圓勁韌力，竹葉的高下欹斜、轉側俯仰、方正低昂，乃至用墨時的下筆勁利、實按虚出，葉尖的回鋒等表達得淋漓盡致，刀痕中盡顯行筆之快慢疾遲和運墨之濃淡深淺，力求用刻刀在竹子上表現出水墨明顯的濃淡色調和明暗效果，極具水墨韵味。一面刻行書詩句：『潑墨臨窗畫竹枝，幾翻書意幾翻思。儼然一片凌雲勢，方有摇風映月姿。』刀痕盡顯筆鋒之勢。款署『小巖葉兄屬，平齋吴雲』，鈐二陰陽文方、橢圓印『吴』『平齋』。

謝庸（1832—1900），一作謝鏞，字梅石、某石，號瑞卿，齋堂爲梅石盦，吴縣（今屬江蘇蘇州）人。楊澥弟子。工篆刻，尤善鎸碑，爲吴中第一高手。存世有《梅石盦印譜》《梅石臨百二古銅印譜》。謝庸刻陶壽桐芭蕉菊花、垂枝梅花圖扇骨（見圖版九一），一面刻幾片碩大的蕉葉從畫外自左旁逸斜入到畫内，舒展垂掛着，蕉葉下是數株競相綻放的菊花以及濕潤的泥土，雖已漸入深秋，但仍緑意盎然，生機無限。上方款署『仿白石道人，公長』；一面刻出墻之梅，姿態各异，有疏影横斜，有披垂倒掛，枝幹參差，疏秀有致，梅花以細綫勾勒，圈花點蕚，含苞怒放，欹側反轉，俯仰顧盼，清麗秀逸，暗香浮動。款署『湘洲仁兄正』『瑞卿刊』。

何世基，字雲石，吴縣（今屬江蘇蘇州）人，清嘉、道、咸時期篆刻家，擅篆刻，著有《篆摹印譜》。傳世竹刻作品不多見。何世基刻畫舫、園林圖扇骨（見圖版九二），以豐富多變的刀法刻畫水榭亭屋、洞庭秀石、修竹浮萍、翠柳蒼松、樓閣畫舫以及其間活動着的各群人物，雖爲陰刻，但却有淺浮雕之視覺效果。整幅作品極盡畫意，刀痕之複雜，甚是少見。

于士俊，字子安，吴縣（今屬江蘇蘇州）人，清同治、光緒年間製扇名家，擅刻扇骨，尤善書法，自書自刻，長於淺刻小字，其竹刻作品以行楷爲多，字迹娟秀，刀痕潔净利落。曾於光緒十六年（1890）到北京刻竹。晚年亦刻鐘鼎瓦當文，留青刻尤佳。傳世品有扇骨、臂擱，今傳世品有《琴形竹劍匣》等。

周之禮，字子和、子龢、紫湖，號致和、致和道人，長洲人。篆刻家。王雲入室弟子。活躍於同治、光緒年間，亦名噪一時。專刻牙竹，摹刻鐘鼎博古，布置工雅，好以糙地襯底托物，脱盡習氣，陰陽紋雕刻均精妙無比，殘破損缺處亦能逼肖。兼善篆刻，宗漢印法。他刻竹深受清末盛極一時的『錦灰堆』繪畫創作形式的影響，喜在扇骨竹皮上以極淺的浮雕刻出略有凹凸的胡桃或蓑衣紋糙地，以之框出形狀不拘的破碎紙樣輪廓，再在上面以淺浮雕或兼淺陰刻刻出重重疊疊的青銅器、符印璽、古泉幣、磚瓦碑帖等器物的拓片，需重點突出的青銅鼎彝、碑拓等銘文又以沙地陽文雕出，作品往往陰陽紋交替雕刻，紋飾重疊堆積，布局奇特，看似雜亂無章，實則井然有序，給人以古樸典雅、古色古香、雅趣横生之感。『錦灰堆』又名『八破圖』，也叫『集破』『集珍』『什錦屏』『打翻字紙簍』等，起於元，盛於清末，是一種以畫殘破的文物片段堆棧構成畫面的繪畫形式。周之禮將它移植於扇骨竹刻的創作，從而用竹刻這一特殊的形式進行了别樣的表達，可謂别具匠心，他開啓了『錦灰堆』這一題材扇骨竹刻的新風，從而豐富了金石學在扇骨竹刻上的題材表現。而摹刻『古泉九種』扇骨（見圖版二〇五）顯然又是他不同於陷地淺陽陰雕『錦灰堆』式古器物的另一種雕刻風格，他借鑒西周玉雕的技法，以單陰綫與斜坡綫組成的雙陰綫突顯陽文的形式來表現圜錢與明刀貨布的輪廓與銘文，輪廓邊綫處理粗糙，輪廓内部器物部分以較淺的糙地表現，從而以較淺的淺刻突顯出器物豐富的質感與輪廓，可謂又一創新。

張楫如，細刻極精，更以陽刻著稱，『曾把錢梅溪摩本漢《石經》縮本於扇骨上，共十四段，四百二十餘字，全部陽文，精湛稱絶，又縮摹散盤克鼎、孟鼎、石鼓和天一閣本《夏承碑》《蘭亭序》，皆作陽文，筆意酷如原拓，爲竹刻中罕見』。

至民國時期，蘇州仍活躍着一批扇骨竹刻家，較有影響的有黄兩泉、黄允瑞、汪壽平、吴倉、周容、譚維德、周玉菁、龐鐸、顧廷玢、支松、唐敏石（號鐵庵）、梁肖友、陸墓卿（自號竹人）、錢祖翼等人。

黄兩泉，自署紅梨渡人，蘇州吴江人，20世紀上半葉竹刻藝人。擅刻竹，長於陽文淺刻，尤擅長縮摹金石文，喜以不同紋理的糙地表現青銅、磚瓦、古泉等不同的肌理質感，銘文以淺浮雕雕出，字迹與原物如出一轍，乃至筆畫的凹凸伸延都得以清晰地展現，銘文中似能體味到物體的質感。與周之禮作品不同的是他的金石文扇骨竹刻，布局往往是分段式布置，拓片與各書體白書注釋文字疏密相間，如民國二十二年（1933）黄兩泉摹刻建興弩機季良父盉、秦盤梁磚古泉銘扇骨（見圖版二九四）即爲典型的一例。他也嘗試『錦灰堆』的創作方式，如刻於民國三十年的黄兩泉摹刻晋磚古泉、漢鏡扇骨（見圖版二九五），但其古泉的堆疊就缺乏層次，效果不及周之禮來得成功。從傳世作品看，他與高峻、蔡銑等書畫家均有合作竹刻扇骨，如黄兩泉刻高峻抬頭見喜圖、行書《鍾馗傳》扇骨（圖四十五）和刻蔡銑花鳥、行書七言詩扇骨（圖四十六）等。

黄允瑞（？—約1936），字山泉，江蘇吴江人。兩泉弟。活躍於20世紀初。能書善畫，擅摹各家書法，精篆刻，工刻竹，與陳摩、王震、徐芷湘、顧磬等書畫家均有合作竹刻扇骨傳世，刀法嫻熟流暢，能自如逼真地傳達書畫家的筆墨意趣，尤以刻石鼓、金文扇骨最精，其金石紋雕法不入周之禮窠臼，在處理光潔平整的竹地上以留青沙地來表現古器文物，如他刻於民國十六年（1927）的留青摹新莽泉範扇骨（見圖版二六〇），紋飾清雅奪目。黄兩泉與黄允瑞兄弟倆，被時人稱爲『二黄』。

周容（1881—1951），字梅谷，别署百匋室主，吴縣（今屬江蘇蘇州）人，碑刻高手，金石書畫家吴昌碩弟子。刻印宗秦漢，仿吴昌碩印，幾可亂真。又擅長仿古銅器、碑刻諸藝，刀法嫻熟蒼勁。輯有《壽石齋印存》。偶爾刻竹，頗見筆意。周容刻錢瘦鐵『黄山一角』、任堇行書詩句扇骨（見圖版二七六）是他於民國二十一年和書畫家、篆刻家、『江南三鐵』之一錢瘦鐵，任伯年之子任堇合作的扇骨作品，刀法老辣蒼雄，遒勁有力。周容摹刻漢虎符封泥、唐魚符古泉銘扇骨（見圖版二七七），采用『錦灰堆』和拓片與注釋文字分段式布置的方式，重要器物輔以糙地突顯銘文，極有滄桑感，剥蝕、殘缺表現得十分到位。整體布局嚴謹，繁簡相宜，『錦灰堆』叠加層次视器物有雙層與多層分別，層次分明清晰，深見功力。

譚維德（清光緒年間—1937），字一民，安徽合肥人，後寓居蘇州。近代竹刻名家。工篆刻，擅刻竹，善於扇骨上摹刻鐘鼎文字，縮爲小陽文，不失神韵，尤長挑地，所刻鐘鼎能表現出銅器的斑駁古趣，尤以摹刻古泉爲精絶。其作於民國二十二年的摹刻周禽彝漢永興洗、古泉銘扇骨（見圖版二八四），一面扇骨上部以陷地陰刻刻出一塊不規則的形狀，其上再以淺浮雕刻周禽彝銘四列二十二字，下部則以陷地陽文刻出一塊不規則形狀的胡桃糙地，再在其上以陷地陽文刻漢永興洗文一列九字，兩塊不規則塊面下方均陰刻自書注釋文字；另一面以『錦灰堆』形式構圖，刻陷地陽文魚鱗紋糙地，再在其上以淺浮雕層層錯落有致堆叠西楚陳涉半兩、趙國兹氏幣、商湯氏橋幣、夏后氏『安邑貨一金』幣等貨布，上下配以陰刻自書釋文，别有一番意趣。款署『癸酉，一民』，鈐陽文葫蘆印『一民』。摹刻於民國二十二年的虢叔鐘、師趛鼎周諸女尊銘扇骨（見圖版二八五）和摹刻於民國元年至二十六年的壹鼎楚公鐘、杞伯壺銘扇骨（見圖版二八七），均先以深刻，一邊直刀，一邊斜刀鏟地，刻出靈活多變、視覺美觀的不規則形狀的塊面。塊面上再陰刻沙地，而在有銘文處則鏟爲平地，銘文又以陽文表現，從而在極薄的竹皮表面，通過雕刻手法的多重處理，取得層次豐富的視覺藝術效果。這種既借鑒『錦灰堆』創作模式，而在形式上又予以簡化的金石文雕刻方式，成爲之後民國時期這一題材雕刻的楷模，時人争相模仿，甚是流行。摹刻於民國二十四年的周紀侯鐘叔戕敦、諸女尊虎符泉銘扇骨（見圖版二八六），則是采用了另一種表現形式，即陷地陽文『錦灰堆』或簡化『錦灰堆』紋飾，直接配以陰刻縮臨金石銘文，再間以自書陰刻釋文，也可稱之爲楊澥風格與周之禮風格的結合。這種在方寸之地扇骨金石文竹刻上力求多變并賦以豐富技法的創作實踐，體現了譚維德對扇骨竹刻的孜孜追求和對竹刻藝術的熱愛。

周玉菁（1920—2005），初名德生，號立齋，蘇州人。吴中名畫家周赤鹿長子。刻竹師承吴門派竹刻名家黄山泉。凡印章、磚雕、木刻、竹刻無所不能。尤擅鎸刻臂擱、扇骨，其扇骨雕刻頗有個人風格，在一扇骨上，微刻、淺刻、深刻皆有體現，曾以國畫寫意法刻荷葉，濃淡墨色迭出，可謂開創了竹刻又一筆法。作於民國三十年（1941）的荷塘小景、行書詩句扇骨（見圖版三三五），由吴似蘭（1908—1964）畫稿，周玉菁雕刻，一面刻漂游着浮萍的静謐荷塘，荷葉枯萎

圖四十五

殘敗，一枝含苞花蕾却挺拔向上，傲然獨立，旁邊一杆蘆葦迎風摇曳，尖梢處一隻蜻蜓輕盈地展翅欲停。刀法靈動，豐富多變，可謂極盡陰刻之能事以傳達筆墨寫意的畫面。荷葉以豐富的刀法示意水墨乾濕濃淡的變化，尤其邊緣顯露筆觸之處以陷地深刻，一邊直刀一邊斜刀刻就，給人以大寫意時飽蘸水墨臥筆側鋒揮灑積墨的視覺效果。以粗細深淺略有變化的淺刮刻出淡墨的花莖，其上以深戳示濃墨點上木刺，花蕾勾勒，由瓣根到瓣尖，由深及淺，瓣尖處刀不到而意至。輔之的蘆杆以刀痕顯示出水墨的起筆、收筆與停頓，以及蘆葉正側反轉的多種姿態與濃淡乾濕之變化，生動有致。更令人叫絶的是駐足在蘆杆上的蜻蜓，那平展着的雙翅以極淺的刻痕劃出輪廓與翅脉，給人以近乎透明般薄膜的感覺。中國畫的寫意畫講究以形寫神，以神寫意，可謂最高境界。以竹刻來表現寫意畫面與意境，可謂難乎其難也，但周玉菁却做到了。同樣，周玉菁刻張議牡丹圖、行書詩句扇骨（見圖版三三六）亦充滿寫意，作者用短促但粗細剛柔極富變化的刀法綫條，刻畫出整株牡丹的花、蕾、莖、葉、杆、芽，老杆曲折多變的姿态，其蒼老斑駁的表皮和圓潤光滑的嫩莖，正側聚散、捲褶的葉，以及雍容華貴、富麗端莊的花，整幅畫面疏密虚實相間，氣勢貫穿，驅刀如筆，爽利滋潤，刀法精練，技巧高超，生動活潑的條條刻痕有如跳動的音符，又如同水墨畫之筆墨形色組成的視覺『交響樂』，産生無窮的變化和蓬勃的生機，給人以美的享受。周玉菁的扇骨寫意竹刻，將蘇州的竹刻藝術推向又一高峰，此意境與藝術效果非一般竹刻家所能及，可謂竹刻藝壇的一曲絶響。

龐鐸（1895—1953），字仲經、祥生、方壺，又作中金、仲景、羊生，號鹿門山樵，吴江同里人。蘇州竹扇骨雕刻名家。擅刻竹，精選材。松鶴策杖圖、行書詩句扇骨（見圖版三四三），作於民國三十二年（1943），一面刻蒼松緑蔭下一長髯老翁，身着布袍，頭頂笠帽，手持竹杖，側首凝視着畫外，目光有神，旁立一仰首仙鶴。刀工勁爽峭利，人物面部表情惟妙惟肖，尤其眼神頗爲生動。鬚、眉、髮以極淺的毛雕劃出，盡顯質感。作品洋溢着海派畫風。一面刻行書詩一首：『煙樹汀花隔水濱，黄鸝聲裏度殘春。緑陰遮斷紅塵路，羡爾溪亭看竹人。』書法端麗秀雅，刀口清晰爽利，刀工圓轉靈活。款署『癸未七月吴江仲經刊』，鈐陽文方印『方壺』。

蘇州的扇骨竹刻，作爲地方一種獨具特色的傳統工藝美術，延續未斷，至中華人民共和國成立以後仍不乏名家好手。如錢祖翼（1887—1961）、盛丙雲（1909—1968）、支慈庵（1904—1974）、楊子英（1915—1983）、朱鴻元（1930—1989）、吴庚子、楊惠義、華謇（字開雲）和李宗賢等，他們或在工藝美術研究所，或在扇廠工作，傳承竹刻技藝。其中技藝最精者，當推楊雲康（1906—1959）、錢祖翼、孫小匏（1889—1960）、盛丙雲等。楊雲康，曾署名楊浩，又名文元，擅長陰刻，製作精細古雅。錢祖翼，字祥春，又字雲留，多才多藝，詩、書、畫均可，人稱『三絶』，擅竹刻，『作品有高致』。孫小匏，原名補勤，字譜琴，號窳廬，是金石家孫苦匏之子，擅書法、金石治印，於竹刻造詣極深，首創蠅頭小楷竹刻扇骨，并采用沙地皴、胡桃皴等多種細膩花紋作地，有極好的肌理效果。盛丙雲，1926 年隨著名畫家張石園學習雕刻，拜吴湖帆爲師學習畫藝，中華人民共和國成立後入蘇州雕刻廠工作，1965 年轉入蘇州工藝美術研究所，從事竹刻創作，其代表作雕刻地屏《萬馬奔騰》今收藏於蘇州工藝美術博物館。

清時常熟隸屬蘇州府，同治至民國時期，常熟出現不少扇骨竹刻名家。如同治、光緒年間的梅鳳林、徐沅、錢廉士、錢青士，民國時期的張小香、錢搏南、

圖四十六

濮蕃、丁承厚、楊仙農、花劍南、高雲福、屈子雲等，扇骨雕刻風格與蘇州大致相仿。據記載，民國初期，揚州的微刻大師于碩也曾客居常熟之虞山，從事雕刻。

縱觀蘇州扇骨竹刻二百餘年歷史，可謂名家輩出，精彩紛呈且自成面目。蘇州扇骨竹刻除篆刻家、竹刻家們自書自畫自刻，或與吴門書畫家們合作作山水花鳥詩詞書法等題材外，其最大的特點是摹刻金石博古之風盛行，尤其是采用薄地陽文或偶用留青技法，創以『錦灰堆』或簡化『錦灰堆』形式摹刻縮本金石文圖案，且成一時風尚。其竹刻寫意書畫堪稱一絶。

（三）嘉興地區

嘉興北依太湖，南臨杭州灣，南北有大運河貫穿境内，江海河湖交匯，素有『水鄉澤國』『絲綢之府』之稱，明清時嘉興府轄秀水、嘉善、海寧、海鹽、平湖、崇德、桐鄉七縣。歷史上，由於中原世家大族的南遷和族居帶來了傳統的中原文化，因而嘉興儒家文化底蘊積澱深厚。歷來重文崇學的民風，使得嘉興早在南宋時就『奇才秀士輩出』[一]，元代『尤慕文儒』[二]，『士多興於學』[三]，明代更是『嘉禾之俗，人士好文而崇學，衣冠文物焕然可觀』[四]。如宋元傑出的書畫家趙孟堅、吴鎮，明代著名的文物收藏家和鑒賞家項元汴等均是嘉興人。有清之初，嘉興『朱竹垞（朱彝尊）以經小學昌明於時，鄉賢承風』[五]。乾嘉時期，隨着金石考據之學的盛行，嘉興地域文風蔚然，引領潮流，湧現出一批收藏并精研金石碑版、研究著録，又精於書法的文人學士，如新篁張廷濟、海鹽吴東發和張燕昌及趙蓮、平湖朱爲弼、鹽官六舟、濮院董棨、秀水朱夢泉等，號稱『嘉禾八子』。同時，篆刻藝術領域亦出現了以錢善揚（几山）、文鼎（後山）、曹世模（山彦）、孫三錫（桂山）爲代表的『鴛湖四山』。民間古物收藏豐富、地域文化學養豐厚的嘉興，文人匯流，名家輩出，成爲江南的書畫名藪。名士的匯集和本地域文人學士的倡導，使得嘉興成爲江南接受新文化藝術的橋頭堡，方興的扇骨竹刻在嘉興文人圈中神速滋生擴延，嘉興成爲遥領浙江杭州、湖州之扇骨文人竹刻集中地。

早在嘉慶三年（1798），著名的書畫、篆刻家，清中期扇骨竹刻的主要實踐者之一，後又成爲浙西詞派重要詞人的郭麐，從江蘇吴江舉家遷居浙江嘉善魏塘賣魚橋，郭麐廣泛的交游與人脉給原本崇儒重文的嘉興注入了新鮮血液。從目前發現的傳世扇骨竹刻作品來看，嘉慶年間，扇骨竹刻已在嘉興文人名士圈中興起。曹世楷刻張仔荷花圖、殷樹柏楷書詩句扇骨（見圖版三）是清嘉慶十八年（1813）嘉興篆刻家曹世楷與詩人、書畫家張仔，書畫篆刻家殷樹柏共同合作完成的扇骨竹刻，這也是目前發現較早的嘉興竹刻扇骨。扇骨由曹世楷奏刀，一面由殷樹柏作楷書詩句：『裊裊凉風漸復連，青山深處藕花邊。誰家樓外停歌舞，又上西湖十景船。』款署『癸酉綺節爲星槎大兄先生書，樹柏，芹泉刻』。一面由張仔繪畫稿，刻河塘蘆草，荷葉舒展，荷花怒放，款署『甲戌夏日，笠亭寫』。曹世楷，號芹泉，秀水（今屬浙江嘉興）人。清嘉慶、道光年間篆刻家。曹世模之兄。精於鐵筆，所鎸竹、木諸品，窮極工緻，聲譽盛於一時。

張仔（1796—1861），字肩之，號笠亭，别署由拳墅叟，浙江嘉興人。清嘉慶、咸豐間詩人、書畫家。能詩，工四體書。寫真，山水、花竹、鳥獸靡不善，工而勿秀，不假粉本，推禾（嘉興）中能手。殷樹柏（1769—1847），字曼卿，號雲樓、萬青，又號西疇桑者、汝南伯子，晚號嬾雲，所居名『一多廬』，秀水貢生。清書畫、篆刻家。工繪畫，兼善填詞。書法遠師柳公權，近參汪士鋐。尤擅花卉，兼宗陳道復、惲壽平法，而稍參己意。好刻竹，擅鎸刻名人書畫及於竹邊刻小字，甚精妙。著有《一多廬詩鈔》。由此可見，曹世楷刻張仔荷花圖、殷樹柏楷書詩句扇骨，是嘉興地域書畫、詩詞、篆刻諸名家合作的作品，彌足珍貴。它也基本奠定了嘉興扇骨竹刻在題材取向上更注重地域藝術特色的創作模式。這一時期參與扇骨竹刻并有實物存世的還有清嘉慶、道光年間詩人、畫家、篆刻家、收藏家計芬。計芬（1783—1846），一名煒，字分石，號小隅、木石生、老蕢、金蕢花館主、儋石、蓮葉硯主、擔石、擔石生、蕢客、楠子，秀水（今屬浙江嘉興）人，計楠次子，擅山水、人物、佛像、花鳥、竹木。亦善篆刻，與楊龍石、趙穀庵、蔣寶齡友善。著有《二硯齋詩集》《計芬絹本花卉册》。清嘉慶朱堅刻計芬梅花圖、摹汾陰宫鼎唐人鏡銘扇骨（見圖版七），款署『儋石畫』『石父刻』，是一件由計芬繪畫、朱堅雕刻的竹刻扇骨。梅花疏秀有致，金文清簡高古，刀法拙樸古趣，雅逸絶俗。

道光時期，嘉興地域文人名士參與扇骨竹刻創作的風氣濃鬱，不乏篆刻家、書畫家和詩人，主要有濮院（今屬浙江桐鄉）陳銑、岳鴻慶，海寧釋達受、張汝翼，海鹽張辛、張廷濟、張燕昌，秀水文鼎、曹世模、殷樹柏、張熊、朱熊、吴粵生、錢聚朝、王乃恭、孫三錫，平湖朱爲弼等。他們中的張廷濟、張燕昌、朱爲弼、釋達受屬『嘉禾八子』，文鼎、曹世模、孫三錫屬『鴛湖四山』，他們或獨自創作，或彼此合作，留下了許多傳世佳作。陳銑刻行書詩句、山水人物扇骨（見圖版二一）作於清道光二年（1822）。一面刻行書詩句『誰家玉笛暗飛聲，散入東風滿洛城。此夜曲中聞折柳，何人不起故園情』，款署『叔蓮表弟大人屬』。

[一]（南宋）張鎮《增建嘉興府學記》。

[二]元至元《嘉禾志》。

[三]（元）楊維楨《聚桂軒記》。

[四]明弘治《嘉興府志》。

[五]張元濟《清儀閣所藏古器物文》跋。

圖四十七

一面刻畫懸崖溪舟，一男子獨坐舟頭凝視前方，若有所思。款署『壬午夏日，蓮汀刊』。陳銑（1785—1859），字春臺，號蓮汀，又號幼庵、梅溼外史，秀水濮院（今屬浙江桐鄉）人。清書畫家。好古，精鑒藏，善書法。工寫生，尤長梅作小品。著有《陳蓮汀詩稿》，刻有《瓣香樓梁帖》。

釋達受（1791—1858），俗姓姚，字六舟、秋楫，道敏，號萬峰退叟、南屏住山僧、流浪僧、七代詩僧、小緑天庵僧、天平玉佛庵僧弟子、慧丹峰主、方外庸人、光頭百姓、海昌僧，齋堂爲小緑天庵、寶素室、墨王樓，浙江海寧人。浙江海寧白馬寺僧，後主杭州净慈寺、蘇州滄浪亭之大雲庵。活躍於清道光年間。嗜古，精鑒別古器物和碑版，著名學者阮元譽之『金石僧』和『九能僧』（善詩文、書、畫、印、刻竹、裝裱、鑒賞、摩拓、修整古器）。摩拓彝器精絶。工詩詞，書法善篆隸、飛白。擅山水、花卉，精墨梅，得徐渭之意。尤精金石篆刻治印，篆刻宗法秦漢，究心浙派，印風規矩穩重、秀雅茂勁。刻竹亦精，嘗刻竹臂擱、詩筒，秀韵與墨迹無异，文人氣息濃鬱，所刻山水深得戴熙筆意。著有《小緑天庵吟草》《山野紀事詩》《寶素室金石書畫編年録》《南屏行篋録》《白馬廟志》《雲林寺續志》《南屏續志》等。釋達受刻垂枝梅花圖、摹考南漢鐵花盆銘扇骨（見圖版二八），作於清道光六年（1826）。一面刻垂枝梅花，密蕊繁枝，疏朗有致，刀法縱逸蒼勁，奇崛古拙，頗有秦漢之意。下題『慣奪東君春信早，不妨先寄一枝開』，款署『道光丙戌，南屏六舟』。一面縮摹青銅器款識拓文，以減地刻出較爲規則的塊面，施以沙地，以陽文刻金石銘文，上方陰刻題『南漢鐵花盆』，下方陰刻注釋：『文曰「大寶庚午蕭閑大夫」。按：庚午爲大寶十三載，即南漢亡國之年也，後主於三月門花内殿，自稱蕭閑大夫，有宫人雖非女子，能作大篆，是盆或其手筆。』款署『達受』，鈐『六舟』篆書陽文長方印。作品筆情墨趣盡顯刀底，屬竹刻中之逸品。從這件作於清道光六年的出現較早的釋達受縮摹金石文扇骨竹刻來看，六舟開創了嘉興地域縮摹金石文扇骨竹刻以簡單的、較爲規則的邊框和簡潔的地子爲映襯，來突顯陽文金石文的基本風格。六舟精墨梅，嗜古，一生癡迷古器物、碑版的收集與鑒賞，摩拓彝器精絶，精金石考據，其扇骨竹刻亦多見這方面的題材。

清道光殷樹柏刻張熊『洞天一品』、行書扇骨（見圖版四三），一面刻太湖奇石，玲瓏挺秀，款署『伯梅一兄屬，子祥』；一面刻行書『一合一開乾坤在手，明月半規清風滿袖』，款署『伯梅一兄屬，縵卿書』。其中題句注重表述摺扇的功能特點與使用趣味。

潘封刻朱爲弼摹古磚銘烏木扇骨（圖四十七），作於清道光十年（1830），一面以糙地陽文刻晋磚銘『咸康二年八月』，糙地盡顯磚之質感，下方款署『道光庚寅夏，詩舲仁弟屬，撫頣叟題於養春室』，鈐陰文長方印『右甫』；另一面亦以糙地陽文刻『潛塚』，下方題『古塚磚，潛乃姓氏，或以爲淵明塚磚，實非也』，款署『爲弼摹，小桐刻』，鈐橢圓陽文印『朱』。此乃潘封與朱爲弼合作的扇骨。潘封，字小桐，清乾、嘉、道年間浙江新昌人，潘西鳳之子，篆刻家，工刻竹，擅篆刻、竹根印，能傳家學。朱爲弼（1771—1840，一作1770—1840），原名振鷺，字右甫，又字蕉堂，號匡齋、頣齋，又號菽堂，亦作椒堂。浙江平湖人（一作安徽休寧人）。詩人、書畫家。清嘉慶十年（1805）進士，官至兵部右侍郎、漕運總督。工詩文，通六法，好金石學，尤嗜鐘鼎文，嘉慶二年（1797），受浙江巡撫阮元聘，纂輯《經籍纂詁》，并爲之審定《積古齋鐘鼎彝器款識》及撰序文，爲阮元所器重，以金石文字見重於藝林。擅書法、篆刻及山水、花卉、人物，尤善畫梅。著有《蕉聲館詩文集》《吉金文釋》《古印證》《續纂積古齋鐘鼎彝器款識》《覺蘇集》《集篆隸屏聯稿》《論語經解》等。潘封刻朱爲弼摹古磚銘烏木扇骨，從另一個方面説明了嘉興扇骨雕刻與潘西鳳之間存在一定的淵源關係。

朱熊（1801—1864後），字吉甫，號夢泉、蝶生，别署墨禪居士，秀水（今屬浙江嘉興）人。清畫家、篆刻家。與張廷濟、文後山、殷雲樓諸人游。寓居上海，與張熊、任熊有『滬上三熊』之稱。擅畫，工花卉，師法白陽山人，尤有簡逸之致。所繪花木竹石，盡脱前人窠臼，自出機杼，別開生面。善鑒別古器，而於砂瓷器尤爲深嗜。精篆刻，鎸刻扇骨及竹石瓷銅，偶一奏刀，靡不蒼秀得古法。

道光二十七年（1847）至袁浦（今上海奉賢柘林）幕府作文吏達十餘年。咸豐十年（1860），嘉興兵亂，避難移居上海而終。清道光二十六年（1846）一樵刻朱熊菊石圖、行書詩句扇骨（見圖版四〇），由朱熊畫稿，當爲朱熊在嘉興時所作，畫面筆致柔婉，點綴流麗，風格秀雅清麗。款署『子祥先生清賞，丙午春日，一樵并刻』『吉甫寫』。其中『子祥先生清賞』中『子祥』當爲張熊。

嘉興『鴛湖四山』中的曹世模與文鼎有較多的扇骨竹刻合作，一般由文鼎書畫，曹世模雕刻。如曹世模刻文鼎行書詩句、群峰秋雲圖扇骨，曹世模刻文鼎秋水寒山圖、行書詩句扇骨和曹世模刻文鼎奇石圖、殷樹柏楷書詩句扇骨等。曹世模刻文鼎行書詩句、群峰秋雲圖扇骨（見圖版四四），一面以高遠法和深遠法構圖，近處刻一策杖寒士，蒼松下臨崖遠眺，遠處雲層霧靄，重巒叠嶂，款署『山彦刻』；一面刻行書詩句：『群峰相接連，斷處秋雲起。雲起山更深，咫尺看千里。』款署『文鼎書并畫』。曹世模刻文鼎秋水寒山圖、行書詩句扇骨（見圖版四五），一面刻群山曲溪，孤葉泛舟，款署『山彦刻』；一面刻行書詩句：『秋水深百尺，寒山蒼數層。扁舟何所往，買鶴與尋僧。』款署『文鼎畫并書』。曹世模刻文鼎奇石圖、殷樹柏楷書詩句扇骨（見圖版四六），一面刻太湖奇石，皴皺斑駁，玲瓏蒼古，石態飛動，勢若凌雲，款署『後山寫石』『山彦刻』；一面刻楷書詩句：『山鬼水怪著薜荔，天禄辟邪照莓苔。鈎簾坐對心語口，曾見漢唐池館來。』款署『曼卿書』。三件扇骨均以詩繪畫，以畫題詩，詩書畫相互呼應。從作品來看，文鼎繪畫承襲文徵明粗筆畫風，圖中雲山松石，蕭疏簡練，淡逸文静，於粗簡中見層次和韵味，書風端莊秀雅，風神精妙。曹世模刀痕生澀老辣，古拙奇崛，於毫厘之間深淺極富變化，皴擦筆勢盡收眼底。

道光時期嘉興文人的扇骨竹刻中，較引人注目的還有張辛與張廷濟的合作，他們共同完成的竹刻扇骨存世較多。張辛（1811—1848，一作1810—1848），一作張莘，原名辛有，字受之，號受一，浙江海鹽人。清篆刻家。張燕昌（1738—1814）從子。從從父張叔未受金石之學，工刻牙石印，精篆刻，宗秦漢，又取法浙派，古勁有韵，善墨拓與刻碑，曾借諸家所藏銅器，墨拓成《丁未銷寒集》。善畫梅，精刻竹，擅以書法入竹，蒼勁渾樸，别有生趣，所刻《行穰帖》及摹黄庭堅伏波神祠詩『神篁』二字，收入《清儀閣所藏古器物文》。曾於道光二十七年（1847）客寓北京，從事竹刻。張廷濟（1768—1848），原名汝林，字順安，一字説舟，又字作田，號叔未，又號海嶽庵門下弟子，晚號眉壽老人，浙江嘉興人。嘉慶三年（1798）解元。被稱爲乾嘉金石學的後勁，以精於鑒藏金石碑版著稱於時。工詩詞，精金石考據之學，收藏鼎彝、碑版及書、畫甚多。且精於書法，能篆、隸，精行、楷，初規摹鍾、王，五十後出入顔、歐間，晚年兼法米芾。游戲作梅，頗多古趣。阮元督學浙江時極推重，定爲金石交。卒年八十一。著《清儀閣題跋》《清儀閣印譜》《眉壽堂集》《桂馨堂集》。清道光十六年（1836）張辛深刻張廷濟行書扇骨（見圖版三二），一面刻『木壽千年，扇用一時，此亦莫之爲而爲者與』；一面刻『遇炎能凉，静翕動張』，款署『道光丙申三月，竹田里張廷濟書，受之張辛刻』。另《懷袖雅物：蘇州摺扇》卷三《扇刻》，也收録一件張辛刻於清道光庚子年（1840）的張廷濟行書七言詩竹扇骨（圖四十八），上海博物館也藏有一件由張廷濟於道光二十五年（1845）作行草詩句、張辛深刻的竹刻扇骨（圖四十九），張廷濟書風蒼厚古健，張辛深刻力透竹骨。張廷濟雖一生癡迷收藏鼎彝、碑版、書畫，但是在扇骨題材選擇上，他喜用的還是自創自書的詩句，而非縮摹金石之文。由此亦可見，嘉興地區扇骨竹刻金石博古題材的興起，與海寧釋達受以及周邊歸安（今屬浙江湖州）韓潮等人的推崇有很大的關聯。

道光年間的嘉興，可謂文人薈萃，著名的竹刻大家方絜（1800—1838）也流寓到了此地直至身殁。《墨林今話》稱方絜：『凡山水、人物小照，皆自爲粉本，於扇骨、臂擱及筆筒上，陰陽坳突，鈎勒皴擦，心手相得，運刀如用筆也。』方絜在嘉興有一定的影響，他在客游禾城時，每一藝出，則手拓以贈同好，人争寶之。與當時嘉興、杭州的名士均有交往，曾爲阮元、張廷濟、釋達受等人刻過竹刻肖像，所刻肖像因鬚眉畢肖、栩栩如生而被譽爲『無上逸品』，引得江浙文士紛紛索求。刻於道光丙申年，即道光十六年（1836）的碧梧清暑圖扇骨（圖五十）便是他客居嘉興時的扇骨竹刻作品，扇骨一面陰刻倚立桐蔭下之墨林先生人物立像，衣紋簡潔流暢，面部則陰陽凹凸，層次豐富立體，刻畫細膩傳神，左上方題『墨林先生小景』，款署『方絜』；一面上方陰刻隸書碧梧清暑圖，款署『道光丙申秋仲』『墨林仁弟屬篔溪沈雷書』，下方題『我愛碧梧碧，寫此清暑圖。領取圖外意，吾亦見真吾。疲蘧録椒畦句』。書體隸、楷、行草集於一扇，甚是精彩。某種程度上，方絜在嘉興的扇骨竹刻活動無疑也助推了扇骨竹刻藝術在嘉興文人名士圈中的盛行。

清晚期咸豐至光緒、宣統年間，扇骨竹刻藝術在嘉興地域文人圈中方興未艾，呈蓬勃發展、并趨鼎盛之勢。地域内衆多的書畫家、詩人、篆刻家投入扇骨竹刻的創作，他們彼此合作，而更多的則是獨創完成，樂此不疲。主要有秀水朱偁、宋峨源、陶淇、沈國琪、王其昶、陶濬、郭照、程筠、金之駿、龔璜、高焕文，海鹽顧名端，嘉善姚汝錕，烏程温曰鑒、朱黻，海寧袁馨、陳春熙、吴堅、胡曜、朱臣，新塍金桂芬，石門胡钁、胡傳湘父子與吴寶驥等。扇骨題材除延續嘉道時期書畫詩詞的互映以外，縮摹金石文的形式也逐漸增多，雕刻風格在沿襲六舟的基礎上不斷創新，各自形成獨特的風格。這一時期嘉興扇骨竹刻亦不乏名家佳作，如胡钁、袁馨、陳春熙、姚汝錕、王其昶、陶濬、金之駿等。

胡钁（1840—1910），字孟安、匊鄰、匊叩等，與吴熙載、趙之謙、吴昌碩并稱晚清篆刻四家。工詩，善書，能畫，擅山水、花卉。尤精篆刻，善治印，書刀如筆。擅扇骨竹刻，傳世作品甚多，題材有與名家詩書畫合作，有自書自詩自畫自刻，而最多的還是摹刻金石器物與銘文。胡钁刻張熊『桃花流水鱖魚肥』扇骨（見圖版六九），刻秋庭仕女圖、摹古磚銘扇骨（見圖版七〇）與刻夢漚幽篁高士、柳蔭仕女圖扇骨（見圖版七二），分别是他刻於清咸豐八年（1858）、同治八年（1869）與光緒二十四年（1898），即他在19歲、30歲與59歲時以書畫爲題材，或與名家合作，或自畫自刻的作品，仔細觀察這些扇骨的刀法和所呈現的藝術效果，某種意義上可窺見胡钁扇骨竹刻藝術的成長軌迹。胡钁刻張熊『桃花流水鱖魚肥』扇骨是他於清咸豐八年（1858）19歲時由56歲的張熊繪畫題詩而雕刻的竹刻扇骨。扇骨一面刻垂落河面的桃枝，桃花盛開，绿葉初上枝頭，河塘中，一條肥腴的鱖魚在雜草叢生的水中游弋；一面刻『桃花流水鱖魚肥。張步兵詞意』，款署『戊午孟春三月上旬，子祥寫，匊叩刊』。刀法率真稚拙，顯然是竹藝初露鋒芒時。刻秋庭仕女圖、摹古磚銘扇骨是他於同治八年（1869）30歲時刻的作品，由胡钁自畫自刻，用刀雖已比前者更爲成熟，綫條亦顯老練圓潤，但顯柔弱有餘而勁健不足。刻夢漚幽篁高士、柳蔭仕女圖扇骨是他於光緒二十四年（1898）59歲時雕刻的扇骨，雖畫稿爲他人所爲，但刀法已非常嫻熟，衝切結合兼施，方拙率真，渾厚勁挺，窺得篆刻之堂奥。從雕刻風格上看，胡钁刻『方夜讀者』、摹秦瓦漢鈎銘扇骨（見圖版七三）也應是他晚年時期的作品，刀法嫻熟，拙厚有力。從目前傳世的胡钁竹刻扇骨作品來看，胡钁在扇骨竹刻中的突出成就更主要的是表現在他於摹刻金石文上能跳出前輩，不學同輩，獨創一面，獨樹一幟。如果説他於同治八年（1869）在刻秋庭仕女圖、摹古磚銘扇骨（見圖版七〇）中的摹古磚銘，還祇停留在初期師法楊澥以陰刻古器銘文爲主，力求真實表達原物銘文風貌的話，那么他於光緒二十年（1894）時雕刻的摹刻吴磚、漢瓦銘扇骨（見圖版七一）則已不甘步同時期在竹壇上已赫然有名的蘇州流派周之禮之薄地陽文技法的後塵，而是另闢蹊徑，大膽地以陰刻法雕出器物銘文、器物的輪廓與主要紋飾，以陰刻綫條的寬窄凹凸、深淺變化來表現銘文的神采與器物的質感，重視綫描對象的形態氣韵，手法看似單一，但視覺藝術效果尤爲顯著。摹刻『方夜讀者』、秦瓦漢鈎銘扇骨，摹刻漢右丞宫鼎蓋文、漢光武磚銘扇骨（見圖版七四）和摹刻漢銅鈎、晋銅釜銘扇骨（見圖版七五）都是體現他這一風格的作品。胡钁陰刻摹金石文扇骨竹刻講究構圖與章法，布局獨具匠心，於輪廓優美但又精巧的器形，如秦瓦漢鈎，或取全形輪廓，或相互叠壓造型，大器則取局部，延伸出畫外，銘文均布置在器物輪廓之中，不依比例，而是絶對放大成爲主體，器物周邊視疏密布置自書題款或釋文等，從而形成了自身疏鬆緊凑、對比强烈，疏落中含緊凑、平實中

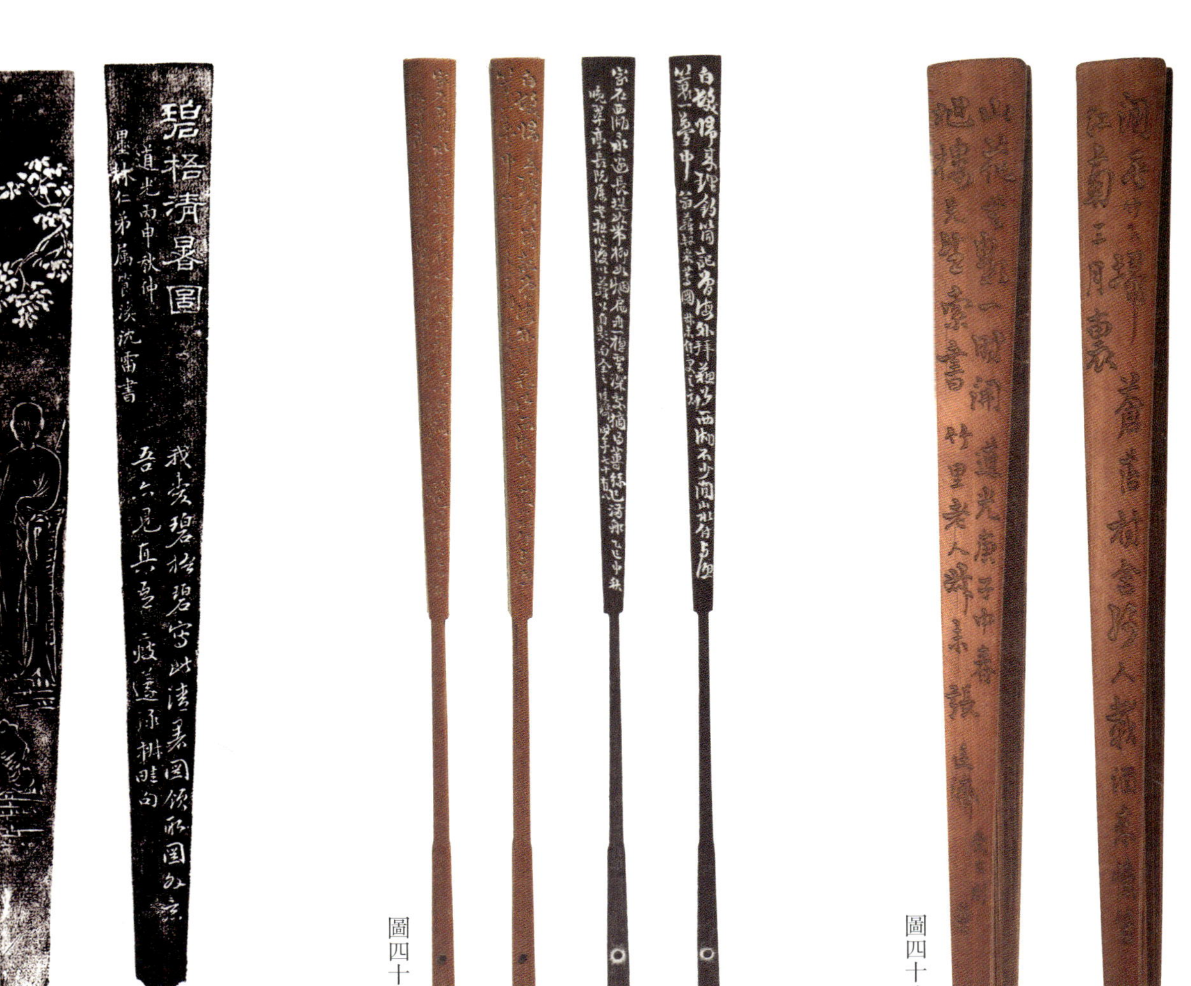

圖四十八

圖四十九

圖五十

有奇觀的構圖章法，扇骨畫面平整而優美，自我風格鮮明。其子胡傳湘（1881—1924）刻扇骨承父風格，清光緒二十四年（1898）胡傳湘刻匊叩摹新莽銅虎符、漢宜子孫銅器銘朱漆填金扇骨（見圖版一九九）雕刻風格與款署的『匊叩手摹付湘兒刻之，戊戌秋七月廿八日』銘文內容可見其父子傳承之軌迹。

袁馨，字椒孫，又字茀孫、莪生，號公遠，浙江海寧人。清咸豐、同治年間篆刻家。善篆刻，尤工刻竹，能與蔡照初并稱於時，被人評爲『浙中以刻竹著稱者，惟椒孫與蔡容莊兩人而已』。擅刻人物、仕女等題材，刀法工細絶倫，尤以善刻任渭長畫而名重於時。刻任薰蘆塘野鴨圖、行書詩句扇骨（見圖版七八）是清咸豐年間袁馨與任熊之弟任薰合作的竹刻扇骨。任薰（1835—1893），字阜長，浙江蕭山人。工花鳥、翎毛、人物，技法初學其兄渭長，後吸收陳洪綬的傳統技法。此扇骨其中一面由任薰作畫，袁馨雕刻。扇骨刻蘆葦叢生之河塘，蘆葉殘敗，一隻毛羽初長的稚鴨歡奔而至，引頸回望。袁馨以陰刻技法，將任薰繪畫時的粗寫意，那種用筆縱逸瀟灑豪放，水墨渲染酣暢淋漓，爽利暢快的筆情墨意表達得淋漓盡致。細細品味刀法刀痕，確有紙墨渲染、蘆葉縱横交錯却層次分明之感，其用刀竹代替紙墨之傳神與真切，令人嘆爲觀止，不可思議。上海博物館也藏有清同治二年（1863）袁馨陰刻縮摹周曼龔父簋銘、查慎行行書七絶詩竹扇骨（圖五十一）和袁馨刻任熊花卉、王錫齡楷書詞文竹扇骨（圖五十二）[一]。

這一時期嘉興還有一位擅在扇骨上刻名家畫稿，技藝可與袁馨比肩抑或超越之的陳春熙。陳春熙（？—1874），原名明賜，更名春熙，字明之，號雪庵，一號錫庵，又號芻安，別署金粟山民、雪道人，海寧人，寓居秀水聞川（今嘉興王江涇）計芬家，後遷居江蘇吴江。清書法家、篆刻家。活躍於清嘉慶至同治年間。工書法，篆、隸、行、飛白皆能，筆力蒼勁，取法高古，或臨摹金農、陳鴻壽一派，無不神似。嗜金石，精篆刻，宗法秦漢，與楊澥、翁大年、王雲齊名。尤擅刻竹，善刻名人書畫。從傳世的陳春熙刻王禮楊柳鷺鷥圖、隸書詩句扇骨（見圖版八三），清同治八年刻王禮『秦時明月漢時關』、行書扇骨（見圖版八七），刻任薰羅漢面壁圖、摹節漢碑銘扇骨（見圖版八四），刻張臨芭蕉仕女圖、行書詩句扇骨（見圖版八六），刻陶淇山水、摹梁陶貞白書烏木扇骨（圖版五十三），刻張熊柳緑鳥鳴圖、行書扇骨（見圖版八五），約清同治十三年刻張熊桐蔭仕女圖、楷書《蘭亭序》烏木扇骨等作品來看，他與張熊、王禮、任薰、陶淇、張臨等諸名家均有合作，題材山水、人物、花鳥不限，風格寫意、兼工帶寫、工筆皆宜，均能傳神地傳達原作豐富的筆墨意趣與不凡的水墨神韵，如張熊的逸縱灑脱、清新明麗，王禮的疏逸蕭散、灑落雋逸，任薰的高古清雅、遒勁圓韌，陶淇的疏

[一] 上海博物館《竹鏤文心——竹刻珍品特集》，上海書畫出版社2012年版。

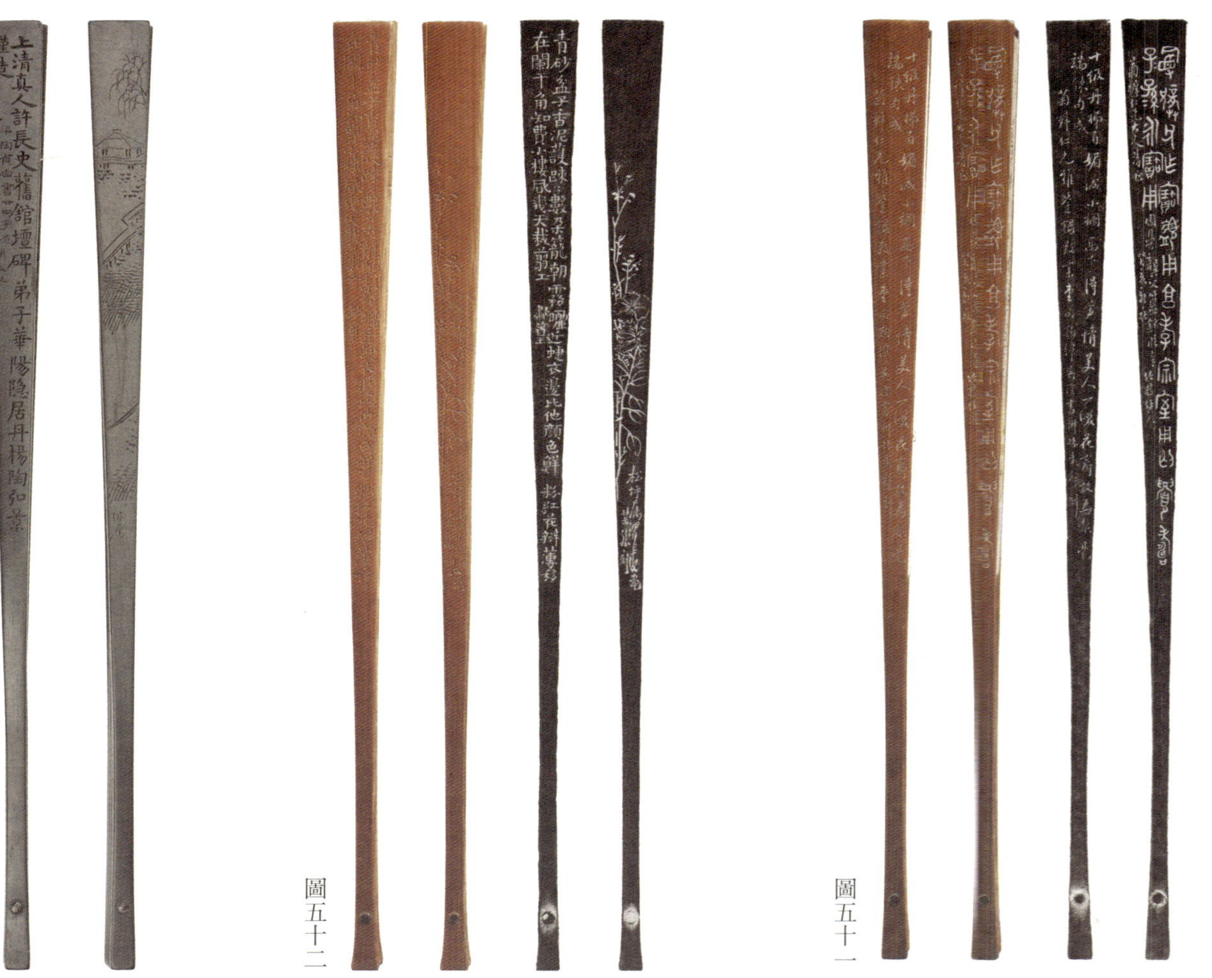

圖五十一

圖五十二

圖五十三

圖五十四

圖五十五

圖五十六

秀清幽、柔和超逸等等，雕刻技藝已達爐火純青、神乎其神的意境。陳春熙刻張熊桐蔭仕女圖、楷書《蘭亭序》烏木扇骨（圖五十四），從成扇保存現狀，以及扇面書畫（圖五十五）清施熊擬大癡老人山水與王鼎華楷書之題款『擬大癡老人，采侯二兄屬。甲戌八月，施熊』與『采侯賢譜阮屬書，王鼎華臨』等信息來看，此扇骨應與扇面同時，故扇骨大約刻於清同治十三年（1874），即陳春熙去世那年。扇骨一面刻一女子衣帶飄柔，長裙曳地，亭亭玉立於梧桐陰下。女子容顔嬌美，削肩細腰，神情優雅，呼之欲出。作者將張熊工整細秀的筆致、清逸秀雅的畫風刻畫得淋漓盡致，用刻刀傳達了張熊深厚的筆墨韵味與功力。款署『子祥寫』，鈐陰文長方印『子羊』。另一面刻寫楷書《蘭亭序》，書法工整秀雅，超塵脱俗。款署『雪庵刻』，鈐陽文橢圓印『貢之』。陳春熙摹刻的金石文扇骨亦自成面目，再如清咸豐十一年（1861）的陳春熙摹刻漢磚銘扇骨（見圖版八二），均在兩面扇骨的上方以減地刻出相對規則的長方形邊框，內以刮光素的竹肌理爲地，上浮雕縮摹的磚銘，下部配以數行直排的自書注解文字；或直接將縮摹或縮臨的金石文字陰刻在扇骨上，不加任何邊框裝飾，重點突出文字，突顯出其自身獨特的創作風格。

姚汝錕（？—1882），字飛泉，浙江嘉善人。清書法家、篆刻家。善辞藻，書擅隸、篆體，間作小印。尤工刻竹，擅竹刻扇骨行書，俊雅秀逸。縮摹金石文注重構圖布局與章法，自創新意，別出心裁。如摹刻古器銘扇骨（見圖版一〇〇），一面以纖細筆畫刻寫篆書，文字結體鬆散蕭疏，整體布局簡潔單一，下方鈐陽文篆書長方印『飛泉』；一面依扇骨上大下小依次緊密排列三塊不規則陷地并以糙地薄地陽文、陰刻和糙地陽文雕刻的金石文條帶，構圖飽滿，雕刻技法多變，疏密結合，下方款署『飛泉』，鈐陽文橢圓印『泉』。一扇之兩面扇骨構圖，一稀一密，一鬆一緊；鈐印一長方，一橢圓，形成强烈的視覺對比，別有意趣。刻於清同治十一年的姚汝錕摹刻漢瓦當、雙爵漢陶陵鼎蓋銘烏木填金扇骨（圖五十六），構圖均自上而下，一面以漢瓦當對拆呈兩半圓相向上下排列，中間以大塊隸書，其間以行書注釋與署款間隔，款署『時壬申一陽月冬至後三日，應子謙仁世兄大雅屬正』；一面以直接縮摹雙爵銘金文，中間刻漢陶陵鼎蓋環帶狀銘，中間間隔行書注釋與署款，款署『姚飛泉刻於海上』。扇骨無論是單面觀賞，還是兩面交替觀看，都極富層次與變化，而烏木填以金彩，更覺富麗與醒目。姚汝錕刻隸書、金文扇骨（見圖版一〇一），一面深刻隸書，書體沉鬱凝重，秀逸工穩，款署『淡人仁兄大人大雅屬正』；一面刻『右旂鼎銘二十六字』，每字先以細陰綫刻出金文輪廓，內再沿陰綫留出陽綫，再在陽綫內深刻字的金文筆畫，每個文字陰陽紋相交，給人以深刻金文外嵌銀絲般的視覺藝術錯覺美感，匠心獨運。這也是姚汝錕在金石文雕刻方面獨創的一面。

王其昶（1839—1890），字昕溪，浙江嘉興人。清末畫家、篆刻家。王逢辰子。能琴善畫，工篆刻，人争求之。輯有《理琴樓印譜》。清同治十年王其昶刻仕女、縮摹秦漢磚瓦銘扇骨（見圖版一一二），一面刻畫一纖柔美貌女子，着輕紗花邊廣袖長裙，左手持紈扇，右手托腮幫，步履輕盈，款款而來。庭院中蘭草奇石，枯枝吐芽。高空浮雲飄動，明月冉升。右上方款署『昕溪寫』，鈐陽文長方印『雲石』。整幅畫畫面極美，詩情畫意。刀竹雕刻猶如墨落絹紙，人物面部細膩傳神，衣紋飄動輕盈柔薄，頭髮略微蓬鬆挽起，還有奇石的剛，蘭草的柔，樹枝的欹屈以及稀雲朗月下的那份寧靜，都躍然竹上，這是刀隨心走，到一定境界後書畫與篆刻的神奇結合。一面以減地陽文雕秦磚漢瓦，將秦磚的長方與漢瓦的渾圓進行不同的構圖叠壓，形成兩組金石文圖案，并上下相向而置，中間間以陰刻自書款『重光協洽夏五月縮摹家藏秦漢磚瓦文四種，伯溥姊丈大人正之，王其昶刻』，鈐陰文方印。整幅構圖布局靈活，章法有度，疏密有致，非常完美。手持扇骨，可見正背兩面一面是仕女的柔美與清新，一面是金石的剛毅與古趣，構思奇巧，相得益彰，趣味無窮。

陶濬（？—1903），字計椿，號牧緣、老牧，秀水（今屬浙江嘉興）人。清書法家、篆刻家。趙之謙高弟之一。工書法，善篆刻。治印脱胎於吴熙載、趙之謙，而出以工整，所作都中法度，一洗印人習俗，邊款亦工緻秀整。尤精刻竹，摹金石文字，筆意刀法工雅不俗。清同治十年（1871）陶濬刻張熊垂枝梅花圖、行草詩句扇骨（見圖版一一三），一面刻千花萬蕊梅花叢中伸入畫面的梅枝，或傾垂而下，或抑揚而上，老幹新枝横斜穿插，疏密有致，梅花倚仰轉側，或含苞，或吐蕊，或怒放，冰清玉潔，暗香浮動，刀痕盡顯筆墨。勾花點葉，縱逸灑脱，有勁秀古媚之逸趣，綫條靈動而有水墨韵味，美不勝收。左上方款署『子祥寫』。一面刻行草詩句：『寫梅未必合時宜，莫怪花前落墨遲。獨自横斜千萬朵，賞心祇有兩三枝。』書法灑落清逸，流暢秀潤。款署『冠臣公祖大人鑒之，辛未上巳日嘉興陶計椿刻』。

金之駿（1841—1901），字遹聲，號夢吉，又號述廬、述庵，别署紅柿村老農、一簣山人，秀水新溪（今嘉興新塍）人。清末書畫、篆刻家。工書，學趙松雪；善人物、花卉，畫師改七薌；篆刻專宗浙派。尤精竹刻，擅鎸刻名人書畫、人物、仕女與行書書法。扇骨多見人物與書法題材，兩面扇骨，往往人物與行書互爲呼應，也有兩面均爲人物繪畫，或均爲行書書法者。從傳世作品來看，刻於清光緒十年（1884）夏四月的『桐陰琴韵』、行草『隨園詩話』扇骨（見圖版一六九），同年夏五月的桐陰琴韵圖、行書詩句扇骨（見圖版一七〇）和『拜石圖』、行書扇骨（見圖版一七一），刀法銜切結合，蒼勁拙厚，生澀欹屈，刻痕不求光潔。行書以小字長篇爲主，跌宕流暢，精妙入神。清光緒十四年（1888）金之駿刻『春夜宴桃李園』、行書扇骨（見圖版一七三）是他扇骨竹刻的精品之作。扇骨一面刻畫春夜桃李園内，李白與衆兄弟聚會、飲酒賦詩之情景。人物刻畫細膩生動，鬚眉畢現，栩栩如生。刀法爽利，綫條流暢，遒勁有力，刻痕潔凈。構圖飽滿，人物延伸出畫外，方寸之間小中見大，畫外有畫。左上角題『春夜宴桃李園』，款署『夢吉寫并刊』。一面以行書小字刻寫李白《春夜宴桃李園序》全文，尾題『桃李園序』。左側款署『澤之仁兄大人大雅之屬，即乞指正，戊子夏四月金之駿書并刊』。行書瀟灑秀逸，風神精妙，字字刀痕，筆鋒盡現，『飛白』傳神。

民國時期，嘉興扇骨竹刻仍保持着良好的發展勢頭，儘管晚清時期已有相當一部分的嘉興籍書畫、篆刻、竹刻名家進軍上海發展，但是這股風一樣的潮流并未淹没嘉興扇骨竹刻藝術的發展，這一時期參與竹刻的書畫篆刻家仍不在少數，主要有金庭芬、陳澹如、郭蘭枝、郭蘭慶、郭蘭祥、張文淮、徐三台、劉山農、盧俊、朱舜康、馮邕喈等，但總體而言，藝術水平已不及前代。民國後期，陳澹如、郭蘭祥、郭蘭枝、郭蘭慶等亦轉向上海發展，他們中又以郭蘭慶雕刻爲精，另陳澹如、張文淮、徐三台等亦有不俗作品。

郭蘭慶（1900—1946），與郭蘭祥、郭蘭枝爲三兄弟，似壎三子。字餘庭，又作魚廷，號魚亭，浙江嘉興鳳橋人，晚年客居上海。近代畫家、篆刻家。工繪事，花卉宗惲壽平，尤精人物、仕女。善篆刻。工刻竹，擅以減地陽文摹刻先秦貨布，將刀幣、布幣、圜錢等進行構圖叠壓，交錯有致，形成不同視覺效果的圖案，以清晰的竹之肌理突出貨幣銘文，古趣盎然。如民國十五年（1926）的摹刻古泉銘扇骨（見圖版二三九）和民國十八年的摹刻古泉銘扇骨（見圖版二四〇）等。除此，郭蘭慶尤擅刻花草蟲魚。郭蘭慶刻飛蟲花卉、垂柳游魚圖扇骨（見圖版二四一）刻於民國二十九年。一面刻畫初春時節吐絮的楊柳細枝垂掛湖面，三條纖長的白條魚在水面游弋，泛起層層漪瀾。款署『餘庭寫并刻』。一面刻畫斜入畫面的兩叢花卉，兩隻蜜蜂在辛勤地采蜜，還有一隻蜜蜂正飛向繁花簇擁的桃樹，飛翔的雙翅、靈動的複眼和竪立的觸角使蜜蜂充滿動感和活力。款署『庚辰冬，魚廷』，鈐陽文橢圓印『慶』。郭蘭慶刻蟹草、魚藻圖扇骨（見圖版二四三）刻於民國三十一年。一面刻畫結滿穀粒的、低垂着的稻穗下，一隻壯碩的河蟹正張着毛茸茸的螯足爬行在水草叢中。河蟹的甲殼、二螯、八足充滿質感，鮮活靈動，在藻草叢中尤引人注目。款署『魚廷作』，鈐篆書陽文方印『慶』。一面刻畫水草生長的池塘，一汪淺水中，一群體態肥腴的白條魚正扇着魚鰭、瞪大眼睛、張着大嘴在水面上尋覓食物，魚兒青灰色的體背以淺刻雕出，活靈活現。整幅畫面雖不見一條完整的魚，却給人以魚兒滿池游竄的感覺。款署『壬午春日，餘庭畫并刻』。郭蘭慶刻『疏影』、『喜報平安』扇骨（見圖版二四二）刻於民國三十年。一面刻畫梅花一枝，蕭疏冷艷。梅枝深刻，花瓣淺刮，花蕊減地浮雕，構圖簡潔疏朗，給人以水墨設色之視覺美感。左上方題『疏影』，款署『魚廷郭蘭慶寫』，鈐篆書陽文方印『郭』。一面以深刻雕出伸入畫面的竹枝竹葉，綫條蒼勁有力。茂密的竹葉下織着一張蜘蛛大網，以淺刻劃出。深淺刀法的運用較好地表現了物象的不同質感，而織網下垂落的正欲向上爬行的蜘蛛，恰巧點明了此畫的題意『喜報平安』。款署『辛巳夏五，餘庭仿新羅法并刻』。郭蘭慶工花草蟲魚，有如他『魚廷』『魚亭』的字號，他更擅於魚蟹等水族的繪畫，其傳世扇骨竹刻作品，深見其書畫雕刻之講究筆墨傳神的功力。

陳澹如（1884—1953，《中國篆刻大辭典》作1884—1952），原名履熙，以字行，又字坦如，號福田、覺庵、澹廬，晚號復恬居士，浙江嘉興人。西泠印社早期社員。書法家、篆刻家。善治印，又擅書法隸篆，尤工鐵綫篆。亦善刻竹，摹擬金石刀布古幣於扇骨，能逼真。所刻人物仕女、蔬果花卉，惟妙惟肖，與郭蘭枝、郭蘭祥、劉山農等均有合作。刀法隨性率真，風格粗獷勁健。著有《澹如印存》《澹如刻竹》等。

張文淮，字翰孫，號秋峨，嘉興人。近代篆刻家。張嘉鍔（1864—1925）子。

精刻竹。存世扇骨竹刻作品大多與郭蘭祥（1885—1938）合作。由郭蘭祥畫稿，張文湉雕刻。張能準確領會郭的書畫筆墨與風格，無論是生動的小寫意，還是點染的大積墨，均能以不同的陰刻刀法予以恰當表達，使原稿點染生動的特點活脱於竹上。

釋登馨（1901—1982），字竹修，一作竹虛，俗姓徐，名熙春，字三台，嘉興人，居梧桐樹街，因名其廬爲桐隱。三十歲後未成家，從玉麓上人出家水西寺，住持楞嚴寺功德堂。工篆刻，得同里陳澹如指授，尤精刻竹。徐三台刻劉山農行書詩句扇骨（見圖版二九一），刀法嫻熟老辣，爽利潔净，筆鋒盡現，深見功力。

綜合以上，從目前所掌握的實物資料來看，嘉興扇骨竹刻大約起始於嘉慶年間，時間大致與蘇州相當，道光至同、光時期達到鼎盛。地域内幾乎所有知名的詩人、詞人、書法家、繪畫家、篆刻家等都參與到扇骨竹刻的創作中。一把扇骨，往往集詩、詞、書法、繪畫、篆刻諸名家作品於一體，體現出地域内文人名士間濃鬱的交游與合作氛圍，同時也充分反映出地域紐帶在嘉興文人交游中的重要作用。縮摹金石文題材扇骨竹刻，雖在道光時期由釋達受興起，但直到同光時期纔在嘉興逐漸盛行，它所表現出的是與蘇州不同的雕刻風格，其中尤以胡钁爲代表，同時期的陳春熙、姚汝錕以及稍後的郭蘭慶等均表現出自身獨特的藝術風貌，但總體而言與蘇州的風格也各有异，存在着不甚顯見的地域差异。總之，在清嘉慶至民國時期中國的扇骨竹刻藝壇上，嘉興是參與人數最多，文化内涵極爲豐富，并對上海『海派』扇骨竹刻産生重要影響的地區。

（四）上海地區

上海地區古屬松江府，南宋末始建鎮，元至元二十九年（1292）建縣。明代中葉起，松江地區成爲全國最大的棉紡織中心，清康熙二十四年（1685）設立江海關，乾嘉年間發展成爲東南一大城鎮，道光初成爲東南沿海舉足輕重的港口。經濟的繁榮同時促進了文化的昌盛，清中期的上海，地位雖還未及江南的中心城市蘇州與揚州，但文化藝術活動已相當活躍，尤其文人間的書畫雅集蓬勃興起。開埠前，上海的文人仍以『西園雅集』式的傳統集會爲主要活動内容，酌酒品茗、吟詩弄文，以寄情遣性、愉悦身心爲主要目的。早期的扇骨竹刻便與集會之文人有着千絲萬縷的聯系。上海最早的書畫會組織之一是成立於乾隆五十七年（1792）的『平遠山房書畫會』，創辦和主持者爲乾隆四十年進士、前後十任蘇松太道、時『備兵海上』的觀察李廷敬。李廷敬（?—1806），字景叔，一字味莊，號寧圃。工詩文，能書，愛士憐才，提倡風雅，故『海内名流咸歸之』[一]，以至『壇坫之盛，海内所推』[二]。時著名畫家改琦、康愷、瞿中溶、方楷等都曾參加該會的活動。那時的改琦，還衹弱冠之年，即爲味莊『受知最深』，成爲書畫會中的常客。該會活動持續數十年，直至嘉慶年間（1796—1820），成員相當多，影響甚廣。至嘉慶八年（1803），李廷敬又與好友、藏書家兼書法家李筠嘉（字修林，號筍香）一起於上海舊城西南隅李筠嘉的『吾園别墅』（今黄浦區老城廂文廟、尚文路龍門邨、吾園街一帶）創辦了『吾園書畫集會』，由李筠嘉主持會務。二李時常聯名召集書畫名流在吾園一起談書論畫，飲酒品茗，共賞美景，切磋畫藝，吾園成爲清嘉慶年間上海書畫界進行藝術創作與交流的重要場所。據李筠嘉所輯《春雪集》記載，先後到吾園參加書畫藝術活動的書畫家有133人。這些書畫家在集會時給吾園留下紀念的畫幅、詩篇、詞章有251件，其中，著名書畫家改琦一人留下的作品就達16件之多。參加集會的還有著名學者龔自珍和洪亮吉，侍講學士吴鼒，畫家錢伯坰、錢杜，以及本地畫家瞿應紹等。書畫家郭麐也經常參加畫會的雅集活動，他『寓滬時住吾園，與園主人往還唱和，相契甚深』。吾園書畫集會至少持續到1820年前後，活動幾近20年。從目前傳世的扇骨竹刻來看，參加以上書畫會的郭麐、改琦、瞿應紹等均有扇骨作品創作，而瞿應紹又是上海本地的畫家。可見，上海的扇骨竹刻創作至早可追溯到清嘉慶年間。瞿應紹（1778—1849），字子冶，一字階春，號月壺，晚自號瞿甫。清嘉慶年間上海貢生，官玉環同知。善畫竹，精篆刻，尤善製砂胎錫壺。《懷袖雅物：蘇州摺扇》卷三《扇刻》收録了一件清嘉慶二十一年（1816）瞿應紹摹金農畫梅、楷書咏梅詩竹扇骨（圖二十六）。一面刻梅花，枝繁花茂，款署『稽留山民金農』；一面刻楷書詩句『野梅如刺滿江津，别有風光不受春。畫畢自看還自惜，問花到底贈何人』，款署『丙子夏子冶摹』。用刀蒼勁雄渾，古拙老辣。

『小蓬萊書畫集會』是上海繼吾園書畫集會之後又一比較活躍的書畫團體，它由常熟虞山人、山水畫家兼詩人蔣寶齡於道光己亥（1839）年間在其居處上海城隍廟南之小蓬萊（今蓬萊路一帶）發起，名爲避暑或消寒之會，却兼飲酒賦詩、作書作畫等多項活動，已不同於傳統的書畫家文會雅集，而是帶有『攬環結佩』聯絡書畫家藉以相互扶持，謀求生計的性質[三]，規模雖不及平遠山房書畫集會、吾園書畫集會，却較多地集中了當時上海的書畫名手，如李筠嘉、喬重禧、王壽康、徐渭仁、馬昂、印廷寶、毛祥麟、侯敞、沈維裕、改琦、孫坤、費丹旭、平疇、鄭麐、陳鑾、錢元章、姚燮等。其中畫會召集人蔣寶齡（1781—1841），字子延，霞竹，號琴東逸史，江蘇昭文（今屬江蘇常熟）人，道光時寓居上海。工詩，書，善畫山水，有『三絶』之稱，山水學文、董、巨、錢，曾鬻畫蘇、滬、

[一] 楊逸《海上墨林》。

[二] 高邕《海上墨林·叙》。

[三] 萬青力《并非衰弱的百年》，臺灣《雄獅美術》第259期。

杭一帶，遍訪盛大士、改琦、郭麐、程庭鷺、戴熙等江浙名家，著有《墨林今話》。蔣寶齡有作於清道光十五年（1835）的浮雕魚池小景、林屋山人隸書竹扇骨（見圖版三一）傳世，由蔣寶齡畫稿，一面以蓑衣地開光，内以減地淺浮雕刻兩條肥腴游魚，旁伸兩杆果枝，上方款署『谷雲先生屬，乙未夏五，琴東逸史蔣寶齡』，鈐陽文長方印『子延』；一面以蓑衣地陽文刻隸書詩句『偶來松樹下，高枕石頭眠。山中無曆日，寒盡不知年』，款署『乙丑新秋六日，林屋山人書』，下鈐陰文圓印。扇骨兩面均采用道光時較爲流行的糙地陽文技法雕刻，樸茂典雅，古意盎然。同期參會的費丹旭也曾參與扇骨竹刻的創作，傳世作品有清道光二十三年趙之琛刻費丹旭羅漢圖、摹金文竹扇骨（圖五十七）[一]。從開埠前上海文人的詩畫結社以及其中的瞿應紹、蔣寶齡、郭麐、程庭鷺、改琦、費丹旭等書畫、篆刻家都曾參與扇骨的創作等現象不難發現，如同之前的揚州，早期扇骨竹刻的參與者，均存在着共同的文人交游圈。另一方面，文人間以交流辭章文藝、聯絡情感、溝通心靈、顯示風騷才略爲目的的結社唱和、詩畫會友等交游娱樂消閑活動，又在一定層面上對扇骨竹刻的興起起到推動的作用。

1840 年的鴉片戰争，對於上海是一個重要的轉折點，從某種角度而言，它加速了上海的都市化進程和經濟商貿的超常規發展，同時也引發了城市社會經濟結構、社會文化的全面轉型，尤其是對繪畫藝術在内的中國文化産生了重大衝擊，同時也推動了海派書畫篆刻與扇骨竹刻藝術的結合、竹刻扇骨的商品化以及消費群體的改變。1843 年 11 月 17 日上海開埠後，1845 年至 1849 年英國、美國、法國相繼在此設立租界，從此外國資本大量湧入。1853 年上海的小刀會起義、1860 年太平軍進軍東南，致使上海周邊縣市與江浙皖一帶的大家巨族、官紳商賈和文人、書畫家等紛紛避亂滬濱租界。上海城市人口呈幾何級增長，僅英美租界自 1860 年至 1862 年即由三十萬猛增至五十萬人，出現了『江浙東南半壁無一片净土，而滬上繁華遠逾昔日』的奇觀。在此期間，外國列强乘機不斷擴張租界，中國民族工商業也獲得了一定的發展。至 19 世紀 70 年代，上海已由松江府下轄的小縣城崛起成爲遠東國際性商業第一大都市，全國的外貿、商業和金融中心。經濟的畸形發展、工商業的迅速繁榮，促使城市消費急劇膨脹，一批商人、買辦、

[一] 趙羽《懷袖雅物：蘇州摺扇》卷三《扇刻》，上海書畫出版社 2010 年版。

圖五十七

工廠主在積累了豐厚的物質財富後，成爲城市的新生貴族，他們受傳統文化之熏染，在追求物質享受的同時也附庸風雅，而新興的市民階層也在『十里洋場』的熏陶下變換着審美品位，於是出現了獨特的文化消費現象，『畫家如胡公壽、楊南湖之山水，錢吉生、任阜長、任伯年、張志瀛之人物，張子祥、韋之鈞之花鳥，李仙根之傳神，類皆芳譽遥馳，幾穿户限，屠沽俗子，得其片紙以爲榮』[二]，更有『蓋經商者皆思得一箑出入懷袖以爲榮也』[三]的盛況。在滬上，搜集、典藏書畫作品和古玩不僅已成爲許多人的嗜好，也成爲持有人身份與地位的象徵，一柄小小的名人書畫成扇，代表的是體面人士的一種風度與氣派，而對於商界，更是生意人身價的體現。對此，鄭逸梅在《國畫談》中也如是説：『摺扇在握，携帶出門，在揮暑時候，人家瞧到了丹青名家署款，便知道這個人是很有來歷的，便不敢來欺侮你、折辱你，無形中省却了多少煩惱。』可見，隨着商品化社會經濟的繁榮，在上海這樣的國際化金融、商貿大都市，摺扇的這種名片式特殊社會功能被日益開發與突顯，它已不再是僅僅局限於以往傳統文人雅士間的清賞雅玩與交游，而是迅速緊隨書畫走向市場，走向更爲廣大的商賈和平民階層。與此同時，與摺扇同體的扇骨竹刻也獲得了同步的發展。此時，新興的『海上畫派』成爲助推扇骨竹刻成長與繁榮的源泉和動力。

開埠後的上海，藝術品市場异常繁榮，它就像一塊能量巨大的磁鐵，吸引着全國各地衆多的藝術家前來尋求發展，就如張鳴珂在《寒松閣談藝瑣録》中記載的：『自海禁一開，貿易之盛，無過於上海一隅，而以硯田爲生者，亦皆於於而來，僑居賣畫。』[四]『其橐筆而游，聞風而趨者，必於上海』[五]，一時間，上海成了全國文化藝術中心、畫壇重鎮。這裏雲集着當時全國最多的書畫、篆刻家，同時也成了全國扇骨竹刻創作的中心。毫不誇張地説，絶大多數的海派書畫、篆刻家均參與了扇骨竹刻的創作。他們或畫稿，或親自雕刻，參與者在規模上也是空前的。清代尤其是鴉片戰争之後外地流寓上海的書畫家，僅根據楊逸《海上墨林》卷三《寓賢編》的收録進行統計，數量即可達三百人左右，他們中主要有來自江浙的蘇州、揚州、南京、杭州、嘉興、富陽、寧波、蕭山、紹興、湖州，以及安徽的歙縣，還有上海近郊的松江、寶山和金山、浦東等地，其中尤以鄰近的蘇、浙、皖等省份的畫家爲多。而其中蘇州、揚州、杭州、嘉興、湖州、蕭山等地均是扇骨竹刻興盛的區域。這些移居上海的書畫、篆刻家，前期多因避亂，後期則

[二]（清）黄協塤《淞南夢影録》，光緒間鉛印本。

[三]（清）張鳴珂（1829—1908）於他晚年成書的《寒松閣談藝瑣録》中提到朱夢廬時曾説，朱『橐筆海上，聲譽赫然，晚年厭苦扇頭小品，雖潤筆日增而乞者愈甚，蓋經商者皆思得一箑出入懷袖以爲榮也』。

[四]（清）張鳴珂《寒松閣談藝瑣録》，中華書局 1923 年版。

[五] 高邕《海上墨林·叙》。

多是被上海巨大的藝術市場所吸引，他們爲適應新興貴族與市民階層的審美需求，大膽革新，不斷突破傳統，創造出清新活潑的畫風，在繪畫上逐漸形成當時畫界影響最大、參加人數最衆的『海上畫派』，即『海派』。單國霖先生在《論海上畫派》中曾就海上畫派的發展進程，將海派大致分成三個發展階段，即：19世紀40年代至50年代爲海派形成期，可稱爲前期海派，代表畫家有朱熊、張熊、任熊、王禮等；60至90年代爲海派成熟期，可稱爲盛期海派，代表畫家有胡遠、虛谷、朱偁、趙之謙、蒲華、錢慧安、任薰、任頤等人；20世紀初至30年代爲海派的後繼期，可稱爲後期海派，代表畫家有吳昌碩、吳慶雲、高邕、任預、倪田、王震等人。其中，無論是各個時期的名家，抑或是馳名滬上的早期的『滬上三熊』（朱熊、張熊、任熊）、『海上四任』（任熊、任薰、任頤、任預），還是步入20世紀的『江南三鐵』（吳昌碩、王冠山、錢瘦鐵）、『金石三大家』（吳熙載、趙之謙、吳昌碩）、『書法三大家』（李瑞清、曾熙、劉山農），以及進入20世紀20至30年代的以吳湖帆爲首領，以吳待秋、吳子深、馮超然爲主將的『三吳一馮』，還有其他各時期乃至1949年之後湧現出來的名噪大江南北的代表性書畫家黃賓虹、徐悲鴻、王福厂、劉海粟、張大千、張善孖、朱屺瞻、趙子雲、江寒汀、陸儼少、謝稚柳、來楚生、童大年等，甚至是流寓滬上從事書畫創作活動的齊白石、溥心畬等，他們大多都參與到了扇骨竹刻的創作中，并有大量的竹刻扇骨作品留存於世。當時海派書畫、篆刻家參與扇骨竹刻創作人員之衆，隊伍之龐大，影響之廣泛，在中國扇骨竹刻發展史上也是絕無僅有的。這些海派書畫、篆刻家，以自己個體的筆墨刀刻創作與群體的精英優勢，將中國的海派書畫扇骨竹刻推向了頂峰。

海派扇骨竹刻發展的軌迹幾乎與海派書畫、篆刻的發展是同步的，因爲當時的書畫、篆刻家大都又身兼竹人。1843年上海開埠之初至1860年太平軍兵事前這一所謂『前海派』早期，也即清道光至咸豐時期，上海尚未成爲江浙滬一帶城市繁盛的經濟中心，故也未能產生對周邊揚州、吳門、浙派及徽派書畫家與篆刻家的吸引。特別是這一時期，有吳門繪畫與竹刻傳統的蘇州，仍然是很多畫家和篆刻家樂於崇尚和追求之文化氛圍與藝術環境的聖地。這一時期的畫家與篆刻家大多數直接寓居蘇州，祇有少數的浙派畫家與篆刻家游走於上海、蘇州、浙江三地。[一]如程庭鷺，『早歲問業於陳文述，留吳門甚久』[二]；朱熊，『工花卉，師法白陽山人』[三]；任熊，『畫宗陳老蓮……寄迹吳門』[四]。傳世任遠刻於清咸豐年間的倪耘『午瑞圖』、任淇楷書詩句扇骨（見圖版八〇）和任頤人物圖、摹金文扇骨（見圖版八一），以及陳春熙刻於咸豐年間的王禮楊柳鷺鷥圖、隸書詩句扇骨（見圖版八三），陳春熙刻張熊卵綠鳥鳴圖、行書扇骨（見圖版八五）和任薰羅漢面壁圖、摹節漢碑銘扇骨（見圖版八四）便是這一時期江浙兩省與吳地有關的書畫、篆刻家們共同合作的作品。任遠，字功尹，浙江蕭山人，寓吳縣（今屬江蘇蘇州）。倪耘（？—1864），字芥孫，號小圃，石門（今浙江崇德）人，寓居濮院，咸豐八年（1858）時他與吳大澂、周閑、黃鞠、包棟、陶淇等結書社於蘇州虎丘白公祠。任淇（？—1863年後），一名琪，字竹君，號建齋，浙江蕭山人（《瀛壖雜志》作餘姚人），久寓上海。任頤（1840—1896），字伯年，號小樓，山陰（今屬浙江紹興）人，善畫人物、花鳥，同治八年（1869）初至上海，前四年曾先後在寧波、蘇州鬻藝。陳春熙（？—1874），咸豐、同治時期竹刻名家，浙江海寧人，寓居秀水聞川（今嘉興王江涇）計芬家，後還居江蘇吳江盛澤。張熊，『早居蘇州吳江平望鎮等處，工花卉，古媚如王武，縱逸似周之冕』[五]。王禮，字秋言，自號秋道人等，江蘇吳江人，後久寓滬上。任薰，字阜長，浙江蕭山人，1868年與任頤去蘇州，後寓居蘇州、上海。從以上竹刻扇骨及與之有關的諸位書畫、篆刻家的原籍、行迹與寓居地來看，這一時期的蘇州地區仍是他們從事藝術創作的最佳樂園。因此，這一時期的吳門竹刻與繪畫，無疑對海派扇骨竹刻產生了一定的影響，換言之，這一時期海派扇骨竹刻在整體風格上受到吳門竹刻與繪畫傳統的規導也是必然的。總體而言，這一時期滬上的海派扇骨竹刻尚未形成一股潮流和成熟的市場。

大約從咸豐年間開始，滬上的海派扇骨竹刻逐漸爲浙江的書畫、篆刻家們所主導。隨着在上海的浙江商人行會組織的逐漸增多，浙籍畫家又多在結社活動中擔當主要組織者，因此，來自嘉興、湖州、蕭山、紹興等地的浙籍畫家與篆刻家在上海也逐漸增多，尤其進入同治年間以後，就幾乎是清一色的浙籍畫家與篆刻家統領的天下了。歷來被學者視爲海派代表畫家的趙之謙、張熊、朱熊、朱偁、任熊、任伯年、錢慧安、虛谷、蒲華、吳昌碩、王震等，除了錢慧安、虛谷分別爲上海籍和安徽籍以外，無不來自浙江，而其中，挾藝滬上的嘉興籍書畫、篆刻家是一支不可忽視的力量。研究者認爲：海派在早期及至同治、光緒年間幾乎都以嘉興籍畫家爲核心。陳振濂《海上繪畫之社會學研究》把海上畫派分爲三個不同的時期，其中就有『嘉興核心』時期。[六]有關嘉興書畫家赴滬鬻藝，嘉興張鳴珂在《寒松閣談藝瑣録》卷六中就這樣寫道：『道光、咸豐年間，吾鄉尚有書畫

[一]顧偉璽《『前海派』早期繪畫研究》，《南京藝術學院學報（美術與設計版）》2009年第6期。
[二]《海上繪畫全集》，上海書畫出版社2001年版。
[三]《海上繪畫全集》，上海書畫出版社2001年版。
[四]《海上繪畫全集》，上海書畫出版社2001年版。
[五]《海上繪畫全集》，上海書畫出版社2001年版。
[六]陳振濂《海上繪畫之社會學研究》，引自黃劍《海派繪畫研究文集》，上海書畫出版社2001年版。

家橐筆來游，與諸老蒼攬環結佩，照耀一時。』[一]而據《海上墨林》記載，鴉片戰爭以後從外地流寓上海的嘉興籍書畫家有43人之多，如當時比較知名的畫家朱熊、張熊（子祥）、朱偁（夢廬）、蒲華、金爾珍（吉石）、楊伯潤（佩甫）、吳穀祥等，都是海派從興起到成熟時間段内的主要成員以至領軍人物。這些流寓滬上的嘉興書畫、篆刻家，他們挾藝滬上，適應時尚，鋭意求進，在創造出清新活潑畫風的同時，也積極參與扇骨竹刻的創作，不僅共同開創并充實了海派，對海上畫派的形成和發展起到了極爲重要的引導和促進作用，而且對這一時期海派扇骨竹刻的興起與繁盛也産生了重要的影響，由此也推動了竹刻扇骨的市場化運作。在這個核心圈中，張熊被推爲先驅者。張熊咸豐十一年（1861）即流寓滬上[二]，被譽爲『滬上寓公之冠』[三]，爲海派耆宿。作爲一位花鳥畫家，他帶領一批嘉興派門徒、鄉賢畫家橐筆海上，由他領軍的『鴛湖派』，取法周之冕、王武、惲壽平、華嵒、陳淳，并根據上海市場的實際需求，融合多種畫法，創新出清新妍麗、雅俗共賞的小寫意没骨花鳥畫風，成爲早期『海派』花鳥畫的中堅和勁旅，同時，也成爲鼎盛期『海派』花鳥畫的重要淵源之一，畫風流行於上海及蘇杭一帶。除書畫以外，張熊的另一項主要創作便是爲扇骨竹刻畫稿，他有爲數衆多的畫稿扇骨存世。早在少年時期，他便從湖州石渠（茝谷）、蘇州夏之鼎（茝谷）習畫，而夏之鼎、石渠都是扇骨竹刻的積極參與者。道光年間，張熊在家鄉嘉興時便已開始參與扇骨竹刻的創作，他曾與當時嘉興著名的篆刻、竹刻家殷樹柏、胡钁、陳春熙、陶濬等合作，留下了許多精美絶倫的傳世佳作。入滬之後，憑着在海上畫派的影響力以及市場的需求，他更是積極地參與到扇骨竹刻的畫稿創作，他與篆刻家陸㑺、程筠等均有合作的竹刻扇骨傳世。此外，他與上海本地的篆刻家也有合作，如張聯珠刻張熊行書録姜白石詩扇骨（見圖版八八）等。張聯珠乃婁縣（今上海松江）人，張師憲之弟，字子明，清篆刻家，工詩刻印。總之，張熊以他在海派畫壇及滬上的影響力，對海派繪畫乃至扇骨竹刻的興盛起到了很大的推動作用。經他邀請赴滬的朱熊以及其弟朱偁等，在繪畫與扇骨領域亦有很好的發展。初從同邑銀藤花館張熊習設色花鳥的朱偁，後客滬上發展，成爲繼『三熊』之後與王禮同領海上寫意花鳥畫主流的畫家，清張鳴珂《寒松閣談藝瑣録》評曰：朱夢廬『橐筆海上，聲譽赫然』。朱熊與朱偁兩兄弟，都是早在嘉興時即已參與扇骨竹刻創作的畫家，他們均有爲竹刻畫稿的扇骨作品傳世。而朱偁更是『晚年厭苦扇頭小品，雖潤筆日增而乞者愈甚』。[四]同治六年至九年（1867—1870），篆刻家胡钁也曾客上海。

嘉興籍書畫家中另一位對海派書畫、扇骨竹刻做出重要貢獻的大家便是蒲華。1894年冬，蒲華定居上海登瀛里（今漢口路、西藏路間），交往海上名家，深受海派書風的浸染。他被認爲是海派藝術中開辟新風的領軍人物，與任伯年、虚谷、吳昌碩一起被譽爲『清末海派四傑』，爲『海上畫派』之先驅，且是豫園書畫善會、上海書畫研究會發起人之一。蒲華粗獷率直的用筆，大氣磅礴、肆放斑駁的墨色使他的作品别開生面，也使海上畫派纖媚因襲之作黯然失色。在書畫的同時，蒲華也親自操刀竹刻扇骨。蒲華刻行書扇骨（見圖版二〇〇）是他於清光緒二十五年（1899）鎸刻的作品，款署『若卿先生屬，己亥三月，蒲華』。作品刀痕雖略顯生澀，但書法豪放縱逸、遒勁瀟灑，體現出他獨有的書風。

嘉興書畫、篆刻家在上海扇骨竹刻創作方面較有影響的還有咸豐、同治年間避亂上海的嘉善書法、篆刻家姚汝鋸，他在太平天國被鎮壓以後在上海定居下來，他刻於清同治七年的行書《春夜宴桃李園序》扇骨（見圖版九八），刻於清同治八年的行書扇骨（見圖版九九）以及刻於清同治十一年的漢瓦當、雙爵漢陶陵鼎蓋銘烏木填金扇骨（圖五十八）等，均落款『於申江客次虹橋側』『己巳秋日，飛泉刊於申江客次』和『姚飛泉刻於海上』等，説明這些扇骨均是他客居滬上時的作品。

清同治、光緒年間，在嘉興、蕭山、湖州等書畫、篆刻家創作扇骨竹刻的影響下，上海本地的書畫篆刻家也异常活躍起來，他們也積極投入扇骨竹刻的創作，如名重滬上，以擅畫人物著稱的寶山（今屬上海）人錢慧安（1833—1911），有作於清同治三年的芳庭刻錢慧安『桃李春園』扇骨（見圖版九四）傳世。扇骨人物筆意遒勁，態度閑雅，意態生動，畫面雖在咫尺之間，取景縫隙，却小中見大，給人以無限想象。胡公壽（1823—1886），華亭（今屬上海松江）人，咸豐十一年（1861）定居上海，『書畫雄一時』[五]，被時人譽稱爲『上海畫壇盟主』，能詩，善書畫，書史記其書法臨習李邕，花鳥畫則『取徑石田、白陽』[六]，工山水、蘭竹、花卉，尤喜畫梅。作爲『前海派』早期較有影響的上海本地畫家，胡公壽也

[一]（清）張鳴珂《寒松閣談藝瑣録》，中華書局1923年版。
[二]馬麗莎《張熊寓滬時間考》，《美術觀察》2013年第9期。
[三]竇鎮《清朝書畫家筆録》，民國十二年（1923）秋朝記書莊印行。
[四]（清）張鳴珂《寒松閣談藝瑣録》，中華書局1923年版。
[五]吳昌碩《石交集》，上海書畫出版社1992年版。
[六]《上海美術志》，上海書畫出版社2004年版。

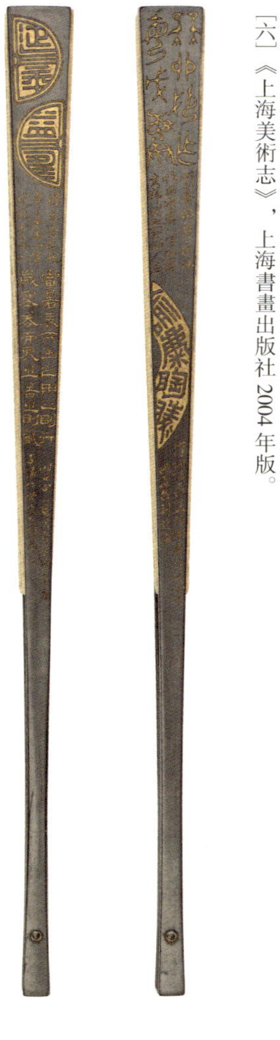

圖五十八

參與扇骨的畫稿，作於清同治九年的張昌甲刻胡公壽芭蕉、行書詩句扇骨（見圖版一〇六），芭葉隨風摇曳，穿插顧盼，富有感染力。款署『庚午三月上浣之吉，胡公壽畫』。張昌甲（1827—1880年後），金山（今屬上海）人，篆刻家，字雋生，工詩文詞，擅刻印，專元朱文小印，得宋人遺法。他也有較多的扇骨竹刻作品傳世，除上述這件他與胡公壽合作的扇骨外，清同治八年（1869），他與書畫家張緑初（華亭人，工書，擅畫黑龍）合作刻行書詩句扇骨（見圖版一〇五），雕刻技藝精湛，書法嫵媚灑脱，筆鋒盡見。張昌甲刻行書詩句扇骨（見圖版一〇七）亦書風遒健瀟灑，刻痕爽利，深見功力。

海派巨擘、重要代表人物任伯年和趙之謙，也積極參與扇骨竹刻的創作。任頤賣畫海上，聲譽赫然，未及壯年已名重大江南北，與胡公壽并重。傳世竹刻扇骨中多見有任伯年畫稿者，如清咸豐（1851—1861）任遠刻任頤人物圖、摹金文扇骨（見圖版八一），清同治五年張錫恩刻任頤人物圖、行書詩句扇骨（見圖版九五）和清光緒九年（1883）任頤垂枝花鳥圖、壺道人行書詩句扇骨（見圖版一六六）等。據記載，任伯年於同治七年隨阜長赴蘇州，并於是年仲冬定居上海，直至終筆。可見任伯年早在鬻藝蘇州前即已開始扇骨畫稿的創作。趙之謙（1829—1884），字益甫，號撝叔等，會稽（今浙江紹興）人，是一位在金石畫派形成過程中做出重要貢獻的開派大家，被譽爲『近代金石畫派的第一位大師』，在書法、篆刻和繪畫方面有很深的造詣，是一位藝術通才。他對藝術的領悟具有一種敏鋭的通感，善於將自己書法和篆刻方面的涵養參合到繪畫中去，取得各種藝術精神氣質的同一和貫通。他工詩文，擅書法，精畫事，尤擅花鳥，工刻印，師鄧石如，工整秀逸，能將書法、繪畫和刻印的筆意刀勢融入竹刻之中，常自書自畫自刻竹扇骨，以書法或小品畫迹爲主題，形神兼備，生動天然。趙之謙刻行書扇骨（見圖版一六四），書法奇崛雄强，剛毅勁健，楷中帶隸，自成風範，運刀爽利俊邁，刻痕筆畫生動，筆鋒清晰，飛白流動，極具神采。清光緒九年朱志復刻趙之謙佛手圖、行書扇骨（見圖版一六五），由趙之謙畫稿，其高弟朱志復（字遂生，子澤，號減齋）雕刻。一面佛手枝葉昌茂，果實肥碩，左右伸展，生機蓬勃，款署『癸未九秋，趙之謙』，鈐陰文方印『趙』；另一面刻書法，蒼秀雄渾，穩健靈動，真、草、隸、篆筆法融爲一體，别出時俗，自成一格。

海派扇骨竹刻在題材上與海派書畫有着驚人的相似性，這固然有海派扇骨竹刻的畫稿者也多爲海派書畫家這一根本原因，另一方面，社會和市場主體需求構成者的一致性也是不容忽視的重要因素。對於上海這個通商口岸，十里洋場中雲集的大量富商大賈和追尋新派生活的文人士大夫以及新興的廣大市民階層來説，海派扇骨竹刻與海派繪畫一樣，正是迎合了他們的審美要求。因此它的雕刻題材亦不可避免地隨着藝術市場的需求，不斷地從文人雅士間互爲贈鑒送賞的懷袖雅物走向更爲廣大的富賈與市民階層接受的世俗化與大衆化主題，而傳統的賦予吉祥富貴喜慶寓意的花鳥題材則成了扇骨竹刻中雅俗共賞的主題，所謂『繪事之妙，多寓興於此……花之於牡丹芍藥，禽之於鸞鳳孔翠，必使之富貴。而松竹梅菊，鷗鷺雁鶩，必見之幽閑。至於鶴之軒昂，鷹隼之擊搏，楊柳梧桐之扶疏風流，喬松古柏之歲寒磊落，展張於圖繪，有以興起人之意者，率能奪造化而移精神，遐想若登臨覽物之有得也』[一]。這種賦予花鳥題材於思想情感、吉祥通俗的寓意以及體現筆情墨趣的理念，使得花鳥畫在滬上能借此而長盛不衰，一直爲雕刻繪事者和擁有者所熱衷與崇尚，成爲不變的主題。除此之外，一些爲民衆所喜聞樂見的歷史故事、神話傳説或戲曲小説、市井世俗題材的人物畫等，也頗迎合工商業主和新興市民階層的趣味，受到人們的歡迎。這一時期竹刻扇骨詩、書、畫相配仍是主流，除繪畫以外，書法仍占一定比例，但摹縮金文不多見。一般是畫家畫稿，篆刻家刻扇骨，也有獨立完成者。可見，刻竹受浙派，尤其是嘉興派影響較大。

晚清、民國時期的上海，書畫、篆刻家參與扇骨竹刻的現象已不如以往來得普遍，扇骨竹刻更多的是趨向職業化和專業化，以往多由書畫、篆刻家操刀刻竹扇骨的現象正逐漸爲專職的竹刻家所取代，扇骨竹刻趨向講究雕刻的工藝性。因此，清末民國時期的扇骨竹刻，以畫家畫稿、專職竹刻家刻竹的現象逐漸增多，從而湧現出許多以刻竹著名的扇骨竹刻名家。這一時期扇骨竹刻名家多來自浙江的杭州、嘉興和江蘇的蘇州、常熟等地。參與刻竹的名家主要有傳少英、金庭芬、湯岱、陳端友、張楫如、陳濬如、郭蘭慶、林兆禄、余仲嘉、秦康祥、童大年、馮初光、張褧、秦之仁、湯寒光、支謙、花雲、徐素白、李卓雲、孫嘯亭、金紹坊、沈覺初、傅訓、高廷肅、徐孝穆等人，參與畫稿的書畫家主要有黄曉汀、張大千、江寒汀、花元、黄葆戊、趙叔孺、汪庸、來楚生、王禔、郭蘭祥、江載曦、單曉天、高振霄、唐雲等。其中與竹刻家合作最多，對其幫助最大的是『海派畫家』江寒汀和唐雲，尤其是江寒汀，擅繪花鳥，别具神韵，形象生動，栩栩如生。受其影響的竹刻名家有金西厓、支慈庵、徐素白、張褧、沈覺初、李卓雲、孫嘯亭等。

這一時期活躍滬上的專職竹刻家較著名的有張楫如、張褧、林兆禄、支慈庵、徐素白、金紹坊等。張楫如（1870—1924），號西橋，武進（今屬江蘇常州）人。活躍於清末民國初期，於上海鬻藝，擅刻竹，尤擅刻鼎彝銘文、古泉幣、銅鏡、石經等。褚德彝《竹人續録》記其：『搜《漢石經》錢梅溪摹本，縮刻於箑邊，每字小約胡麻三分之一，凡十四段，共四百念餘字，陽文，精湛絶倫。又縮摹散盤、

[一]《宣和畫譜》。

克鼎、盂鼎、石鼓、天一閣本《夏承碑》、《蘭亭序》定武本。自來竹刻作陽文皆僅二三十字，今西橋縮寫金石文俱作陽文，每至三四百字，可謂盡竹人之能事矣。』民國十三年（1924）張楫如浮雕縮摹《蘭亭序》扇骨（見圖版二三一），以陷地襄衣地陽文刻縮摹定武本《蘭亭序》三百餘字，雖細若蚊足，却不失筆法神韵，且磨損之處亦形神皆然。下方陰刻『昆陵張君楫如刻竹，以工細稱。歲甲子爲余刻扇一枋，縮摹定武《蘭亭》，實與松鄰、芷岩諸先進同能而獨勝焉。此扇以未竣工，無款識，然觀其勝處，必能知其出自誰手也。丙寅正月，曉帆跋』跋文，鈐陽文橢圓印『善鈞』。陰陽紋上下呼應，精細絶倫。

張契（1913—1976），名始，字韌之，號龍山女子，江蘇無錫人，梁溪金石家張瑞芝長女，支慈庵甥女。近代爲數不多的女竹刻家。自幼跟隨父親和舅父學習竹刻，十六歲時留青竹刻就名聞滬寧一帶。能篆書，博研金石，擅金石印章、木雕、碑刻，尤精於竹刻，擅雕皮留青，精刻竹几、鐘鼎、石鼓、漢魏碑志、鏡文瓦幣，以及山水、人物，仕女、花鳥之屬，無不精妙入古。其用留青法摹刻之金石文字及器形，殘缺斑駁，惟妙惟肖，與原始拓本比較，不差累黍。年輕時客居上海，經父親拜識了吴昌碩、張大千、張聿光、吴湖帆、經亨頤、王震等名家，故創作了很多由這些大師落墨的作品。民國二十四年張契留青摹齊侯甗杜陵壺、曾伯霥簠冗簠銘扇骨（見圖版三〇四），一面以留青胡桃地陽文自上而下刻『齊侯甗』『杜陵壺』中的三片銘文，下以陰文款署『摹齊侯甗、杜陵壺，龍山女子韌之刻』，鈐陽文方印『張』。一面亦以留青胡桃地陽文自上而下刻『曾伯霥簠』『冗簠』兩片銘文拓片，紙張邊際撕摺殘卷，『錣以狀之』，自然逼真，惟妙惟肖。金文跌宕奇崛，拙樸高古。下方以陰文款署『乙亥春摹曾伯霥簠、冗簠於江南二泉上，張契刊』，鈐陰文方印『韌之』。

林兆禄（1887—1966），字介侯，以字行，號眉庵，別署根香館主，吴縣（今屬江蘇蘇州）人，久居上海。篆刻家。工書，擅畫，精篆刻，專工摹刻金石，兼擅治印。擅刻竹，刻扇用刀如筆，書法沉鬱凝重，秀逸工穩；山水花卉、金石文字，蒼古簡練。款多署『介侯』。亦擅留青。林兆禄留青蔣通夫桃花竹枝圖、『晚翠』扇骨（見圖版二四五）與林兆禄留青荷花圖、邾公釗鐘銘扇骨（見圖版二四六）均以留青技法刻成。其留青能視具體作品予以不同處理，風格不一。如留青蔣通夫桃花竹枝圖、『晚翠』扇骨，雖取竹之表皮青筠淺浮雕而成，但青筠處却不施雕刻，作品以綫條和紋飾與地子的色塊對比見勝，技法與視覺效果猶如唐之留青，有剪紙般效果。又如林兆禄留青荷花圖、邾公釗鐘銘扇骨，則是在强調紋飾與地子邊際清晰、色彩分明的同時，在荷葉與盛開的荷花等較大面積的部位再施以淺浮雕，以刀法的深淺與留青筠的多少來顯示墨色的明暗，使表現物象具有豐富的層次和美好的視覺藝術效果。對於『邾公釗鐘』則取全拓器物圖中之半爲主構圖，以留青略顯斑駁的底子起地，上全留青筠以浮雕銘文，從而使金文的渾厚蒼古與宣紙拓片的輕薄微透躍然竹上。於器物拓圖則是視具體物象留青，光素處或全留、或斑駁以顯銅蝕銹斑與質感，紋飾處則以全留與不留以顯示青銅清晰、硬朗而立體的紋飾。可謂別具匠心，藝術效果獨創一格。

支謙（1904—1974），字慈庵（或作『慈厂』）、士厂，又字子安，號南村，又號宜石、染香居士，別署染香館主，室名染香館、宜石齋。扇刻名家。吴縣（今屬江蘇蘇州）人，1919年到上海，隨姐夫即無錫竹刻家、金石家張瑞芝學藝，後又師從於書畫篆刻家趙叔孺、畫家吴湖帆。工書善畫，尤工花卉，頗具宋元筆意，亦工治印。擅以陷地浮雕、陰刻、留青等多種技法刻竹扇骨，并能吸取傳統竹刻技法，以繪畫法刻竹，所作竹刻多自畫自刻，因受張大千影響，竹刻以山水最爲突出。刻竹扇骨技法多樣，題材豐富，能在吸收傳統的基礎上不斷推陳出新。如摹刻於民國二十九年（1940）的先秦古泉、漢安國侯虎符唐軍傳佩魚符扇骨（見圖版三一五），采用陷地陽文技法，在扇骨兩面分別刻一枚刀幣與兩枚圜錢、漢安國侯虎符與唐軍傳佩魚符正背面，彼此相互交錯叠壓，其中古泉紋在突出銘文陽文的同時鋪以糙地，從而在竹皮表面的絲絲竹紋上，將古泉的金屬質感以及土蝕銅銹的滄桑感表現得淋漓盡致；漢安國侯虎符與唐軍傳佩魚符紋則圖案清晰，銘文陰陽刻搭配，顯出豐富的層次。刻江寒汀蟬柳、蟈蘆圖扇骨（見圖版三一七）是支謙將其陰刻與陷地陽文竹刻技藝相結合并發揮到極致的一件扇骨作品，由江寒汀畫稿，支謙刻竹。扇骨中柳枝、浮萍與蘆葦以深淺陰刻，而蟬與蟈蟈則以陷地陽文爲主，如蟬之頭、胸、腹部與膜翅用陷地淺刻，腹節處與翅脉用淺浮雕，其中腹節浮雕綫條粗軟而平緩，翅脉綫條則精細而遒勁，蟬足又以深刻，這種視不同物象質感采用不同刀法的豐富變化技法，使得蟬之外骨骼的堅硬、膜翅的透薄以及腿足的細勁等都得到了極爲生動的表現；同樣地，蟈蟈也是采用了同一的技法，真乃傳書畫之神也。支謙刻竹扇骨豐富的刀法變化，還表現在他所創作的留青扇骨作品上。支謙留青漁家女、梅竹圖扇骨（見圖版三一九），采用留青與陰刻相結合的手法，使扇骨畫面顯出豐富的層次。扇骨一面以陰刻刻出蘆葦、流水，以留青刻一窈窕貌美女子坐於舟頭，手執銅鏡在自我陶醉，身後細長的魚竿和水中漂浮的魚簍，以及由船漂蕩而起的水的漪瀾，均是以留青刻出，留青的女子色彩鮮艷而奪目，位置布於畫心，更顯突出；一面以陰刻刻出細勁的竹枝與竹葉，以青筠分五色的留青刻出老幹嫩枝的梅花和嫵媚的花朵、花苞與花蕾，竹與梅雖互相叠壓交錯，却層次分明，互不干擾。支謙的這些精彩的竹刻扇骨，顯示出其高超的操刀功力和精湛的竹刻藝術造詣。

徐素白（1909—1975），字根泉，號曉鐘，武進（今屬江蘇常州）人，寓居上海。現代著名竹刻家。早在20世紀30年代時便在上海一家扇廠學習扇骨雕刻，後跟隨支慈庵學藝，精於刻竹，擅長刻花鳥草蟲，能將蟬、蜻蜓等的翼翅刻得栩栩如生，尤擅留青技法。與上海書畫名家江寒汀、錢瘦鐵、唐雲、白蕉、鄧散木、馬公愚等均有合作，并能傳神再現不同書畫家的筆墨風格，被譽爲當代留青雕刻之最，出版有《徐素白竹刻集》。陰刻盆景圖扇骨（見圖版三三〇）是徐素白於民國三十年（1941）完成的作品，扇骨兩面繪畫仿陳鴻壽筆法，采用筆墨書畫的刀法，分别刻畫紫砂提梁壺植物與鋪首瓶插松枝，旁置一函書匣。兩幅畫面刀法清勁瀟灑，意境蕭疏簡淡，雖構圖簡潔，但令人回味無窮。款署『曼生刻曉鐘仿』『辛巳二月，徐曉鐘刻』。徐素白留青江寒汀佛手、蔓瓜圖扇骨（見圖版三三一）是由江寒汀畫稿、徐素白以留青技法雕刻的天合之作，作者在極薄的竹之青筠表皮，以豐富而有變化的深淺刀痕，刻畫了佛手與瓜果褶皺纍起、坑窪不平的表皮，樹莖裸露、蒼勁老辣的枝蔓和蟲蝕透漏、癟黄將枯的枝葉，自然界的佛手與蔓瓜活生生地躍然於竹上，此形象已全然非『青筠之分五色』所能形容，其瓜與葉斑駁之層次已無法計數，真是狀寫入微。徐素白無愧於『當代留青竹刻大師』之稱譽。扇骨鈐陽文方印『曉鐘』，款署『寒汀畫素白刻』，鈐陽文圓印『徐』。

金紹坊（1890—1979），字季言，自號西厓，别署西崖，室名可讀齋、可讀廬，南潯（今属浙江湖州）人。金紹城與金紹堂之弟。擅書畫，工竹刻，精鑒賞，享有『本世紀中國第一刻竹高手』稱譽。擅長陰刻和留青，能以流暢的刀法表現筆致畫意和各種物體的質感，被吴昌碩稱爲『神奇工巧，四者皆備』。尤精竹刻扇骨，曾於三年中刻扇骨三百餘把，又能刻留青山水於小筆擱，縮摹金石文字，堪稱絶技，能將古拙殘缺銹蝕處表現得惟妙惟肖，得其神似。其竹刻作品，多爲其兄金紹城畫稿，亦有吴待秋（徵）、吴昌碩（俊卿）等人之作，刀法流暢，渾厚生動。著有《可讀齋刻竹拓本》《西崖刻竹》《竹刻藝術》和《竹刻小言》。其中《竹刻小言》著於1948年，該書從歷史、備材、工具、作法、述例等方面，對竹刻作了全面的研究，是一部研究明清竹刻藝術的極其珍貴的資料。秋葵秀石圖、篆書扇骨（見圖版三三七）是他於民國三十年（1941）與趙叔孺和王禔共同合作的作品，由趙叔孺畫稿，王禔書篆，金紹坊雕刻。作者以精湛的刀法再現了趙叔孺花卉注重形態、别具情趣，王禔篆書秀逸圓勁、凝練委婉的筆墨風格，傳書畫之神。款署『伯良仁兄雅屬，辛巳夏日趙叔孺作，西厓刻』『録山舟學士扇銘，奉伯良先生雅屬。辛巳夏福厂篆，西厓刻』。金紹坊刻孤鶴行舟、蛛網殘枝圖扇骨（見圖版三三九），以陰刻法一面刻近景枯枝亭屋，中景江中泛舟，遠景山巒連綿，高處長空飛鶴的畫面，意境幽静蕭遠；一面刻枯枝殘葉，高處一張撲天蜘蛛大網，一從天而降的蜘蛛正順着蛛絲向上爬行，蜘蛛絨絨的身體、烏靈的雙眼和有力的肢足使畫面充滿動感。鈐陰文方印『金坊』，款署『西厓刻』。刻笋竹松鼠、柿子枝葉圖扇骨（見圖版三三八），可謂金紹坊竹刻扇骨的絶世佳作。扇骨以陰刻法一面刻一挺拔茁壯的粗竹，枝葉横生，根部一活靈活現的松鼠正在剛鑽出泥土的笋芽上啃食。松鼠眼睛烏黑發亮，古靈精怪，身上的茸毛濃密交錯，長尾蓬鬆豎起。尤值得注意的是松鼠身上密密麻麻的茸毛，是以極爲纖細且富有變化，又縱横交錯的刀法雕刻，以至其體毛的毛基與毛尖的粗細也極富變化，從而使松鼠的茸毛顔色在不同角度的光照下顯示出不同的視覺效果與質感，生动傳神，神奇之至！一面刻高高掛於枝葉之間的柿子。款署『西厓』，鈐陰文方印『西厓手刻』。細賞金西厓的扇骨作品，刀工精湛，出神入化，擅以陰刻刀法深淺、直側的變化來表現花卉、山水、人物等不同物象的質感。刻山石，皴擦渾厚；刻枯枝，欹屈勁健；刻近屋，瓦楞儼然；刻遠山，綿延朦朧；刻花卉，嫵媚嬌艷；刻草叢，繁茂葱幽；刻竹葉，挺拔翠密；刻松鼠，栩栩如生；不愧爲『近代扇骨刻竹之第一大家』，顯示出其深厚的捉刀功力與繪畫才能。

在近代海派的扇骨竹刻家中，還有一位非常重要的人物，即民國時期甬籍上海著名的竹刻收藏家、篆刻家秦康祥先生。秦康祥（1914—1968），譜名永聚，原名仲祥，字彦沖，以字行，室名濮尊朱佛斋（曾得明竹刻家濮仲謙、朱松鄰作品，因名所居）、竹佛龕、玩竹齋、雷琴簃、四王琴齋、睿識閣、蘭亭石室、唐石室、卧龍窟等，浙江鄞縣（今屬浙江寧波）人，寓居上海。幼從慈溪馮君木習經史文學，受馮影響，興趣遂偏離祖輩之錢莊、顔料行業而轉向傳統的文史藝術。能詩文，擅書畫，尤精於八分書，又善鼓琴。後隨褚德彝、趙叔孺學習金石篆刻，亦精篆刻與竹刻，一生致力於收藏歷代璽印與明清民國竹刻、扇骨，精鑒賞，并以收藏名家竹刻、扇骨和精於篆刻馳名海内。癡心印學，一生爲之。輯有《睿識閣古銅印譜》《唐石齋花押印》《睿識閣印譜》《濮尊朱佛齋印印》等，又爲他人輯有褚德彝《松窗遺印》（與張魯盦合作）、錢衡成《古笏盧印譜》、吴澤《吝飛館印留》、喬曾劬《喬大壯印蜕》、况周頤《蕙風宧遺印》、易孺《大庵印譜》等，參與編印《印人彙傳》《西泠印社志稿》。還曾輯有《竹刻集拓》《竹人三録》及《藏竹小記》等，可惜均與《印人彙傳》同遭劫難。業餘偶治竹與刻扇骨，亦楚楚可觀。秦康祥刻俞星維行楷杜牧《山行》、静物圖扇骨與秦康祥刻草書黄楊木扇骨（圖五十九）是其留存於世的兩件扇骨作品，一件竹製，

圖五十九

一件黃楊木製，均刀工爽利清勁，刀法穩健俊俏，顯示出其精湛的捉刀技藝。其中秦康祥刻俞星維行楷杜牧《山行》、静物圖扇骨（見圖版二七五）刻於民國二十年（1931），一面以陰刻法刻畫由大冰裂紋哥窑花瓶插折枝菊花、紫砂蘭花盆景、提梁紫砂壺與果實構圖組成的静物小景，清雅脱俗。款署『摹文五峰法，亦湖又筆』，鈐陽文方印『彦沖手刻』。一面陰刻俞星維行楷杜牧《山行》，款署『辛未秋暮爲彦沖講意，欲刻竹，索余書之，句章耋叟俞星維』，鈐陽文長方印『亦湖』。除親手操刀刻扇骨以外，秦康祥與當時滬上的許多書畫、竹刻名家均有交往，民國二十九年（1940）孫更貫留青高野侯梅花、隸書扇骨（見圖版三一四）、高廷肅刻高振霄書法扇骨（見圖版三五五）、1957年朱鋁新刻『忘機』、行書詩句扇骨（見圖版三五六）、1962年徐孝穆刻唐雲梅花圖、竹枝圖扇骨（見圖版三五七），均是這些名家爲秦康祥所刻的竹刻扇骨作品，尤爲珍貴。秦彦沖以收藏文人竹刻扇骨著稱於時，2006年，其哲嗣秦秉年先生遵父遺囑，將其收藏的368件名家竹刻扇骨無償捐贈給寧波市天一閣博物館，這批竹刻成爲研究中國扇骨竹刻極其珍貴的實物資料，亦是本書得以研究出版的基礎材料，彌足珍貴。

海派扇骨竹刻在中國近現代的興盛，固然與上海近代大都市的形成和繁榮，其商業經濟和文化藝術中心地位的確立有關，但同時也與上海商業大都會特殊的商業化運作模式有着密切的關聯。如同書畫藝術市場與書畫密切相關，在社會社交與金融商業等場合扮演重要角色兼顯身份地位的扇骨竹刻，也自然而然地進入了商品化的市場運作模式，并出現了依靠扇骨竹刻謀生的職業竹刻家群體，他們的扇骨作品與書畫一樣，皆明碼標價，有些是自己銷售，而大部分則是依托箋扇莊或美術社團，由它們組織書畫家畫稿、竹人雕刻，爲不同級別的竹刻家制定潤格，并將其作品推向市場，由此建立起一種新型的藝術與商品的營銷關係。而維護這種營銷關係中間環節的，是由職業掮客、專門店鋪和美術社團、潤格制度所構成的運作網絡。清咸豐年間到20世紀初，是扇畫在清代最後的一個黄金時代，在十里洋場、紙醉金迷的上海，一些箋扇店、筆墨莊名店紛紛搶灘租界，它們在新的機制中，擔當起書畫、扇骨交易的經紀人角色，從而使清末這一時期上海的箋扇莊空前興旺起來。1860年至19世紀70年代早期，上海已有十多家箋扇莊、裱畫店和古董店；至光緒年間，至少有25家店開張。[二]當時久客上海的書畫圈中名人葛其龍在《滬瀆雜記》中記述1876年時書畫行業的狀况：『箋扇鋪製備五色箋紙楹聯、各種式樣紈摺扇……』《上海美術志》也記載了創辦於清光緒二十六年（1900）六月初七日（7月3日），於八月擇吉開張的朵雲軒箋扇莊，『專辦牙玳竹木仿古雕刻蘇杭雅扇』等。至1909年，在上海的華商名録中已有109家藝術商店注册在案。這些箋扇店、筆墨莊、裱畫店與藝術商店等的業務中便有承接和銷售包括畫稿與雕刻業務在内的扇骨。

同樣地，19世紀中葉以後，上海金石書畫家結社活動頻繁，興起的各種書畫社團，起到了聚集畫家、交流畫藝、協調潤格、開拓市場，同時也助推扇骨竹刻向前發展的重要作用。至20世紀初，上海書畫會的活動已完全脱離了傳統的雅集形式，衍變爲畫家的同仁團體，進而成爲畫家拓展業務、制定潤格、謀求利益、擴大社會影響的職業畫家社團。清咸豐元年至同治十三年（1851—1874），由錢塘人吴宗麟在上海西城關帝廟創辦的『萍花社書畫會』（初爲萍花詩社，後續辦書畫會，仍用萍花舊名）就是這種轉型式畫會的代表，吴大澂、陸恢、顧澐、金彰、胡遠、倪田、錢慧安、吴石仙、陶紹原、秦炳文、王禮、周閑、包棟、朱熊、朱偁等二十四人都是建會時的會員，他們中的吴大澂、胡遠、倪田、錢慧安、陶紹原、王禮、周閑、包棟、朱熊、朱偁等都參與了扇骨竹刻畫稿等的創作。隨後約同治至宣統年間由海上書畫家殷寶龢（紀平）之父與部分書畫家共同在豫園得月樓創辦的『飛丹閣書畫會』，既是書畫家團體，又兼書畫鋪和客棧，時馳名海上的書畫名家王禮、吴慶雲、胡遠、楊伯潤、任熊、任薰、任預、任伯年、張熊、蒲華、吴昌碩、吴友如等都先後參加了該畫會，其中王禮、任薰、胡遠、任預、任伯年、張熊、蒲華、吴昌碩、吴友如等也都參與了扇骨畫稿的創作，有些甚至親自操刀，如蒲華等。這些美術社團的成立，對『海上畫派』的形成和發展和海上扇骨竹刻的興起與興盛，都起到了重要的推動作用。

海派扇骨竹刻是近代『都市型』文化在竹刻藝術領域的一種獨特表現，它猶如『海派』書畫，承襲着的是中國『文人畫』的創作思想與理念，在表現形式上尤爲注重的是以刀迹的粗細、抑揚頓挫的變化，來追求竹刻的筆墨風格和畫面的小寫意韵味，特别是在花鳥畫題材的雕刻上，更多的是運用了豐富的刀痕衝切刮擦粗細深淺之變化，來表現包括書畫之皴擦點染用筆的徐疾、輕重、正鋒和側鋒，用墨設色時的乾濕、濃淡等筆墨的變化，使扇骨竹刻更具『海派』書畫之意韵。

（五）京津地區

北京，元明清時期中國的帝都，北洋軍閥統治時期中華民國的首都，全國政治文化中心，尤其在明清兩代，北京作爲朝廷的所在地，南方的特貢之物摺扇被大量貢奉朝廷，進而摺扇又作爲一種商品流入京津地區，尤其晚清時期，在北京與天津，摺扇扇面、扇骨已成爲南紙局、書店一項不可或缺的商品。當時京津地區大部分的扇面、扇骨都來自南方的王星記和舒蓮記等大扇莊。隨着摺扇的流行，人們逐漸對扇骨也講究起來，就像點選畫家作品一樣，扇骨也找

[二] 劉慶功《晚清民國時期上海書畫市場中介研究》，上海大學2009年碩士學位論文。

圖六十

專人定製了。顯然，此時南方特別是國際大都市上海扇骨的市場化、專業化、時尚化和『名片』效應的風氣，也由南而北傳到了京津地區。清末民初的北京在摺扇開始大行其道的同時，一批製骨高手也應時而生。大約清光緒年間，一些自南方而來的竹刻藝人到北京開始以刻竹謀生。據有關資料記載，較著名的有來自吴縣（今屬江蘇蘇州）的清同治、光緒年間製扇名家于士俊，他在光緒十六年（1890）來到北京刻竹。于士俊，字子安，擅刻扇骨，尤善書法，自書自刻，長於淺刻小字，其竹刻作品以行楷爲多，字迹娟秀，晚年亦刻鐘鼎瓦當文，留青刻尤佳，傳世品有扇骨、臂擱等。子安刻竹扇骨在北方有較大的影響，以至於存世作品北方多於南方，且從清末一直延續到1949年以後，作品良莠不齊，有大量的仿品。民國時期，『子安刻骨』已經成爲一種術語，成爲刻骨名家的代號，可見其影響。

另一位從南方來京津刻扇骨的便是清末民初中國最著名的象牙微雕大師兼竹刻家，江都（今江蘇揚州）人于碩（1873—1957）。于碩久寓揚州，後寓北京，民國初曾在天津及北京爲人刻竹。他工書畫，近王小梅，精篆刻，尤精淺雕及毛雕，以微雕名世，繼承前輩淺刻藝術，於清光緒年間創微刻技藝，能於方寸牙板上刻6000餘字，以顯微鏡照之，筆致活潑，神采飛揚，堪稱絶技，所刻扇骨一邊上能刻字數十行，專憑指意，用鋒端刻劃，字迹極小，於圓潤中見蒼老。亦微雕核桃刻舟，名噪一時。清末民國初期于士俊、于碩這兩位江南竹刻扇骨名家北上京津刻竹鬻藝的舉動，無疑推動了京津地區扇骨竹刻的盛行。

20世紀二三十年代是北京地區扇骨竹刻發展的重要時期。北京作爲當時全國的文化、教育中心，在扇骨竹刻領域，開始湧現出一批名家，主要有高心泉、白鐸齋、張志魚、張家秀、余伯雨、吴迪生、范節庵等。他們的出現，打破了江南竹刻一統天下的局面，從而使中國的扇骨雕刻呈現出南北全盛的面貌。在這一批扇骨雕刻群體中，首屈一指的當推著名竹刻家張志魚。張志魚（1891—1961一作1893—1963），或作張志漁，字通玄，又字瘦梅，亦署壽眉，別號寄斯庵主，宛平（今屬北京）人，1943年後寄居上海。篆刻家、竹刻家，北平藝術學院竹刻治印教授，近代北京刻竹第一高手。工書畫，精篆刻，擅刻竹，尤擅扇骨，題材花鳥、山水、人物皆宜，書法真草隸篆皆備，曾刻扇骨八千餘柄，造詣極深。所刻扇骨必請名賢書畫骨稿，以雙刀深刻皮雕、沙地留青技法獨步當時，與南方不盡相同。曾設『寄斯庵美術社』於北平勸業場鬻刻，所作以花卉爲多。著有《刻竹治印無師自通》《扇骨拓集》和《寄斯庵印譜》。張志魚與書畫名家合作的扇骨傳世頗多，如張志魚刻吴昌碩荔枝圖、行書七言詩扇骨（圖六十），刻張伯英行書文句、溥儒秋山蕭寺圖扇骨（圖六十一），刻余紹宋高山流水圖、大元四年磚文扇骨（圖六十二）[一]等。張志魚刻汪慎生花鳥扇骨（見圖版二九七）是張志魚與著名花鳥畫家汪慎生合作的作品，由汪慎生畫稿，張志魚雕刻。汪慎生（1896—1972），名溶，字慎生，以字行，別署滿川村人，原籍安徽歙縣，生於浙江蘭溪。工詩詞，善題詠，擅花鳥、山水，尤以花鳥著名，能工筆亦能寫意，以小寫意花鳥畫最富影響，宗法陳白陽、華新羅、任伯年等人，筆致生動，以秀逸見長。此扇骨兩面均以陰刻法刻山石雀梅圖和竹菊雙鳥圖，刀法深淺粗細、徐疾緩慢、抑揚頓挫，或犀利，或委婉，極富變化，它將原作書畫小寫意之筆墨韵致表現得淋漓盡致，活靈活現，傳書畫之神。一面款署『瘦梅刻，慎生畫』，鈐陰文方印『汪』；另一面『瘦梅刻，慎生畫』，鈐陰文方印『張』。張志魚之所以能成爲北方扇骨竹刻的一位大家，他的過人之處便是注重對傳統竹刻技藝的繼

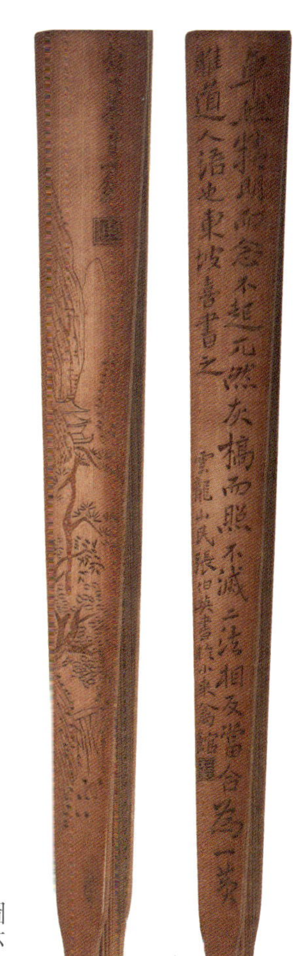

圖六十一

圖六十二

[一] 趙羽《懷袖雅物：蘇州摺扇》卷三《扇刻》，上海書畫出版社2010年版。

承和發揚光大。沙地留青是張志魚扇骨竹刻喜用的一種技法，他在繼承南方竹刻傳統技法的基礎上獨步當時，如他所刻的古幣古銅鏡扇骨（圖六十三），刻余紹宋高山流水圖、大元四年磚文扇骨和刻玉米、花卉圖扇骨（圖六十四）[二]等都是他這一技法的精彩之作，作品題材金石文、花草不限，別有風貌。在他的影響下，這一技法在民國時期的北方特別流行。張志魚還繼承潘西鳳與鄭板橋的珠璧之合，巧取斑竹之自然紋理爲梅花添枝加葉，如他與姚華合作的刻姚華補繪梅樹幹扇骨（圖六十五）[三]，構圖優美，紋樣自然典雅，別具風情。

作爲北方雕刻扇骨的一代大師，張志魚除自身具有高超的刻竹技藝以外，還收徒授藝，借用北平藝術學院等平臺，帶出了一大批學生，從而在北京形成了一個强大的刻骨陣容，其中還不乏名家。據記載，他的夫人蕭伴梅和副室王娛梅都能刻竹。他的學生大多以庵字排名，上冠以竹字，如節庵、筠庵、朱竹庵、王竹厂、吕竹庵、竹樓、竹齋等。其中王竹厂是他最得意的門人，其刻骨技藝得乃師真傳。王宏耀，號竹厂（庵），北京人，活躍於20世紀初。爲張志魚首席弟子。擅刻扇骨。民國二十三年（1934）刻吴澂『山人好樓居』、寶熙行書扇骨（見圖版二九九），民國二十七年（1938）刻祁崑蟬柳圖、行書詩句扇骨（見圖版三〇〇）和民國時刻陳年梅花圖、壽鉨行書録朱祖謀《菩薩蠻》句扇骨（見圖版三〇一）以及刻張大千荷花、行書題句扇骨（圖六十六），刻啓功深山老林圖、行書七言詩扇骨（圖六十七），刻馬晋梅花、羅復堪書七言詩扇骨（圖六十八），刻周漁父行書韓偓荔枝詩、松石荔枝圖竹扇骨（圖六十九）[三]等，均是王宏耀與當時書法、繪畫大家合作的作品，蕴含着豐富的藝術信息，尤爲珍貴。

在北京刻竹扇骨與張志魚齊名的還有高源、劉夢雲和白鐸齋等人。高源（？—約1966），字心泉，寓居北京，篆刻家。師法王福厂，工書法、篆刻、硯銘，擅治印，宗秦漢，元朱文功力尤深，精於竹刻，爲20世紀二三十年代活躍在北京的扇刻名家，其刻竹扇骨十分精到，爲時人所珍愛。高源刻蟬枝圖、王褆臨武梁祠畫像題字扇骨（見圖版二六四）是他於民國十六年（1927）與其師父，時浙派治印第一人、西泠印社創始人之一王褆合作的作品。王褆（1878—1960）民國初曾至北京，任印鑄局技正，民國十九年（1930）纔到上海，以鬻書、治印爲生，一直至中華人民共和國成立以後。扇骨中高源所刻的王褆臨武梁祠畫像題字，將其師臨摹漢隸之沉鬱凝重與秀逸工穩之書風表達得一覽無餘，傳神有加。劉夢雲，乃張志魚的弟子，人記其刻竹工細，頗有乃師之風。白鐸齋，北京人，善陽文皮雕，曾在一扇骨之上以蠅頭小楷刻《般若波羅蜜多心經》一篇，甚爲精彩。

[一]趙羽《懷袖雅物：蘇州摺扇》卷三《扇刻》，上海書畫出版社2010年版。
[二]趙羽《懷袖雅物：蘇州摺扇》卷三《扇刻》，上海書畫出版社2010年版。
[三]趙羽《懷袖雅物：蘇州摺扇》卷三《扇刻》，上海書畫出版社2010年版。

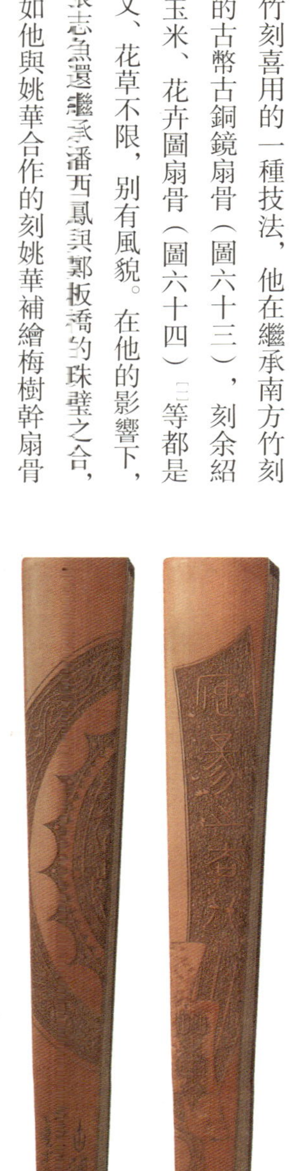

圖六十三

圖六十四

圖六十五

圖六十六

其餘還有張家秀、余伯雨、陳松亭、吴南愚、吴炎等。張家秀，北京人，近現代北派刻竹名家，刻竹風格全面，尤擅書法及人物，被譽爲除張志魚之外刻竹風格較全面的藝人，擅書法及人物，陰刻刀法流暢、起伏有致。據記載，他曾刻張大千畫人物之扇骨，作品深刻淺刻并用，人物鬚眉唇眼畢肖。其書法多用留青陽文，體例多樣，字體清秀俊美。傳世作品較多，見有張家秀刻金石索文字扇骨[一]等。

余伯雨，晚清民國時期南京人，號江東老龍，又號雕龍軒主，是20世紀三四十年代活躍在京津一帶的刻扇名家高手，善單刀刻，尤擅留青陽刻，曾以留青法刻12把二十四孝扇骨，每大骨上有一『孝』，圖文并茂，詩文爲20字五絶，從人物至文字乃至落款印章，一筆不苟。其刻扇不厭其繁，風格有細膩，也有粗獷，因題材而异。所刻扇骨生動遒勁，力度、輕重、粗細皆有豐富變化，尤其文字刀工細膩。喜於扇邊刻山水人物，并題長跋，有文人之韵。其傳世作品有刻石壁題詩圖、策杖携琴訪友圖竹扇骨（圖七十）、刻摹吴友如百子圖畫意竹扇骨（圖七十一）[二]等，均是以人物爲題材。余伯雨刻石壁題詩圖、策杖携琴訪友圖竹扇骨以陰刻法刻人物，用刀如筆，刀法嫻熟，濃淡深淺，徐疾頓挫，游刃有餘，人物雕刻細膩，意態生動，如繪宣紙。余伯雨刻摹吴友如百子圖畫意竹扇骨，以留青技法雕刻，百子形神各异，頑皮有加，扇骨上方配以大片題跋文字，圖文并茂，相得益彰。余伯雨的留青人物雕刻很有特點，往往於面部略刮竹皮青筠，五官以深刻簡筆刻畫，生動傳神；其餘身體部位則將竹皮青筠全留，從而使面部之色澤與質感有別於身體部位，以此達到與衆不同的藝術效果，別開生面。除自刻竹扇骨以外，他也爲當時的竹刻藝人創作畫稿。如秦佛元留青余伯雨東坡賦鼠（子鼠）、掛角讀書（丑牛）圖扇骨，秦佛元留青余伯雨黄耳寄書（戊犬）、海上牧豕（亥猪）圖扇骨，均爲他所創作。留青余伯雨東坡賦鼠（子鼠）、掛角讀書（丑牛）圖扇骨（見圖版三二〇），取材蘇軾《黠鼠賦》與李密『牛角掛書』之典故，畫隨題意，書畫輝映，自得神韵。留青余伯雨黄耳寄書（戊犬）、海上牧豕（亥猪）圖扇骨（見圖版三二一），則取《晋書·陸機傳》黄犬爲主傳書、《史記·平津侯主父列傳》公孫弘家貧，牧豕海上之典故，生動形象。兩扇骨應爲十二生肖題材扇骨一套中的兩件，惜其餘四件不知流落何處。

陳松亭，民國刻扇骨大家，與張志魚齊名。扇骨題材以刻畫爲主，書法很少，技法以陰刻爲主，有深有淺，刀法犀利，筆鋒畢現，尤其宛轉回環處更見功力，所刻扇骨皆署『松亭』二字。陳松亭刻仿元人本人物圖、行書《陋室銘》扇骨（見圖版二九八）是他繪畫與書法互相輝映的一件成功作品，以深刻法刻就，刀法鋭利

[一] 趙羽《懷袖雅物：蘇州摺扇》卷三《扇刻》，上海書畫出版社2010年版。

[二] 趙羽《懷袖雅物：蘇州摺扇》卷三《扇刻》，上海書畫出版社2010年版。

圖六十七

圖六十八

圖六十九

圖七十

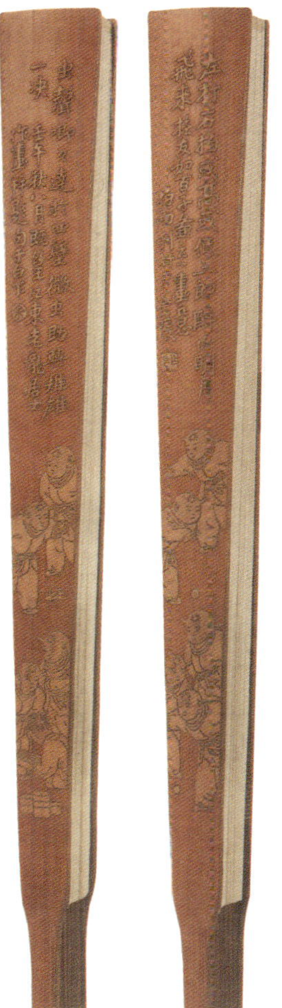

圖七十一

嫻熟，深見功力。陳松亭刻停舟觀雁圖、團扇西風不耐秋圖扇骨[二]，則是以淺陰刻雕刻，風格完全屬揚州扇骨竹刻淺刻一路，刀法委婉柔勁，人物生動，物景豐富，充滿畫意。

吴炎，字迪生，江都（今江蘇揚州）人，民國年間竹刻名家、篆刻家，曾任北平印社社長，客居北平多年，20世紀30年代北京扇刻名家。工書，善刻竹治印，亦善製印泥，擅將名人書畫篆刻於扇骨之上，傳器有淺刻花鳥書法扇骨。作品常署款爲『迪生』。吴炎刻溥儒鍾馗擒鬼圖、孔昭曾行書詩句扇骨（見圖版三〇六）是吴炎於民國二十七年（1938）與著名書畫家溥儒和孔子後裔孔昭曾合作的作品。溥儒（1896—1963），字心畬，别署四川逸士，號西山逸士，别署松巢，室名寒玉堂，宛平（今屬北京）人。清宗室，恭親王之後。幼即究心藝事，詩詞、書法，秀逸出塵。工山水，以南宋爲宗。與張大千有『南張北溥』之稱。孔昭曾（1874—1940），字又荃，號少雲，孔子七十一代孫。光緒十七年（1891）舉人，曾任内閣中書侍讀、分省補用知府、曲阜官立四氏師範學堂（曲阜師範學校前身）監督（校長）、廣饒知縣、招遠縣知事、山東省公署第二科（財政科）科長、曲阜孔學總會會長等職。喜愛書畫藝術，潛心研究歐、顔、米、蔡以及漢魏六朝碑帖，造詣較深。繪畫長於山水、人物、花鳥。兼攻詩詞，著有《曲阜聖迹古迹擇要略考》一卷。此扇骨一面以陰刻法刻溥儒鍾馗擒鬼圖，工寫結合，人物衣紋以豪放寫意的綫條勾勒，粗細濃淡、抑揚頓挫，富有節奏和變化；面部筆法工整細緻，神態描繪精細入微，栩栩如生。炯炯有神、怒目圓張的雙眸，鼻翼微張、寬闊鼓起的鼻子，面肉横生、腮幫肥鼓的臉頰，還有根根以靈動墨綫劃出的濃密的、似在輕微飄揚顫動的一堆美髯，人物神采飛揚。作者將鍾馗祛鬼除邪的怒與憎，以及小鬼的膽怯與驚顫刻畫得出神入化。作品刀法峻峭爽利，刀鋒凌厲遒美，散發出一股静穆精謹、凛冽嶙峋的清剛之氣，真正傳達出了溥儒人物繪畫的精髓和藝術功底。款署『心畬』，鈐陽文方印『溥』。一面刻孔昭曾行書詩句：『白雪陽春思新咏，清風明月憶故人。』款署『戊寅夏日，又荃書，迪生刻』，鈐陽文方印『王大』。吴炎刻王叔暉人物圖、黄濬行書扇骨（見圖版三〇五），是吴炎與現代著名工筆重彩人物女畫家王叔暉和民國時期政要、書法家黄濬合作的作品。作者以沙地浮雕加陰刻的技法，將王叔暉之工筆綫描加透視解剖法的古典題材仕女，刻畫得明徹入微，形神逼真，造型準確。作品綫條犀利秀逸，粗糙的沙地映襯出平面浮雕人物的光潔，真正在竹刻上以獨到的方式詮釋了王叔暉人物仕女畫之設色艷麗典雅，仕女形象美而不媚、清秀生動的藝術風貌。款署『叔暉畫』『迪生刻』。一面陰刻黄濬行書：『伯符志業傷炊黍，江令溪山换賣茶。』款署『秋岳書南來所得句』，鈐二陽文橢圓、方印『黄』。

此外，京津地區的許多著名的書畫家也參與了扇骨竹刻的題詩、書法與畫稿，有些還親自參與雕刻。如書畫家齊白石、壽石工、陳半丁、王福厂、金禹民皆刻扇骨。據有些老文物工作者回憶，在一些畫店皆掛有他們的刻扇筆單。傳世作品中見有齊白石爲王竹厂畫稿的王宏耀巧色留青齊璜蔓藤葫蘆、荷花圖湘妃竹扇骨（見圖版三〇二），以及由壽石工、陳半丁書法繪畫的王宏耀刻陳年梅花圖、壽鉨行書録朱祖謀《菩薩蠻》句扇骨（見圖版三〇一）等，其中王宏耀巧色留青齊璜蔓藤葫蘆、荷花圖湘妃竹扇骨爲象山博物館的舊藏。

值得一提的還有竹刻大家金西厓、金東溪之兄金城。金城（1878—1926），字鞏北，原名紹城，號北樓，又號藕湖，祖籍浙江吴興，生於北京。擅山水、花鳥、人物，兼工篆隸鐫刻，旁及古文辭。1918年與周肇祥、陳師曾等在北京籌建中國畫學研究會，任會長；1920年發起成立湖社畫會。作爲『京津畫派』的代表人物之一，金城經常爲其弟金西厓與金東溪畫稿，存世作品尤多，單《懷袖雅物：蘇州摺扇》一書便收録有如金西厓刻拱北柳燕三蝶圖扇骨（圖七十二）、金東溪刻金拱北花鳥圖扇骨（圖七十三）等。

[二] 趙羽《懷袖雅物：蘇州摺扇》卷三《扇刻》，上海書畫出版社2010年版。

圖七十二

與此同時，與北京毗鄰的天津，民國時期也活躍着一批扇骨竹刻名家，主要有周與九和陳子羊（祥）等，他們都是篆印工細、刀法精湛且又擅刻竹、刻牙的沽上刻扇名家。周與九（1902—1958），浙江紹興人，曾在天津稅務局工作，20世紀30年代從王襄先生學習金石考古，并拜師王雪民先生門下，專攻篆刻。擅長刻瓷、刻竹、刻硯，1937年他在勸業場開「與九印社」，在爲人治印的同時兼刻扇骨，所刻扇骨刀法細膩、構圖講究，巧奪天工。陳子羊與周與九爲同時代人，善篆刻，陸辛農在《天津書畫家小記》中評價：「刀法之精，與周與九抗行，爲王釗後之錚錚者。」巢章甫《海天樓藝話》裏記：「沽上陳子羊，曾列楊拜門下。當年治印，大書深刻，擬完白山人一路。又能仿于嘯軒於象牙上刻細字。」其扇骨雕作工細，頗有自家風格。[一]

縱觀京津地區的扇骨竹刻，自清晚期由南而北流行開始，至20世紀二三十年代走向繁盛，出現了一批足以與南方竹刻名家相抗衡的扇骨竹刻大家。雕刻風格在沿襲發揚傳統的基礎上，兼收南方上海、揚州、蘇州等雕刻技藝與風格，南北并蓄，兼容發展，遂形成豐富多彩的樣式和面貌。自此，扇骨竹刻已不再是南方獨有的藝術，而是南北齊盛，共同發展。由此，中國的扇骨竹刻也迎來了有史以來又一個重要的發展時期。

20世紀20年代後期至抗日戰爭全面爆發之前，是中國文化藝術又一重要時期。此時，摺扇的使用、扇面和扇骨的創作又迎來了一個高峰時期。與傳統一樣，民國時期的書畫成扇仍非常講究文人書法、繪畫、詩文、工藝的結合，强調文人的雅趣，體現文人之間的交往。曾經有言，民國時期是很講究『某某人的畫配某某人的書法和詩文』的，正如張大千所言：『在文人社會中，扇子并非是用來扇涼的，如果爲了扇涼，何必要請名家來寫、來畫？扇子最重要的作用，是代表持扇人的身份。你手持一把扇子，字是誰寫的，畫是誰畫的，扇骨是誰刻的，別人從扇子上就能看出你的身份、地位。比現在用名片有效多了。』這是摺扇在民國時期起到的社會功用，有如之前的明清時期。另一方面，隨着近代社會的發展和人們思想觀念的轉變，傳統的書畫市場交易已日益被民國時期興盛的、希冀通過各式書畫美術社團機構組織的展覽形式向社會推介并最終實現銷售的模式所替代。猶如張大千曾經對收藏家黄天才所言：『書畫扇不是實用品，也不是裝飾品，我爲你畫扇子，是希望你在文人雅集或社交場合拿出去炫耀一下，爲我揚名，也爲你自己張目。誰稀罕你把畫扇作爲裝飾品掛在墻上！』可見，這種希冀通過持扇人手持摺扇，在社交等不同場合展示、宣傳乃至推薦書畫篆刻家作品的方式，已成爲被書畫篆刻家們所認可的面向社會的等同於展覽的另一種展示形式，它以另一種獨特的方式，無形中幫助書畫篆刻家們實現了摺扇中所包含的詩文、書法、繪畫、篆刻等四面不同藝術的立體的公衆展示。其中，摺扇的扇骨雕刻仍是摺扇文化藝術、內涵和價值展示的重要內容。

明清民國文人扇骨竹刻，是中國竹刻藝術體系中獨具風格特色的一門藝術，它雖起源於明中後期的金陵地區，但卻在清嘉道竹刻藝術趨於衰微的江南，在中國社會的變革和商業化大都市的崛起中逐漸興起，并迅速發展成爲清中晚期至民國時期竹刻藝術的主流。它是中國近代藝術發展歷程中出現的特殊衍生物，是中國傳統文化的一種典型傳承形式。長不盈尺、寬不足寸的扇骨，聚集名家詩詞、書畫、篆刻爲一體，呈現出與時代藝術相適應的發展軌迹與風格特徵，折射出中國文人士大夫的思想、生活和藝術品位，具有極强的藝術觀賞性和文化個性，蘊藏着豐富的歷史文化信息與美學價值，濃縮着時代藝術的精華，堪稱中國近代工藝美術史的縮影，是研究中國近代藝術發展的重要實物資料，具有重要的歷史、藝術與文化價值。在中國竹刻藝術發展史上，它猶如夕陽晚照時一道絢爛的霞光，在竹刻衰微時期閃爍出耀眼的光芒。

[一] 章用秀《印壇沽上名家：周與九與陳子羊》，《天津日報》2014年10月27日。

圖七十三

圖版

一　黄易刻騎驢暮歸圖、郭麐刻行書陸游詩句扇骨

清乾隆晚期至嘉慶七年（1767—1802）

股長32.50厘米，板闊2.06厘米

款署「黄易」，鈐陽文橢圓印「小松」；「青華表弟屬，頻迦郭麐」，鈐陽文長方印「十三郎」。

黄易（1744—1802），字大易，號小松、秋盦，仁和（今屬浙江杭州）人。浙派「西泠八家」之一，以篆刻稱著於世，工詩。繪畫山水法董源、巨然，筆墨清隽，有金石韵味；花卉則宗惲壽平，饒有逸致。書法最精隸書，結體參鐘鼎法，頗古雅。篆刻師事丁敬，旁及秦漢宋元，有出藍之譽。存世有《秋影盦主印譜》《小蓬萊閣金石文字》《武林訪碑録》《種德堂集印》《岱岩訪古日記》《嵩洛訪碑日記》。

郭麐（1767—1831），字祥伯，號頻伽，又作蘋迦、頻迦，晚號復翁、眉樓、神廬、老復丁廬，又自稱白眉生、苧蘿長者、蘧盦居士、靈芬館主，江蘇吴江人，晚年遷居浙江嘉善。工詩、詞、文，爲浙西詞派重要詞人。書法黄庭堅。善篆刻。間畫竹石，別有天趣。著有《靈芬館詩初集》《二集》《三集》《四集》《續集》《雜著》《雜著續稿》《金石例補》《靈芬館印譜》《蘅夢詞》等。

二　奚岡刻達摩面壁、梅花圖扇骨

清嘉慶元年至八年（1796—1803）

股長33.40厘米，板闊2.74厘米

款署「越樵一兄大人雅屬，鐵生弟作」。

奚岡（1746—1803），原名鋼，字純章，號鐵生，又號羅龕等，安徽歙縣人，寓寄杭州。精書、畫，尤擅篆刻，爲「西泠八家」之一。亦工刻竹，且得益於繪畫與金石之力。著《冬花庵燼餘稿》。

三　曹世楷刻張仔荷花圖、殷樹柏楷書詩句扇骨

清嘉慶十八年（1813）

股長31.00厘米，板闊1.83厘米

款署「甲戌夏日，笠亭寫」；「癸酉綺節爲星槎大兄先生書，樹柏，芹泉刻」。

曹世楷，號芹泉，秀水（今屬浙江嘉興）人。清嘉慶、道光年間篆刻家。山彦（曹世模）之兄。精於鐵筆，所鎸竹、木諸品，窮極工致，聲價日增。

張仔（1796—1861），字肩之，號笠亭，别署由拳野叟，浙江嘉興人。清嘉慶、咸豐間詩人、書畫家。能詩，工四體書，善寫真，山水、花竹、鳥獸靡不善。能自創稿，不假粉本，推禾中（嘉興）能手。

殷樹柏（1769—1847），字曼卿，號雲樓、萬青，晚號嬾雲，又號西疇桑者、汝南伯子，所居名「一多廬」，秀水（今屬浙江嘉興）貢生。清書畫篆刻家。工繪畫，兼善書法、填詞。書法遠師柳公權，近參汪士鋐。尤擅花卉，兼宗陳道復、惲壽平法，而稍參己意。好刻竹，擅鎸刻名人書畫及於竹邊刻小字，甚精妙。著有《一多廬詩鈔》。

嫋嫋涼風斷復連，青山深處藕花邊。誰家樓外傳歌舞，又上西湖十景船。

癸酉侍節爲
星槎大兄先生書　樹柏

芹孫刻

四　馬根仙刻山野問徑、策杖仙道圖扇骨

清嘉慶年間（1796—1820）

股長32.20厘米，板闊2.08厘米

款署『根仙』，鈐陽文橢圓印『馬』。

馬根仙，吴縣（今屬江蘇蘇州）人。清嘉慶年間刻竹『清客』名家。出身丹青世家。精繪事，工刻扇骨，《吴縣志》載：『刻竹人莫能及。』

五　馬根仙刻徵鞍期歸、桐陰吹笛圖扇骨

清嘉慶（1796—1820）

股長 32.30 厘米，板闊 2.08 厘米

款署『根仙』，鈐陽文橢圓印『馬』。

六　馬根仙刻『桃花人面圖』、氈帳秋深圖扇骨

清嘉慶年間（1796—1820）

股長33.20厘米，板闊2.04厘米

款署『根仙』，鈐陽文橢圓印『馬』。

七 朱堅刻計芬梅花圖、摹汾陰宫鼎唐人鏡銘扇骨

清嘉慶年間（1796—1820）

股長 32.40 厘米，板闊 1.97 厘米

款署『儋石畫』：『石父刻』。

朱堅，字石楳、石父，清嘉慶至咸豐年間山陰（今屬浙江紹興）人。擅長金石書畫，善墨梅，具蒼古之致。尤精鐵筆，竹、石、銅、錫靡不工。能鑒賞，多巧思，沙胎錫壺是其創制，著有《壺史》，嘉、道（1796—1850）以來名士題咏殆遍。作品有清道光石楳款錫壺，長 16.5 厘米。壺作方形，錫質。玉質方鈕，短流，鑲紫檀嵌銀絲『道光元年石父制』把。一面淺刻梅花圖，一面刻有『一幻明珠未離靈脈，滿甌香雪既露先春。石楳』，落『朱堅』方印款。壺内底刻有『仿古』二字。

計芬（1783—1846），一名煒，字分石，號小隅、木石生、老費、金費花館主、蓮葉硯主、擔石、擔石生、費客，计楠次子，秀水（今屬浙江嘉興）人。清嘉慶、道光年間詩人、畫家、篆刻家、收藏家。擅山水、人物、佛像、花鳥、竹木。亦善篆刻，與楊龍石、趙穀庵、蔣寶齡友善。著有《二硯齋詩集》《計芬絹本花卉册》。

八　朱堅刻『秋江冷艷』、仿趙大年本人物山水扇骨

清嘉慶年間（1796—1820）

股長 30.90 厘米，板闊 2.12 厘米

款署『秋江冷艷，石梅』；『仿趙大年本，朱堅』。

九 韓潮摹刻漢盤、漢磚銘扇骨

清道光元年（1821）

股長30.80厘米，板闊2.40厘米

款署『春塘鑒藏』，鈐陰文長方印『春塘雅玩』；『辛巳春日鮫門縮摹』，鈐陰文方印『潮』。

韓潮，字鮫門，一作蛟門，歸安（今屬浙江湖州）人，活躍於清嘉慶、道光年間。工篆刻，以擅刻書法稱著於時，行、楷俱佳，尤精刻竹股，扇邊骨小行楷可作數百字，圓轉自如，擅摹鐘鼎款識，陰陽文渾樸無比，亦專金石文考據。偶作寫意花卉，略得新羅風韵。

一〇　韓潮摹刻周京姜鬲、吳寶鼎磚銘扇骨

清道光二年（1822）

股長 32.40 厘米，板闊 2.48 厘米

款署『壬午冬，寄磻賢弟於趙晉齋處得此原拓，尤足寶之，鮫門樵』，鈐『潮』陰文方印。

一一　韓潮刻書法扇骨

清道光年間（1821—1850）

股長 30.80 厘米，板闊 1.80 厘米

鈐陰文篆書橢圓印『滴露』；款署『菊人賞定』，鈐陰文方印『藝人』。

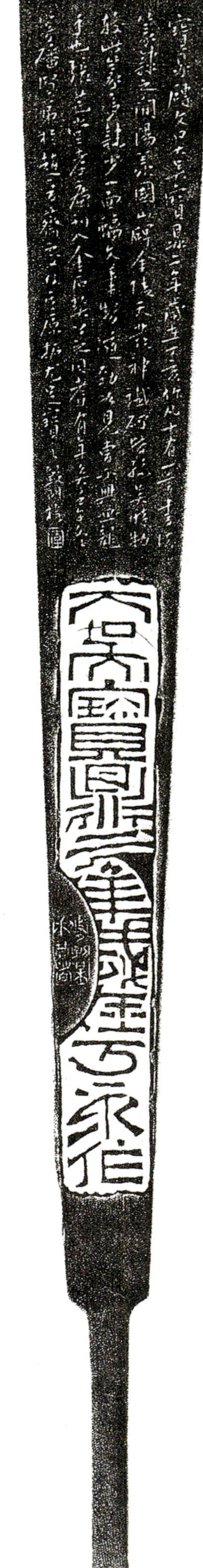

一二　韓潮刻書法扇骨

清道光年间（1821—1850）

股長 30.80 厘米，板闊 1.80 厘米

款署『蘋花館秘玩』，鈐陰文長方印『蘋花館』。

一三　韓潮刻書法扇骨

清道光年間（1821—1850）

股長 3.08 厘米，板闊 2.00 厘米

款署『菊人鑒定』，鈐陰文橢圓印『菊人』；『鮫門書於梅花琴室』，鈐陰文橢圓印『潮印』。

煮雪圖是紙畫大幅峰巒樹木皆用北苑亦帶荆關之峭拔茅屋
數椽土牆環之泛竹荊林雲深境寂四人圍一鑪清話宛然岩村景色
此石田得意之筆也
[illegible]書於[illegible]

煮雪圖是紙畫大幅峰巒樹木皆用北苑亦帶荆關之峭拔茅屋
數椽土牆環之泛竹荊林雲深境寂四人圍一鑪清話宛然岩村景色
此石田得意之筆也
[illegible]書於[illegible]

宋人書雖有合法者惟蔡[illegible]坡仙之武蘭亭于石立家校[illegible]
書詩稿立紙筆用古筆法至于論不有帶唐人格調何大令[illegible]
不能及此法於書學者也
菊人鑒定

一四　韓潮刻書法扇骨

清道光（1821—1850）

股長30.80厘米，板闊2.00厘米

款署『友人所藏』，鈐陰文橢圓印『藝人』；『鮫門書』，鈐陰文方印『潮』。

一五　韓潮刻書法扇骨

清道光年間（1821—1850）

股長 30.70 厘米，板闊 2.10 厘

款署『菊人鑒藏』，鈐陰文長方印『聽香齋』；鈐陰文橢圓印『意遠情融』。

一六　韓潮刻書法扇骨

清道光年間（1821—1850）

股長30.90厘米，板闊2.00厘米

款署『稻孫樓所藏』，鈐陰文長方印『稻孫樓』；鈐陰文橢圓印『□篆三斧』。

一七　韓潮刻書法扇骨

清道光年間（1821—1850）

股長30.80厘米，板闊2.00厘米

款署『菊人鑒藏』，鈐陰文長方印『老菊』；鈐陰文橢圓印『細細香』。

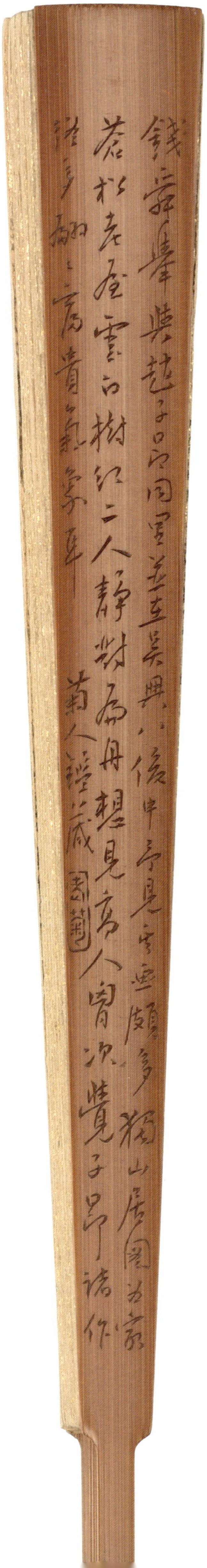

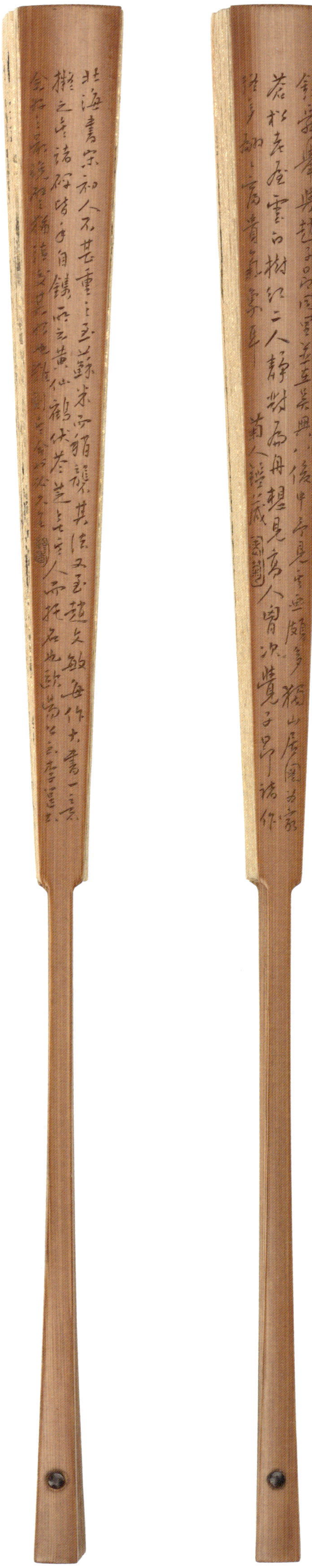

一八　韓潮刻書法扇骨

清道光十年（1830）

股長 30.80 厘米，板闊 2.00 厘米

款署「菊人屬鮫門製，時庚寅冬日」，鈐陰文橢圓印「我定」；鈐陰文橢圓印「瑶池分水種菱花」。

一九　韓潮刻書法扇骨

清道光年間（1821—1850）

股長 30.70 厘米，板闊 2.00 厘米

款署『菊人清玩』，鈐陰文橢圓印『菊人』；鈐陰文橢圓印『青蘋結菉』。

二〇　韓潮刻書法扇骨

清道光年間（1821—1850）

股長 30.80 厘米，板闊 2.10 厘米

款署『菊人大兄雅囑，鮫門書』，鈐陰文方印『韓』；鈐陰文橢圓印『氣和神怢』。

二一　陳銑刻行書詩句、山水人物扇骨

清道光二年（1822）

股長 32.60 厘米，板闊 2.10 厘米

款署『叔蓮表弟大人屬』；『壬午夏日，蓮汀刊』。

陳銑（1785—1859），字春臺，號蓮汀、又號幻庵、梅涇外史，秀水濮院（今屬嘉興桐鄉）人。清書畫家。好古，精鑒藏，善書法。工寫生，尤長梅作小品。著有《陳蓮汀詩稿》，刻有《瓣香樓梁帖》。

二三　楊澥刻夏之鼎芙蓉蘆鳥圖、楷書扇骨

清道光二年（1822）

股長30.70厘米，板闊2.04厘米

款署「壬午秋日寫，莤谷」，鈐陰文長方印「之鼎」；「聾石」，鈐陰文長方印「石公」。

楊澥（1781—1850），初名海，四十歲後改今名，字龍石，號竹唐，別號聾石、聾石道人、聾子、聾道人、野航、野航逸民、石公、石公山人、枯楊生，吴江（今屬江蘇蘇州）人。清篆刻家。精金石考據之學，工篆刻，初學浙派，後致力於秦漢印，擅鐫金石，時稱「江南第一名手」。尤善刻竹，字、畫均能，刻技有創新，講究神韵，以「底皆深圓」异於他家，豪放樸厚，流美圓轉。扇刻亦精。晚病偏枯，不利捉刀。輯有《聾石道人甲申年之作》。近人吴隱輯其刻印成《楊龍石印存》。

夏之鼎（1782—1827），字禹庭，號莤穀，顏所居曰「雪鴨巢」，吴縣（今屬江蘇蘇州）人。工書、畫，尤擅寫意花卉禽鳥。

二三　楊澥摹刻《漢桐柏淮源廟碑》、楷書詞句扇骨

清道光年间（1821—1850）

股長30.80厘米，板闊2.00厘米

款署「蓴江四兄屬，聾石道人」，鈐「石公」陰文橢圓印。

天地清和嘉祥昭格禽獸碩茂
艸木芬芳黎庶賴祉民用作頌

漢桐柏淮源廟碑

雲希〻烟霏〻仙人新著五銖衣侵曉嫣
然啟玉扉

蒪江四兄屬
龍石道人

二四　楊澥節摹《漢石室祥瑞圖》、《曹全碑》銘扇骨

清道光年间（1821—1850）

股長30.80厘米，板闊1.75厘米

款署『子簡四兄屬』；『節摹曹全碑，龍石』，鈐『石公』陽文長方印。

二五　楊澥摹刻《漢司農劉夫人碑》、楷書宋人句扇骨

清道光年间（1821—1850）

股長 30.70 厘米，板闊 2.07 厘米

款署「燮堂先生屬」、「龍石」，鈐陰文長方印「石公」。

二六　聾石款刻行草詞句扇骨

清道光年间（1821—1850）

股長 30.90 厘米，板闊 2.05 厘米

款署『季苞四兄先生雅正』，鈐陰文橄欖形印『日波氏』；『聾石刲』，鈐二陰陽文圓、方印『聾』『石』。

二七　楊瀣摹刻定武瘦本《蘭亭序》扇骨

清道光年间（1821—1850）

股長 32.50 厘米，板闊 2.08 厘米

款署「定武瘦本」；「龍石摹」，鈐二陽文方印「石」「公」。

二八　釋達受刻垂枝梅花圖、摹考南漢鐵花盆銘扇骨

清道光六年（1826）

股長 32.20 厘米，板闊 2.04 厘米

款署『道光丙戌，南屏六舟』；『達受』，鈐篆書陽文長方印『六舟』。

釋達受（1791—1858），俗姓姚氏，字六舟、秋楫，道敏，號萬峰退叟、南屏住山僧、流浪僧、七代詩僧、小緑天庵僧、天平玉佛庵僧弟子、慧丹峰主、方外庸人、光頭百姓、海昌僧，齋堂爲小緑天庵、寶素室、墨王樓，浙江海寧人。浙江海寧白馬寺僧，後主杭州净慈寺、蘇州滄浪亭。活躍於清道光年間。嗜古，精鑒别古器物和碑版，阮元稱之『金石僧』『九能僧』。摩拓彝器精絶。工詩詞，書法善篆隸、飛白。擅山水、花卉，精墨梅，得徐渭之意。尤精金石篆刻治印，篆刻宗法秦漢，究心浙派，印風規矩穩重、秀雅茂勁。刻竹亦精，嘗刻竹臂擱、詩筒，秀韵與墨迹無异，所刻山水深得戴熙筆意。著有《小緑天庵吟草》《山野紀事詩》《寶素室金石書畫編年録》《南屏行篋録》《白馬廟志》《雲林寺續志》《南屏續志》等。

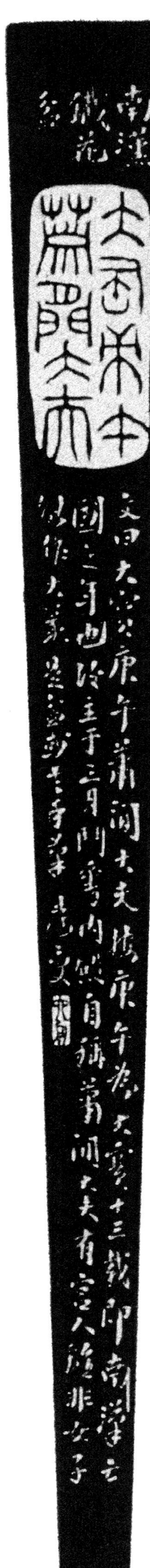

二九　鄧奎摹刻漢尚方銅器、晉太康釜銘扇骨

清道光十三年（1833）

没長 32.60 厘米，板闊 2.00 厘米

款署『道光癸巳秋九月，符生金石』，鈐長方陰文印『符生摹古』、橢圓陽文印『奎』；鈐橢圓陰文印『符生』。

鄧奎，字符生，浙江吴興人。清道光年間紫砂壺高手。工書法，又精篆、隸、鐵筆，尤擅模刻。制壺技藝超群。

三〇　萍老摹刻東漢初平洗、永元雁足燈銘扇骨

清道光十三年（1833）

股長 30.80 厘米，板闊 2.03 厘米

款署『萍老臨於老鶴夢秋煙館』；『癸巳皋月摹』，鈐篆書陽文橄欖形印『齊之金石』。

萍老，姓氏、里貫不詳。

三一　蔣寶齡浮雕魚池小景、林屋山人隸書扇骨

清道光十五年（1835）

股長30.80厘米，板闊1.88厘米

款署『谷雲先生屬，乙未夏五，琴東逸史蔣寶齡』，鈐陽文長方印『子延』；『乙丑新秋六日，林屋山人書』，下鈐陰文圓印『□生』。

蔣寶齡（1781—1841），字子延、霞竹，號琴東逸史，昭文（今屬江蘇常熟）人，後寓上海。清代畫家。工詩、書，善畫山水，有三絕之稱。山水學文、董、巨、錢。鬻畫蘇、滬、杭一帶，曾遍訪盛大士、改琦、郭麐、程庭鷺、戴熙等江浙名家。道光十九年（1839）在滬創『小蓬萊書畫集會』，一時書畫名流風雅雲集。著有《墨林今話》。

林屋山人，字□生，姓氏、里貫不詳。

三二　張辛深刻張廷濟行書扇骨

清道光十六年（1836）

股長31.10厘米，板闊2.02厘米

款署『道光丙申三月，竹田里張廷濟書，受之張辛刻』。

張廷濟（1768—1848），原名汝林，字順安，號叔未，又號説舟、海嶽庵門下弟子，晚號眉壽老人，浙江嘉興人。嘉慶三年（1798）解元。工詩詞，精金石考據之學，收藏鼎彝、碑版及書、畫甚多。能篆、隸，精行、楷，初規摹鐘、王，五十後出入顔、歐間，晚年兼法米芾。游戲作梅，頗多古趣。阮元督學浙江時極推重，訂爲金石交。著《清儀閣題跋》《清儀閣印譜》《清儀閣詩鈔》《眉壽堂集》《桂馨堂集》。

張辛（1811—1848），一作張辛受，原名辛有，字受之，號受一，浙江嘉興人。清篆刻家。隨從父張叔未受金石之學，工刻牙石印，精篆刻，宗秦漢，又取法浙派，古勁有韵。善墨拓與刻碑，曾借諸家所藏銅器，墨拓成《丁未銷寒集》。善畫梅。精刻竹，擅以書法入竹，蒼勁渾樸，别有生趣。所刻《行穰帖》及摹黄庭堅伏波神祠詩『神篁』二字，收入《清儀閣所藏古器物文》。曾於道光二十七年（1847）客寓北京，從事竹刻。

三三　吴粤生刻依枝自憐圖、行書詞句扇骨

約清道光二十年（1840）前後

股長 32.20 厘米，股闊 2.10 厘米

款署『少邨寫意』；『君山八兄先生屬，少村并填醉太平』。

吴粤生，字少邨，浙江嘉興人。清道光、咸豐年間篆刻家。善刻印，尤工刻竹，所刻扇骨、人物仕女，皆自起稿，并不善畫而所刻却得豐神靈動之氣韵，不减費丹旭筆意。

三四 程庭鷺刻行書《桃花源記》扇骨

清道光二十年（1840）

股長34.80厘米，板闊2.00厘米

款署『庚子重九後二日，海村澂君詞丈，既倩泉唐錢翁叔美作桃源圖扇頁，回屬拙書刻寫，程庭鷺』，鈐陽文長方印『序白』。

程庭鷺（1796—1858），初名振鷺，字緼真、問初，號緑卿，改名庭鷺，字序伯，一作埣伯，號蘅薌，晚又號夢庵、夢盦、篛盦、篛翁、紅蘅生、因香盦主、忘牧學人、鶴槎山民。齋堂爲紅蘅館、以恬養志齋、小松圓閣，嘉定人。活躍於嘉慶、道光年間。早歲問業於陳文述，流寓吴門（今江蘇蘇州）甚久。工詞章，兼擅丹青、篆刻。篆刻宗法浙派，得丁敬、黄易神髓，上溯秦漢，印風質樸古拙，厚重静穆，頗自矜許。曾自品所長曰：『印一，畫二，詩三。』擅以鈎勒法作書畫鎸刻。畫山水得錢杜指授，清蒼渾灝，逼近李流芳。著有《以恬養智齋集》《紅蘅詞》《練水畫徵録》《篛盦畫塵》《多暇録》《小松圓閣雜著》《小松圓閣印存》《紅蘅館印譜》。

三五　程庭鷺刻松鼠攀藤圖、趙之琛摹刻師遽敦銘扇骨

清道光二十八年（1848）

股長 32.40 厘米，板闊 2.04 厘米

鈐陽文長方印『序白』；款署『道光戊申七月，次閑摹』，鈐篆書陽文長方印『之琛』。

三六　趙之琛摹刻金文扇骨

清道光二十三年（1843）

股長 32.00 厘米，板闊 2.05 厘米

款署「癸卯夏四月，次閑摹於退庵」。

趙之琛（1781—1860），字次閑，號獻父，錢塘（今浙江杭州）人。清篆刻家。精心嗜古，邃金石學，篆刻得其鄉陳豫鍾傳，能盡合各家所長。善刻鐘鼎銘文，曾爲阮元摹刊鐘鼎款識。兼工隸法，善行楷。畫山水師倪、黃，以蕭疏幽澹爲宗。花卉筆意瀟灑，傅色清雅，大有華嵒神趣。間作草蟲，隨意點筆，各種體貌，無不逼肖。晚歲栖心内典，喜寫佛像，名其廬曰「補羅迦室」，有《補羅迦室印存》。

三七　朱鋐刻蓮打鴛鴦、湖雁泛舟圖扇骨

清道光二十四年（1844）

股長 31.40 厘米，板闊 3.59 厘米

款署『甲辰小春月爲子讓大兄正之，震伯刻』。

朱鋐，字震伯，江蘇揚州儀徵（一作江都，今屬江蘇揚州）人。清道光、咸豐年間書畫家、篆刻家。諸生。善刻竹，尤善刻扇骨。精隸書，刻印法鄧石如（琰），筆意生動。有士氣，負性傲岸，不屑隨吴熙載後，又不願見達官殷賈，以是揚人不甚知之。著有《月底修簫譜》二卷，道光十七年（1837）刊，師包世臣爲其作序。《清詞綜補》中收録其《南歌子》一首。

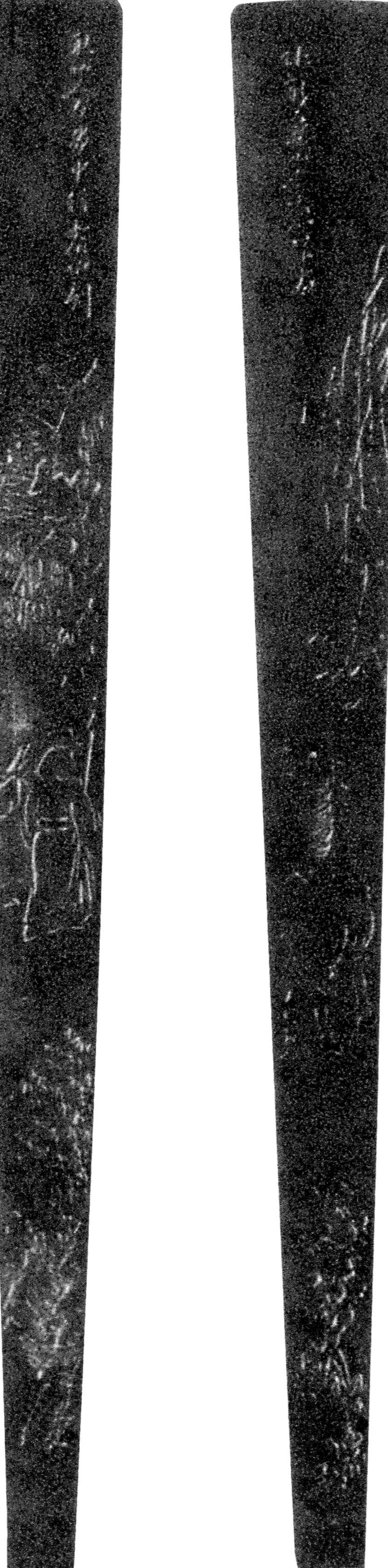

三八　朱鋐刻王素懸崖嘶馬、秋山行人圖扇骨

清道光至同治年間（1821—1874）

股長31.10厘米，板髙2.02厘米

款署『仿新羅山人意，小某畫』；『震伯刻』。

王素（1794—1877），字小梅，亦作小某、少某，又字遜之（有印『小梅又字遜之』），號竹裏主人，別署八十翁，甘泉（今屬江蘇揚州）人。清畫家、篆刻家。善畫，幼師鮑芥田，又多臨華喦，凡人物、花鳥、走獸、蟲魚、果品，無不入妙，筆法工細，大筆寫意尤佳，尤以人物花鳥擅長，爲畫派中『揚州十小』代表人物。工畫仕女，與改琦、顧洛、費丹旭等齊名。兼工詩文、書法，亦精篆刻，效法漢印，爲畫名所掩。亦擅淺刻。代表作《鍾馗圖》《二湘圖》等。

三九　尚元弼刻行草扇骨

清道光二十五年（1845）

股長32.50厘米，板闊2.06厘米

款署「乙巳嘉平月，雪窗刻，爲平甫一兄先生正，初香鮑立」，鈐陰文方印「郭」；「香光居士畫跋」，鈐陰文長方印「居竹居」。

尚元弼，字雪窗，清江西南昌人。善書。

四〇　一樵刻朱熊菊石圖、行書詩句扇骨

清道光二十六年（1846）

股長32.40厘米，板闊2.07厘米

款署『吉甫寫』；『子祥先生清賞，丙午春日，一樵并刻』。

朱熊（1801—1864），字吉甫，號夢泉、蝶生，別署墨禪居士，秀水（今屬浙江嘉興）人。清畫家、篆刻家，與張廷濟、文後山、殷雲樓諸人游。寓居上海，與張熊、任熊有『滬上三熊』之稱。擅畫，工花卉，師法白陽山人，尤有簡逸之致。所繪花木竹石，盡脱前人窠臼，自出機杼，別開生面。善鑒別古器，而於砂瓷器尤爲深嗜。精篆刻，鐫刻扇骨及竹石瓷銅，偶一奏刀，靡不蒼秀得古法。道光二十七年（1847）至袁浦（今上海奉賢柘林）幕府作文吏達十餘年。咸豐十年（1860），嘉興兵亂，避難移居上海而終。

一樵，姓氏、里貫不詳。

四一　萍山人刻康鏞、漢碑銘扇骨

清道光年间（1821—1850）

股長30.80厘米，板闊1.99厘米

款署『玉甫二弟正之，萍山人』。

萍山人，姓氏、里貫不詳。

四二　毛懷深刻行書詩句、夏翬風竹圖扇骨

清道光年间（1821—1850）

股長 29.00 厘米，板闊 2.07 厘米

款署『心蘭先生屬，意香懷』，鈐篆書陽文方印『懷』；『羽谷生』，鈐陽文橢圓印『雲山』。

毛懷，字士清，號意香，又號鐵道人，清嘉慶、道光年間吴縣（今屬江蘇蘇州）人。與王石香、胡芑香并稱『三香』。工書，擅刻竹，善談謔。彭秋士、吴時中輩皆善之。其書不下於時中，尤工題跋。著有《南園草堂集》《意香剩稿》。

夏翬，字丕雉，號羽谷，又號雲山外史，江蘇昆山人，遷居吴縣（今屬江蘇蘇州）。夏廷香子。畫承家學，蘭竹尤妙。并工雜卉，其水仙、梅菊、寫意果品及尋丈大松，筆意蒼老，然不輕作，故罕知者。

四三　殷樹柏刻張熊『洞天一品』、行書扇骨

清道光年间（1821—1850）

股長 30.80 厘米，板闊 2.10 厘米

款署『伯梅一兄屬，子祥』；『伯梅一兄屬，緌卿書』。

殷樹柏（1769—1847），字曼卿，號雲樓，晚號嬾雲，又號西疇桑者、汝南伯子，齋堂爲一多廬，秀水（今屬浙江嘉興）人。書法遠師柳公權，近參汪士鋐。工畫花卉，兼宗陳道復、惲壽平法，而稍參己意，下筆恬静，無煙火氣。尤擅小幅，其寫山房清供圖，作菖蒲、文石、瓶蘭、茗壺諸品，天真閑澹，蕭然有風人之致。晚喜作蔬果，尤覺天趣横生。好刻竹，擅鎸刻名人書畫及於竹箑刻小字，曾作小楷數百言，書之箑邊，刻甚精妙。存世有《一多廬詩鈔》。

張熊（1803—1886），字壽甫，號子祥，别署鴛湖外史、鴛湖畫隱、鴛湖老人等，秀水（今屬浙江嘉興）人。早居江蘇吴江平望鎮等處，同治、光緒年間流寓上海。工花卉，兼作山水、人物。書宗黄山谷，間寫隸書，樸茂入古，亦能篆刻、填詞。與任熊、朱熊時稱『滬上三熊』。著有《張子祥課徒畫稿》。

四四　曹世模刻文鼎行書詩句、群峰秋雲圖扇骨

清道光年间（1821—1850）

股長 32.50 厘米，板闊 2.06 厘米

款署『文鼎書并畫』；『山彦刻』。

曹世模（1791—1852），字子範，號山彦，齋堂爲勉强齋，秀水（今屬浙江嘉興）人。清嘉慶至道光時畫家、篆刻家、竹刻家。諸生，曹世楷弟。工畫花卉，亦善道釋人物。精篆刻，刻印變浙法而得秦漢神致，謹嚴古樸，頗有韵致。刻竹尤精，擅刻竹雕印。曾與文鼎合作竹木器。嘉慶二十五年（1820）輯自刻印成《勉强齋印譜》二卷。與孫桂山（三錫）、文後山（鼎）、錢幾山（善揚）稱爲『嘉禾四山』（亦稱『鴛湖四山』），吴隱輯四人刻印爲《鴛湖四山印集》。

文鼎（1766—1852），原名元鼎，字學鼎、學匡，號後山、後翁，齋名停雪舊築、五字不損本室，秀水（今屬浙江嘉興）人。清篆刻家。精鑒别，好藏金石書畫。工書畫，善山水松石。善刻印，學漢銅印。精刻竹，凡扇邊及臂擱，皆自爲書畫，畫風與文徵明近，刻山水不下周芷喦。存世有《五字不損本室詩稿》。

四五　曹世模刻秋水寒山圖、文鼎行書詩句扇骨

清道光年间（1821—1850）

股長 32.50 厘米，板闊 2.07 厘米

款署『山彦刻』『文鼎畫并書』。

四六　曹世模刻文鼎奇石圖、殷樹柏楷書詩句扇骨

清道光年間（1821—1850）

股長 30.50 厘米，板闊 2.10 厘米

款署『後山寫石』，『山彥刻』；『曼卿書』。

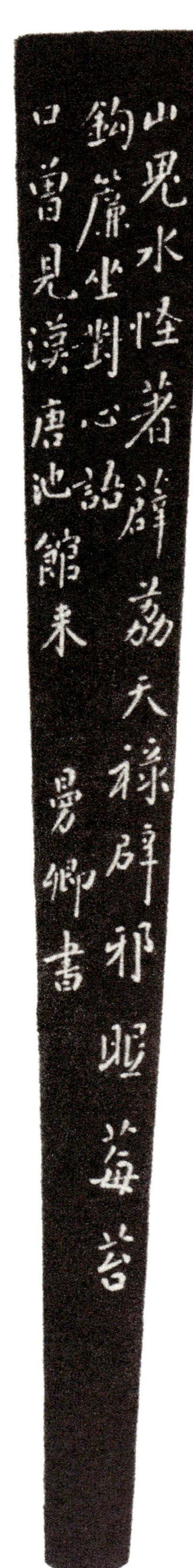

四七　曹世模刻錢聚朝虬松圖、行書詩句扇骨

清道光年間（1821—1850）

股長 30.50 厘米，板闊 2.03 厘米

款署『山彦』；『曉廷』。

錢聚朝（1806—1860），字曉庭，又作曉廷，號萬蒼山樵、補梅居士，浙江嘉興人。錢載曾孫。道光十五年（1835）舉人。寫花卉，善繩祖武，亦深得士夫氣。扇頭小景極宏暢，而於畫梅，尤爲獨絶，用筆軒爽，其清剛之概，幾欲前無古人，得力於家藏王冕墨梅布帳一大幀，千花萬蕊，真無上神品。著有《養真齋詩集》。

四八　岳鴻慶刻行草詩句扇骨

清道光年间（1821—1850）

股長 30.80 厘米，汳闊 1.87 厘米

款署『餘三氏刻』。

岳鴻慶，字餘三，一字縵甫，秀水濮院（今屬浙江桐鄉）人。清道光、咸豐年間詩人、篆刻家。岳少穆二十四代孫。工篆刻，與曹世模齊名。工於刻竹木，能操刀如筆，一時稱絶技。道光戊戌（1838）秋，與其友數輩結鴛湖詩社，著有《寶爵堂詩鈔》，今存《鴛水聯吟集》二十卷、《餘三集》。

四九　黄濬留青行草詩句扇骨

清道光年间（1821—1850）

股長 30.70 厘米，板闊 2.02 厘米

款署『素川』。

黄濬（1777—？），字素川，號士升，吴縣（今屬江蘇蘇州）人。工書法，善刻印，尤擅於刻竹，在扇骨上摹刻縮本金石文字及山水、花草、人物，皆工細精緻，纖微畢現。現上海博物館收藏有其刻於道光丙申年（1836）的竹扇骨一柄，上淺刻小行書《蘭亭序》全文，極爲精緻。

五〇　黃濬深刻園蔬圖扇骨

清道光年间（1821—1850）

股長31.00厘米，板闊2.00厘米

款署『素川』。

五一　黄濬刻楷書詩句扇骨

清道光年间（1821—1850）
股長30.70厘米，板闊2.00厘米
款署『素川』。

五二　黄濬刻梅蘭竹菊绿漆填金扇骨

清道光年间（1821—1850）

股長 34.50 厘米，板闊 2.50 厘米

款署『秋枰先生雅拂』；『素川』，鈐陰文長方印『士升』。

五三　黃濬刻行草詩句扇骨

清道光年间（1821—1850）

股長 32.00 厘米，板闊 2.07 厘米

款署『素川黃濬鐫』，鈐陽文橢圓印『士升』。

五四　王雲刻草書節臨《書譜》扇骨

清道光年間（1821—1850）

股長 32.50 厘米，板闊 2.08 厘米

款署『節臨書譜，王雲』，鈐陽文長方印『雲印』。

王雲，字石薌，一字石香，吴縣（今屬江蘇蘇州）人。活躍於清道光至同治年間。周之禮入室弟子。精書法，多宗六朝。好金石，工篆刻，專法宋、元、明，别具標格，同治三年（1864）曾刻『松父』印。爲吴中名手，與楊澥（龍石）、翁廣平之子翁叔均（大年）、陳春熙等齊名。刻竹尤精，善刻扇骨，尤擅摹刻吉金文字，殘缺處均能逼肖，爲向來所無，且布置工雅，脱盡習氣，可作拓本觀。

五五　王雲刻行草詩句扇骨

清道光年間（1821—1850）

股長 32.30 厘米，板闊 2.08 厘米

款署『存齋先生正玩』；『石香王雲』。

五六　王雲刻賞梅圖、草書扇骨

清道光（1821—1850）

股長32.20厘米，板闊2.10厘米

款署『樹亭一兄大人正，王雲』，鈐篆書陽文橢圓印『雲』。

五七　張春蕃刻行書詩句扇骨

清道光年間（1821—1850）

股長 32.20 厘米，板闊 2.06 厘米

款署『雲生書并刻』，鈐陽文長方印『雲生』。

張春蕃（?—1853），後改名恩煥，字雲生，甘泉（今屬江蘇揚州）人。錫嘏次子。與汪鋆同師李馨門，善山水、花卉，工詩而懶於動筆，故流傳絶少。贅於蘇州吴氏，卒年近四十。

五八　王乃恭刻行書録惲壽平題柳詩句扇骨

清道光（1821—1850）

股長 30.50 厘米，板闊 2.31 厘米

款署『阜生仁兄大人雅拂，石君録南田翁句并刻』。

王乃恭，字以莊，號石君，浙江嘉興人。清嘉道年間篆刻家。善刻竹，尤擅薄地陽文竹刻，曾刻一臂擱，作一漁人披蓑挾一釣竿，可與方治庵抗手。偶亦治印，仿元朱文。

五九　項耀刻草書詩句扇骨

清道光年間（1821—1850）

股長 32.10 厘米，板闊 2.07 厘米

款署『子雲』。

項耀，字子雲，江蘇太倉人，僑上海。能花卉。曾設箋扇肆於豫園。姚燮自道光中後期即開始去上海活動，曾爲其題額曰『飛雲閣』。滬上諸名士，常於此雅集。遂得請業於張熊，畫技更進。

六〇　琅嬛刻洛神圖、草書節《洛神賦》句扇骨

清道光年間（1821—1850）
股長32.10厘米，板闊2.05厘米
款署「琅嬛」。

瑯嬛，姓氏、里貫不詳。

六一　憨泉摹刻石氏古品本文扇骨

清道光年間（1821—1850）
股長32.30厘米，板闊2.04厘米
款署『憨泉刊』。

憨泉，姓氏、里貫不詳。

六二　自得居士刻行書詩句扇骨

清道光年間（1821—1850）

股長32.20厘米，板闊2.09厘米

款署「士洲仁兄正」，鈐陽文圓印「二分明月」、陰文長方印「玩賞」、陽文橢圓印「上下千古」；「自得居士」，鈐陰文方印「慎思」、陽文橢圓印「飛鴻」、陰文長方印「率真」。

自得居士，姓氏、里貫不詳。

六三　張汝翼刻行書詩句朱漆填金扇骨

清道光年間（1821—1850）

股長32.20厘米，板闊2.10厘米

款署『琛舲先生屬』；『丹山録刻』，鈐陰文『丹山』長方印。

張汝翼，號丹山，海寧人。清書畫家。張駿（1740—1834）子。幼承家學，亦工書善畫，常爲父代筆而署父名。父歿，乃自署。

六四　清無款浮雕芭蕉扇骨

清道光年間（1821—1850）

股長 30.70 厘米，板闊 2.01 厘米

六五　王素刻閑看兒童、采菊東籬圖扇骨

清道光年間（1821—1850）

股長 32.40 厘米，板闊 2.04 厘米

款署『立夫大兄大人正，小某刊』。

时知音少

六六 温曰鑒刻朱偁水仙、牡丹圖扇骨

約清咸豐二年（1852）

股長 32.30 厘米，板闊 2.06 厘米

款署『夢廬寫』；『華峰仁兄大人正，鐵花刻』。

朱偁（1826—1900），初名琛，後更爲偁，字夢廬，號覺未、覺未生，別號鴛湖散人、鴛湖畫叟、紫陽叔子、玉溪外史等，晚年號胥山樵叟，秀水（今屬浙江嘉興）人。朱熊弟。工花鳥，初法張熊，暇輒借臨，熊自視幾不能辨。後至滬上鬻畫爲生。時王禮得張熊提携畫名日噪，遂又改從王禮習花鳥，得其超脱之氣，後又加改變，風格爽峻蒼秀，凌厲峭拔，自成一格，同治、光緒年間爲海上十名家之一。

温曰鑒，字霽華，號鐵花，家有拾香草堂藏書，清烏程（今屬浙江湖州）人。監生，好蓄書，有金石癖，精輿地之學。著有《古壁叢鈔》《拾香草堂集》《識余》《勘書巢吟卷》《雪南唱和集》《魏書地形志校録》。

夢廬寫

華峰仁兄大人正
鉄花刻

赤壁圖

清陶淇赤壁圖、李道悠行草成扇

六七　温日鑒摹刻周壺卣、東漢永建洗銘扇骨

清同治元年（1862）

股長32.30厘米，板闊2.10厘米

款署『壬戌秋閏』；『又石二兄大人雅正，鐵花摹古』。

六八　沈基庶刻包棟曠野駐馬蹄圖、行書詩句扇骨

清咸豐七年（1857）

股長32.70厘米，板闊2.08厘米

款署『湘艇道長屬，子梁題』；『丁巳上巳書，請湘艇四兄大人雅鑒，玉生弟沈基庶』。

沈基庶，字玉森、玉生，清嘉慶、道光時吴縣（今屬江蘇蘇州）人。擅隸書。

包棟（？—1866年後），字子梁、子良，號近三（近山），又號茗華館主，山陰（今屬浙江紹興）人，一作江蘇蘇州人。劉詠弟子。善畫山水、人物、花鳥，無不精妙。畫人物，衣褶古雅絶倫，似於改琦、費丹旭兩家外，别樹一幟。所作花木，筆意秀雅，蘇浙詩箋，多其手繪。道光二十九年（1849）曾作《人物仕女》册頁；同治五年（1866）作大士像。

六九　胡钁刻張熊『桃花流水鱖魚肥』扇骨

清咸豐八年（1858）

骰長37.00厘米，板闊2.05厘米

款署『戊午孟春三月上旬，子祥寫，匊叩刊』。

胡钁（1840—1910），字孟安，一字匊鄰，亦作菊鄰、匊叩、匊鄰、匊粼、曰鄰、掬泠，號老匊、老鞠、廢鞠、不枯，又號南湖寄漁，別署晚翠亭長、竹外外史、湖波亭主、不波生、南湖寄漁、竹外庵主、抱谿老漁、瓶山樵子、悲谿漁父、東籬逸史。齋堂爲晚翠亭、湖波亭、寄寄廬、浮嵐閣、竹外庵、不波小泊等，石門（今浙江崇德）人，曾寓上海。晚清四大重要篆刻家（吴熙載、趙之謙、胡钁、吴昌碩）之一。工詩，善書，能畫。尤精篆刻，善治印，書刀如筆。擅竹刻金石文字，所刻扇骨能與蔡照相媲美。著有《不波小泊吟草》《晚翠亭長印儲》《寄寄廬印賞》，編輯《晚翠亭藏印》。

七〇 胡钁刻秋庭仕女圖、摹古磚銘扇骨

清同治八年（1869）

股長 32.20 厘米，板闊 2.09 厘米

款署『匊叩作』；『成華仁四兄先生之索，己巳五月不枯亭長記』。

七一 胡钁摹刻吴磚、漢瓦銘扇骨

清光緒二十年（1894）

段長 32.00 厘米，板闊 2.07 厘米

款署『竹塘表兄大人正之，甲午冬十月匊叩摹漢瓦文』。

七二　胡鑊刻夢漚幽篁高士、柳陰仕女圖扇骨

清光緒二十四年（1898）

股長31.60厘米，板闊2.03厘米

款署『戊戌七月夢漚畫』；『曲江仁姻兄正，匊叩作』。

夢漚，姓氏、里貫不詳。

七三 胡钁刻『方夜讀書』、摹秦瓦漢鈎銘扇骨

清光緒年間（1875—1908）

没長32.30厘米，板闊2.09厘米

款署『方夜讀書，匊叩作』；『曲江姻仁兄大人正，钁』。

七四　胡钁摹刻漢右丞宫鼎蓋文、漢光武磚銘扇骨

清咸豐至宣統二年（1851—1910）

股長 32.10 厘米，板闊 2.10 厘米

款署『叔眉四兄大方審定，匊叩記』。

七五　胡钁摹刻漢銅鈎、晋銅釜銘扇骨

清咸豐至宣統二年（1851—1910）

段長32.20厘米，板闊2.04厘米

款署「寶素樓主人賞之，匊鄰摹漢銅鈎」。

七六　釋守六刻楷書、胡震八分《徐問渠先生銘》扇骨

清咸豐九年（1859）

股長33.50厘米，板闊2.38厘米

款署『芸翁揮暑，南屏守六刻』；『徐問渠先生銘，己未六月鼻山八分』。

釋守六，清甘泉（今屬江蘇揚州）人。主杭州净慈寺講席。工書畫，尤善刻竹，與胡鼻山、錢叔蓋爲金石交。

胡震（1817—1862），字不恐，號鼻山，一號胡鼻山人，别號富春大嶺長。浙江富陽諸生，僑寓上海。清篆刻家。嗜金石，深究篆、籀、八分之學。擅書法，精寫行、隸。篆刻取法漢印，亦具功力。與胡遠交善，因亦作畫，金石書卷氣溢於楮墨。

七七 子柳山人摹刻帛女作齊高銘、行書扇骨

清咸豐九年（1859）

股長 32.10 厘米，板闊 2.02 厘米

款署『己未落夏於苕東旅舍以應堯欽四兄先生雅屬，子柳山人渭新』，鈐陰文橄欖形印『春渠戲筆』。

子柳山人，字渭新，姓氏、里貫不詳。

七八　袁馨刻任薰蘆塘野鴨圖、行書詩句扇骨

清咸豐年間（1851—1861）

股長32.20厘米，板闊2.00厘米

款署『阜長寫』；『遐伯仁兄大人屬，茮孫袁馨』。

袁馨，字椒孫，又字茮孫、菽生，號公遠，浙江海寧人。清咸豐、同治年間篆刻家。善篆刻，尤工刻竹，與蔡照初并稱於時，擅刻人物、仕女等題材，刀法工細絶倫，尤以刻任渭長畫而名重於時。

任薰（1835—1893），字阜長，浙江蕭山人。任熊弟。與其兄同師陳洪綬，尤工花鳥，翎毛。

七九　吴枚刻徐龍仕女梳妝、農夫牽驢圖扇骨

清咸豐年間（1851—1861）

股長 34.20 厘米，板闊 3.20 厘米

款署『藕生三兄正，雲客寫』；『小屏刻』。

吴枚，字小屏，自號東園生，錢塘（今浙江杭州）人。清咸豐年間篆刻家。擅花卉，學畫於楊澂，頗得惲壽平遺意。兼工鐵筆。著有《明發集》《東園詩鈔》。

徐龍，字雲客，甘泉（今屬江蘇揚州）人。汪圻弟子。畫學其師，咸豐年間卒。

八〇　任遠刻倪耘『午瑞圖』、任淇楷書詩句扇骨

清咸豐（1851—1861）

股長 31.80 厘米，板闊 1.96 厘米

款署『午瑞圖，芥孫』，『功尹刻』；『子芬仁兄大人雅屬，任淇書，功尹刻』。

倪耘，生卒不詳，字芥孫，號小圃，石門（今浙江崇德）人，寓居濮院（今屬嘉興桐鄉）。清書畫家。倪學圃子，方薰外甥。工寫照，擅花卉、草蟲、人物、山水。花鳥師法惲壽平，用筆雅秀，生動有致，頗有逸趣。所作山水，風度閑逸，清遠静致。書法梁同書。與嘉興陶淇并稱『雙絶』。咸豐八年（1858）與吴大澂、周閑、黄鞠、包棟、陶淇結畫社於蘇州虎丘白公祠。交游儒雅，與當時海派名家多有唱和酬酢。有《倪耘設色花果册》行世。

任淇（？—1863 年後），一作琪，字竹君，號建齋，浙江蕭山人（《瀛壖雜志》作餘姚人），久寓上海。任熊族叔。工書法，行楷精妙。精篆刻，金石、竹、木，無不擅長，摹仿秦漢印功力極深，喜用鑄印法，端正莊和，有雅静之趣。刻竹以工細精妙見長。善畫，尤精雙鈎花卉，亦工界畫。咸豐九年（1859）作《弁樓圖》（見《清十二家山水册》）。

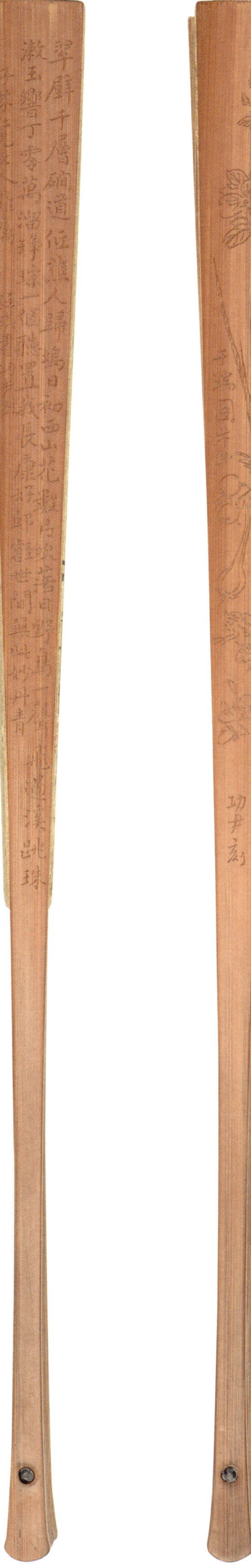

八一　任遠刻任頤人物圖、摹金文扇骨

清咸豐年間（1851—1861）

股長 33.70 厘米，板闊 2.29 厘米

款署『任頤小樓甫寫』；『德生仁兄有道之屬，功尹摹并刻』。

任頤（1840—1896），字伯年，號小樓，山陰（今屬浙江紹興）人。鶴聲子。善畫，人物、花鳥仿宋人雙鈎法，賦色濃厚，白描傳神，頗近陳洪綬。未及壯年已名重大江南北。後得八大山人畫册，更悟用筆之法。雖極細之畫，必懸腕中鋒。書法亦參畫意，奇警异常。賣畫海上，聲譽赫然。與胡公壽并重。

任遠，字功尹，浙江蕭山人。清代畫家。寓吴縣（今屬江蘇蘇州）。善花卉。

八二 陳春熙摹刻漢磚銘扇骨

清咸豐十一年（1861）

股長32.10厘米，板闊2.10厘米

款署『次愚仁兄大人雅屬，辛酉秋九雪厂刊於申江』。

陳春熙（？—1874），原名明賜，更名春熙，字明之，號雪厂，一號錫庵，又號郄安，別署金粟山民、雪道人，浙江嘉興海寧人。寓居秀水聞川（今浙江嘉興王江涇）計芬家，後遷居江蘇吴江。清書法家、篆刻家。活躍於清嘉慶至同光年間。工書法，篆、隸、行、飛白皆能，筆力蒼勁，取法高古，或臨摹金農、陳鴻壽一派，無不神似。嗜金石，精篆刻，宗法秦漢，與楊澥、翁大年、王雲齊名。尤擅刻竹，擅刻名人書畫，講究傳神，刀法熟練，扇骨摹鐘鼎款識，幾可與歸安刻竹名手韓潮抗手。兼刻象牙等各種器皿。

八三　陳春熙刻王禮楊柳鷺鷥圖、隸書詩句扇骨

清咸豐（1851—1861）

股長 31.90 厘米，板闊 2.07 厘米

款署『蒙叔清鑒，禮畫』；『雪道人作於停雲館樓』，鈐陽文長方印『阿五』。

王禮（1813—1879，《藝林年鑒》作 1817—1885），亦名秉禮，字秋言，自號秋道人，又號蝸寄生，別署白蕉研主、紅梨逸史等，江蘇吴江人，久寓滬上。工畫花鳥，師從沈石鄰，勁秀灑落；人物則宗陳洪綬。

八四　陳春熙刻任薰羅漢面壁圖、摹節漢碑銘扇骨

清咸豐年间（1851—1861）

股長 32.10 厘米，板闊 2.11 厘米

款署『阜長』；『閬仙道兄雅賞，雪道人刻』。

任薰（1835—1893），字阜長，浙江蕭山人。任熊弟。與其兄同師陳洪綬，尤工花鳥，翎毛。爲諸任之殿軍。

黄帝多所改作造兵井田制衣裳立宫宅
帝顓頊高陽者黄帝之孫而昌意之子

節漢碑
閬仙尊兄足賞　雪道人刻

八五　陳春熙刻張熊柳緑鳥鳴圖、行書扇骨

清咸豐年间（1851—1861）

骰長 32.10 厘米，板闊 2.10 厘米

款署『子祥寫』；『梅江仁兄屬，雪庵刊竹塘翁句』。

八六　陳春熙刻張臨芭蕉仕女圖、行書詩句扇骨

清咸豐年間（1851—1861）

股長32.30厘米，板闊2.08厘米

款署『少石仁兄大人方家之屬，月庭寫，錫庵刊』，鈐陰文長方印『月汀』；『少石六兄先生屬，錫庵作』，鈐陽文橢圓印『陳五』。

張臨，號月庭，清元和（今江蘇蘇州）人。道士。善書法，工花鳥，兼能詩，著有《冰壺吟草》。

八七　陳春熙刻王禮『秦時明月漢時關』、行書扇骨

清同治八年（1869）

股長 31.90 厘米，板闊 2.06 厘米

款署『己巳夏，秋言寫』；『麗泉六兄大人雅屬，雪厂陳春熙刻』。

八八　張聯珠刻張熊行書録姜白石詩扇骨

清咸豐年間（1851—1861）

股長 32.30 厘米，板闊 2.08 厘米

款署『子祥録姜白石詩』；『泳齋四兄屬，子明氏刊』。

張聯珠，字子明，婁縣（今上海松江）人，張師憲之弟。清道光、咸豐年間篆刻家。工詩、刻印。

八九　常石仙淺刻賣菊翁、舉杯邀明月圖扇骨

清咸豐年間（1851—1861）

骰長34.08厘米，板闊3.10厘米

款署『舉杯邀明月句意以應，子榮仁兄大人正之，弟常石仙作』。

常石仙，姓氏、里貫不詳。

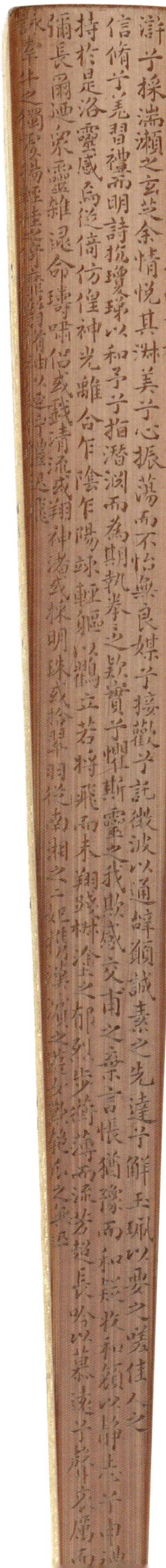

九〇　謝溶刻楷書《洛神賦》、隸書扇骨

清同治年間（1862—1874）

股長 31.90 厘米，板闊 2.07 厘米

款署『筱川仁兄大人屬書隸法，即請正之，謝溶』。

謝溶，字因舟，謝念功子，摹項子京百花流水長卷與戴熙山水幾致亂真。

九一　謝庸刻陶壽桐芭蕉菊花、垂枝梅花圖扇骨

清同治年間（1862—1874）

股長 32.00 厘米，板闊 2.10 厘米

款署『仿白石道人，公長』；『湘洲仁兄正』『瑞卿刊』。

謝庸（1832—1900），一作謝鏞，字梅石、某石，號瑞卿。齋堂爲梅石盦，吴縣（今屬江蘇蘇州）人。楊澥弟子。工篆刻，尤善鐫碑，爲吴中第一高手。存世有《梅石盦印譜》《梅石臨百二古銅印譜》。

陶壽桐，字公長，號問琴，別署不瞑道人，秀水（今屬浙江嘉興）人。清同治、光緒年間畫家。陶溶子。善山水，能得世父錐庵遺意，挺秀幽淡。

九二　何世基刻畫舫、園林圖扇骨

清同治年間（1862—1874）

股長35.30厘米，板闊2.54厘米

款署『雲石』。

何世基，字雲石，吴縣（今屬江蘇蘇州）人。清篆刻家。擅篆刻，著有《篆摹印譜》。

九三　徐三庚摹刻周叔邦父簠、《曹景完碑》銘扇骨

清同治三年（1864）

股長32.30厘米，板闊2.12厘米

款署『少梅三兄正之，同治甲子夏日，徐三庚臨并刻』。

徐三庚（1826—1890），字辛穀，號井罍，又號袖海、金罍、詵郭、餘糧生、大横、褎海、金罍道士、金罍道人、金罍山民、薦木道士、老辛庚、井畾、袖海父、上於父、囂然散人、老褎等，齋堂似魚室，浙江上虞人，流寓上海。晚清印壇獨樹一幟的篆刻大家。工篆、隸，精於金石文字，篆刻由浙派陳鴻壽、趙之琛入手，上窺秦漢，於吴熙載、趙之謙後别樹一幟。工書法，篆取天發神讖碑，隸書合漢諸碑之長，自成面目。并擅長刻竹。存世有《金罍山民印存》《金罍印摭》《似魚室印譜》。

九四　芳庭刻錢慧安『桃李春園』扇骨

清同治三年（1864）

股長32.30厘米，板闊2.09厘米

款署『桃李春園，撫吕廷振大意』；『甲子仲夏，吉生寫，芳庭刊』，鈐陽文橢圓印『石生』。

芳庭，又字石生。傳世竹刻作品有香港藝術館藏淺刻書法臂擱等。《扇骨的鑒賞與收藏》一書記：石生，名號不詳，民國時人，其作品署『石生』二字，有的爲陰刻山水人物，有的則是沙地留青。另查：王思睿，原名景恒，字石生，一字山厓，號輔仁，又號頑石，別署夢花生，平湖人，諸生。《廣印人傳》記其工詩文，書法懷素，酒酣耳熱，每作狂草，刻印亦深入漢室。此『石生』是否爲王思睿，待考。

錢慧安（1833—1911），初名貴昌，字吉生，號清溪、清溪子、清溪樵子，室名雙管樓，自署雙管樓主，又別署吳越王孫、武肅王二十八世孫，寶山（今屬上海）人，一作浙江湖州人，一作仁和（今屬浙江杭州）人，僑上海。畫家。善人物、仕女，筆意遒勁，態度閑雅，間作花卉、山水亦善。晚筆勁峭有餘，虛靈不足。面型流於公式，缺乏個性，光緒、宣統間與倪田、宋海、鄧启昌、舒浩賣畫海上，名重一時。著《清溪畫譜》。

九五　張錫恩刻任頤人物圖、行書詩句扇骨

清同治五年（1866）

股長 33.80 厘米，板闊 2.37 厘米

款署『丙寅春仲任小樓頤寫』；『善卿二兄正，子勤張錫恩刻』。

張錫恩，字子勤。生卒、里貫不詳。

九六　笑軒刻王禮『野鶴虬松』、摹古泉範扇骨

約清同治五年（1866）

股長32.10厘米，板闊2.08厘米

款署『子芬大兄屬，秋言畫』；『子芬一兄大人屬即正之』『笑軒刻』。

笑軒，姓氏、里貫不詳。

清王禮魚藻圖、沈景修行書成扇

九七　程文彬刻王禮無量壽佛圖、行書詩句扇骨

清同治六年（1867）

股長32.20厘米，板闊2.09厘米

款署『秋言』；『丁卯冬日秋道士禮題畫之作，調生程文彬刻於白洋湖上蝸寄龕中』。

程文彬，字調生。生卒、里貫不詳。

九八　姚汝錕刻行書《春夜宴桃李園序》扇骨

清同治七年（1868）

股長 33.50 厘米，板闊 2.56 厘米

款署「一卿仁兄大人大雅之屬，戊辰春日録《春夜宴桃李園序》於申江客次虹橋側，飛泉刻」。

姚汝錕（？—1882），字飛泉，浙江嘉善人。清書法、篆刻家。避亂滬江（今上海）。善詞藻，書擅隸、篆體，尤工刻竹，間作小印，亦楚楚有致。精音律，尤精於琵琶。

九九　姚汝錕刻行書扇骨

清同治八年（1869）

股長 32.30 厘米，板闊 2.09 厘米

款署『己巳秋日，飛泉刊於申江客次』。

一〇〇　姚汝錕摹刻古器銘扇骨

清同治年間（1862—1874）

股長 32.00 厘米，板闊 2.06 厘米

鈐陽文篆書長方印『飛泉』；款署『飛泉』，鈐陽文橢圓印『泉』。

谕肃陶睒共废铜鼎一合
周一夋并重十尺

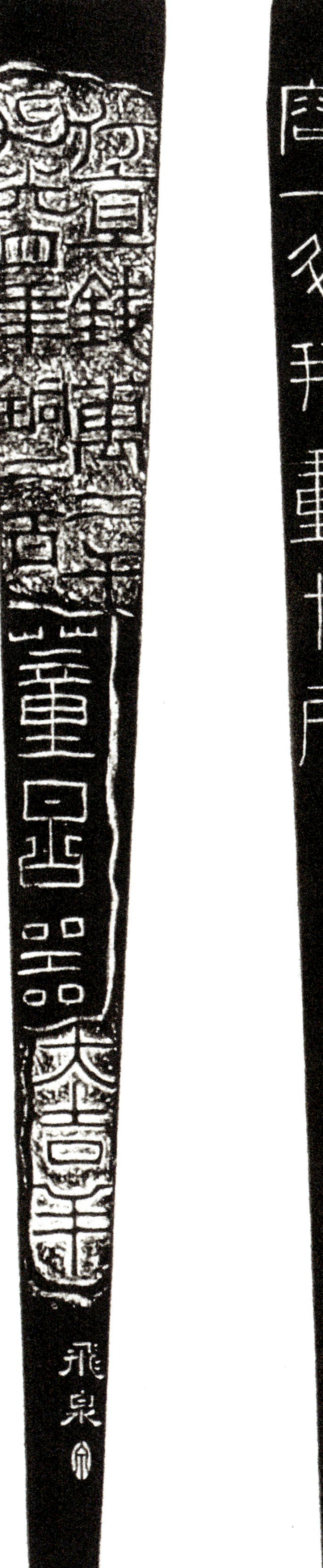

一〇一　姚汝錕刻隸書、金文扇骨

清同治年間（1862—1874）

股長 32.30 厘米，板闊 2.06 厘米

款署『淡人仁兄大人大雅屬正』；『右旂鼎銘二十六字，飛泉刻』。

一〇二　吴堅摹刻夏琱戈、周叔㚇父鬲銘扇骨

清同治七年（1868）

股長32.20厘米，板闊2.09厘米

款署「廼舊齋主子番作」，鈐陽文長方印「吴氏金石」；「戊辰長夏爲緐蓀六兄大人刊正，吴堅」，鈐陰文長方印「堅印」。

吴堅（1830—1877），字鐵梅，號匏伯，浙江海寧人（原籍海鹽）。精楷書，學「二王」，參趙孟頫、董其昌筆意。仿《靈飛經》極娟秀。擅畫梅。

一〇三　濟刻《魏盧江太守範式碑》、《婁元儒碑》銘扇骨

清同治七年（1868）

股長32.50厘米，板闊2.06厘米

款署『時戊辰三月下旬』；『誠甫表姊丈大人正，用川弟濟刊』，鈐陽文橢圓印『用川』。

濟，字用川，姓氏、里貫不詳。

一〇四　潤東刻葉鏞梅蘭水仙圖、行書詩句扇骨

清同治八年（1869）

股長 32.30 厘米，板闊 2.03 厘米

款署『己巳冬仲笙甫作於四明客次』；『衛川大兄雅正，己巳十月潤東刻』。

潤東，姓氏、里貫不詳。

葉鏞，字笙甫，一作笙父，秀水（今屬浙江嘉興）人。清畫家。善畫花卉、翎毛。

一〇五　張昌甲刻張綠初行書詩句扇骨

清同治八年（1869）

股長33.80厘米，板闊2.32厘米

款署『友三大兄大人雅玩』；『己巳落夏綠初書，雋生刊』，鈐篆書陽文方印『甲』。

張昌甲（1827—1880年後），字雋生，金山（今屬上海）人。篆刻家。諸生。工詩文詞，擅刻印，專元朱文小印，得宋人遺法。光緒八年（1882）輯自刻印成《印林從新》二卷。

張綠初，華亭（今屬上海松江）人。工書，擅畫墨龍。

一〇六　張昌甲刻胡公壽芭蕉、行書詩句扇骨

清同治九年（1870）

股長32.20厘米，板闊2.06厘米

款署『庚午三月上浣之吉，胡公壽畫』；『采山仁大兄大人雅賞，雋生刊』，鈐陽文方印『甲』。

胡遠（1823—1886），字公壽，號瘦鶴、小樵，又號横雲山民、寄鶴、靈阿、戇父，畫用字行，華亭（今屬上海松江）人。咸豐十一年（1861）至上海，初寓毛樹澂家，後買宅顏曰『寄鶴軒』。能詩，善書畫。書法顏真卿，工山水、蘭竹、花卉，尤喜畫梅。有《寄鶴軒詩草》。

庚午三月上浣之吉
胡公壽画

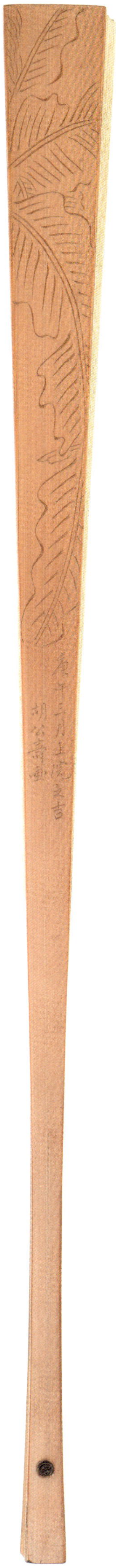

一〇七　張昌甲刻行書詩句扇骨

清同治年間（1862—1874）

骰長32.00厘米，板闊2.06厘米

款署『廣岩仁兄屬』；『雋生刊』。

南風吹斷採蓮歌，夜雨新添太液波，水殿雲廊三十六，不知何處月明多。雋生刊

調入蒼梧斑竹枝，滿湘渺渺水雲思，聽來記得蕭湘夜，疏雨梧桐獨坐時。廣岩仁兄屬

一〇八　裕卿刻馬嘶驚玉樓、采菱圖扇骨

約清同治九年（1870）（扇面年款庚午）

股長 33.80 厘米，板闊 2.27 厘米

款署『裕卿氏作』；『裕卿』。

裕卿，活躍於清同治年間，姓氏、里貫不詳。

清王培根聽鶴圖、朱允中行書成扇

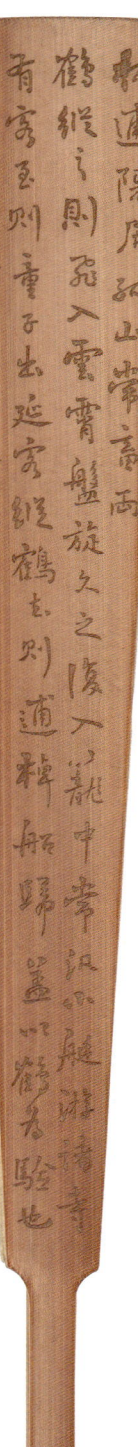

一〇九　刻王禮『放鶴圖』、井花行書扇骨

清同治九年（1870）

段長33.80厘米，板闊3.40厘米

款署『庚午夏五月秋道士王禮寫君復故事』；『同治庚午槐夏井花漫筆』。

井花，姓氏、里貫不詳。

一一〇　蔡真刻行草詩句扇骨

清同治九年（1870）

股長31.20厘米，板闊2.02厘米

款署『寶镕先生正之』；『庚午秋七月，蔡真書』，鈐陽文方印『禛』。

蔡真（？—1929），字冠雄，室名拊焦桐館。擅長篆刻。1929年輯成自刻印《拊焦桐館印集》，同年又刻有『吾師靈雲』印。

一一一　沈國琪刻行書《虞美人》扇骨

清同治十年（1871）

股長33.80厘米，板闊2.27厘米

款署「辛未孟夏録舊作虞美人迴文」，鈐篆書陽文長方印「鐵隱」；「鹿苹一兄大人雅屬即正，鐵隱沈琪并刊」，鈐陽文橢圓印「少石氏」。

沈國淇，一作沈國琪，字少石，號鐵隱，又號鐵隱道人，顏其庵曰「惕影」，秀水（今屬浙江嘉興）人。清同治、光緒間詩人、書畫家、篆刻家。附貢生。工詩詞、分隸，精篆刻，擅摹刻名人書畫，尤善刻竹，工整古雅近楊聾石，又擅畫梅。博涉今古，杜門不出，游於諸藝。著有《紅墩野唱詩》《野唱餘音》《丙寅蠶詞》。

一一二 王其昶刻仕女、縮摹秦漢磚瓦銘扇骨

清同治十年（1871）

股長 32.20 厘米，板闊 2.06 厘米

款署『昕溪寫』，鈐陽文長方印『雲石』；『重光協洽夏五月縮摹家藏秦漢磚瓦文四種，伯溥姊丈大人正之，王其昶刻』，鈐陰文方印。

王其昶（1839—1890），字昕溪，浙江嘉興人。清末畫家、篆刻家。王逢辰子。能琴善畫，工篆刻，人争求之。輯有《理琴樓印譜》。

一一三　陶濬刻張熊垂枝梅花圖、行草詩句扇骨

清同治十年（1871）

股長32.10厘米，板闊2.09厘米

款署『子祥寫』；『冠臣公祖大人鑒之，辛未上巳日嘉興陶計椿刻』。

陶濬（？—1903），字計椿，號牧緣、老牧，秀水（今屬浙江嘉興）人。清書法、篆刻家。趙之謙高弟之一。工書法，善篆刻。治印脱胎於吴熙載、趙之謙，而出以工整，所作都中法度，一洗印人習俗，邊款亦工緻秀整。尤精刻竹，摹金石文字，筆意刀法工雅不俗。

一一四　芷根刻章乃堃、朱人熙行書扇骨

清同治十年（1871）

股長32.40厘米，板闊2.06厘米

款署『綺翁先生大人雅政，筠庭章乃堃題贈』；『辛未夏日，酉山作，芷根鐫』。

芷根，姓氏、里貫不詳。

章乃堃，字筠庭。生卒、里貫不詳。

朱人熙，字酉山，海寧人。清詩人。植品端嚴，學亦淵雅。與許莢坪、管芷湘、吴闇莊諸老相唱和。著有《醉月樓詩草》。

一一五　金柏刻草書詩句扇骨

清同治十一年（1872）

股長32.30厘米，板闊2.08厘米

款署「吉甫二兄大人屬，即希雅正」；「時壬申春仲，松友弟金柏」。

金柏，字松友，生卒、里貫不詳。

一一六　熙臺氏刻草書《伯樂與千里馬》扇骨

清同治十一年（1872）

股長31.90厘米，板闊2.12厘米

款署「壬申之秋九月既望亦知道人熙臺氏自書并刻」，鈐陽文橢圓印「壬午生」。

熙臺氏，號亦知道人，姓氏、里貫不詳。

一一七　郭照刻芭蕉仕女圖、草書扇骨

清同治十一年（1872）

股長31.00厘米，板闊1.97厘米

款署『壬申夏六月，子青刊』。

郭照（1827—1895），字容光、士恒，更名容光，字鳴之、子青，又字飴之，號曉樓、曉壘、曉巒、鐵隱，又號肖雷，别署桑間居士、太白山人、梅花琴客、白雲亭長等，秀水（今屬浙江嘉興）人。清畫家。能詩文，工書畫，尤長花鳥。曾居滬上，與同鄉張熊善，作畫受其影響較大。有《隱吾草堂詩稿》《隱吾草堂集》《静寄齋詩稿》《藝林悼友録》等。

一一八　吴熙載刻枇杷、書法扇骨

清同治年間（1862—1874）

股長31.10厘米，板闊2.04厘米

款署『研正大兄正之，讓之』；『讓之刻』。

吴熙載（1799—1870），原名廷揚，字熙載，五十歲以後以字行，號讓之、攘之，號讓翁、攘翁、晚學居士、晚學生、方竹丈人、言庵、言甫、難進易退學者，齋堂爲晋銅鼓齋、師慎軒。江蘇儀徵人，長期寓居揚州。清代杰出的書畫、篆刻家，晚清三大金石家（另兩位爲趙之謙、吴昌碩）之首。少爲包世臣入室弟子，後又宗法皖派金石名家鄧石如。善各體書，尤工篆、隸，能以碑刻摹印，傳鄧石如衣鉢，亦自成面目，爲時所宗尚。間作寫意設色花卉，亦風韵絶俗。又精於鐵筆，善刻扇骨牙、竹器，造詣極深，能將金石、書法和繪畫等多種藝術技巧熔鑄於刻竹中，使雕刻與書畫藝術相結合，極具文人氣息。精金石考證，著有《通鑑地理今釋稿》《晋銅鼓齋印存》《師慎軒印譜》。

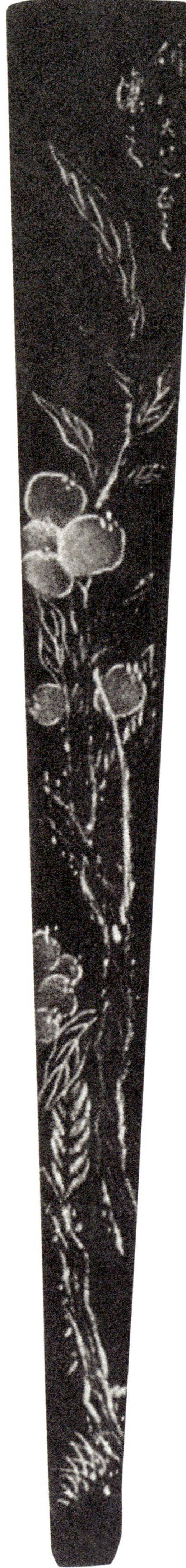

一一九　吴雲刻竹枝圖、行書詩句扇骨

清同治年間（1862—1874）

股長 34.00 厘米，板闊 2.28 厘米

款署『小巖葉兄屬，平齋吴雲』，鈐陰文方印『吴』、陽文橢圓印『平齋』。

一二〇 金彝刻王素『漁舟唱晚』、『日暮倚修竹』扇骨

清同治年间（1862—1874）

股長 33.50 厘米，板闊 3.30 厘米

款署『小某王素』；『爵山金彝刻』。

金彝，字爵山，清同治年間揚州人。與趙竹賓、朱震伯、耿西池等同時。揚州博物館藏有其『己巳冬日邗上弟金彝畫并刻』竹刻扇骨。

一二一　丹初淺刻山水扇骨

清同治年間（1862—1874）

股長 33.70 厘米，板闊 3.28 厘米

款署『止道人清玩』；『丹初作』。

丹初，姓氏、里貫不詳。

一二三　張松齋淺刻蘇武牧羊圖、『撫琴訪友』扇骨

清同治年間（1862—1874）

股長32.30厘米，板闊2.10厘米

款署『松齋』，鈐陽文橢圓印『張』。

張松齋，生卒、里貫不詳。

一二三　陸俁刻張熊秋葵梅花、菊枝綬鳥圖扇骨

清同治年間（1862—1874）

股長 31.80 厘米，板闊 2.03 厘米

款署『子祥張熊寫』；『侶松陸俁刻』，鈐陽文橢圓印『侶松』。

陸俁，字侶松。工畫山水，筆法遒勁，枝葉條暢，不愧名手。

一二四　傅萬刻海帆道人秋樹圖、篆書扇骨

清同治至光緒年間（1862—1908）

股長 32.20 厘米，板闊 2.04 厘米

款署『道人獨自掃莓苔，放小蒲團看秋樹。海帆』；『春園觀察大人鈞政，傅萬刻』。

傅萬，號一凡。清光緒年間河北南皮人。善篆刻竹、木。

海帆，姓氏、里貫不詳。

半規月寸葉同無趣炎上時滌蕩大雪於寒申呼嗟兮杜吾
掌握而有斡旋造化功

春圃觀察大人鑒政　傳焉刻

道人獨自掃蒼苔放小蒲團看秋樹　海帆

半規月寸葉同無趣炎上時滌蕩大雪於寒申呼嗟兮杜吾
掌握而有斡旋造化功

春圃觀察大人鑒政　傳焉刻

道人獨自掃蒼苔放小蒲團看秋樹　海帆

一二五　朱雲刻行書扇骨

清同治年間（1862—1874）

股長 32.50 厘米，板闊 2.10 厘米

款署『秋丞大兄大人正，朱竹樓作』，鈐二陽文印『臣』『雲』。

朱雲，字竹樓。活躍於 20 世紀初期。擅刻扇骨，小字尤精。

一二六　誦青刻行書《海嶽書評》一則扇骨

清同治年間（1862—1874）

股長 32.30 厘米，板闊 2.06 厘米

款署『誦青氏刻于古研山齋』。

誦青，姓氏、里貫不詳。

一二七　岳青刻行草詩句扇骨

清同治年間（1862—1874）

股長 32.20 厘米，板闊 2.10 厘米

款署『鶴生二兄大人正』；『岳青』；鈐陽文橢圓印『岳青』。

岳青，約活躍在清同治、光緒年間，里貫不詳。善刻行草書法扇骨。

一二八　岳青刻行草詩句扇骨

清同治年間（1862—1874）

股長 31.90 厘米，板闊 2.08 厘米

款署『岳青』，鈐陽文橢圓印『岳青』。

一二九　少帆刻穀軒行草詩句扇骨

清同治年間（1862—1874）

股長31.80厘米，板闊2.14厘米

款署『文安屬穀軒書，少帆刊』。

少帆，姓氏、里貫不詳。穀軒，姓氏、里貫不詳。

一三〇　莊熊刻漁漁生花鳥圖、行書扇骨

清同治年間（1862—1874）

股長31.80厘米，板闊2.03厘米

款署『法忘莽老人本，漁漁生作』；『香泉仁兄大人正之，芝庭莊熊刊』。

莊熊，字芷庭，又作芝庭，震澤（今屬江蘇蘇州）人。清篆刻家。工治印，善篆刻。漁漁生，姓氏、里貫不詳。

一三一　于士俊深刻行草詩句扇骨

清同治年間（1862—1874）

骨長32.20厘米，板闊2.10厘米

款署『子安』，鈐陽文橢圓印『士俊』。

于士俊，字子安，吴縣（今屬江蘇蘇州）人。清同治、光緒年間制扇名家。擅刻扇骨，尤善書法，自書自刻，長於淺刻小字。其竹刻作品以行楷爲多，字迹娟秀。曾於光緒十六年（1890）到北京刻竹。晚年亦刻鐘鼎瓦當文，留青刻尤佳。傳世品有扇骨、臂擱、琴形竹劍匣等。

一三二　于士俊刻行草書法扇骨

清同治年間（1862—1874）

股長 32.50 厘米，板闊 2.02 厘米

款署『子安』，鈐陽文橢圓印『士俊』。

一三三　于士俊刻行草詩句扇骨

清同治年間（1862—1874）

股長 32.20 厘米，板闊 2.09 厘米

款署『行旃二兄大人正』；『子安』，鈐橢圓陽文印『士俊』。

一三四　于士俊刻行草詩句扇骨

清同治年間（1862—1874）

股長 31.90 厘米，板闊 2.06 厘米

款署『小岩二兄大人正』；『子安』，鈐橢圓陽文印『士俊』。

一三五　于士俊刻行草詩句扇骨

清同治年間（1862—1874）

没長 32.10 厘米，邩闊 2.10 厘米

款署『子安』，鈐陽文橢圓印『士俊』。

一三六　于士俊刻行草詩句扇骨

清同治年間（1862—1874）

股長 31.40 厘米，板闊 1.62 厘米

款署『子安』，鈐陽文橢圓印『士俊』。

一三七　于士俊刻行草詩句扇骨

清同治年間（1862—1874）

股長31.40厘米，面闊1.68厘米

款署『子安』，鈐陽文橢圓印『士俊』。

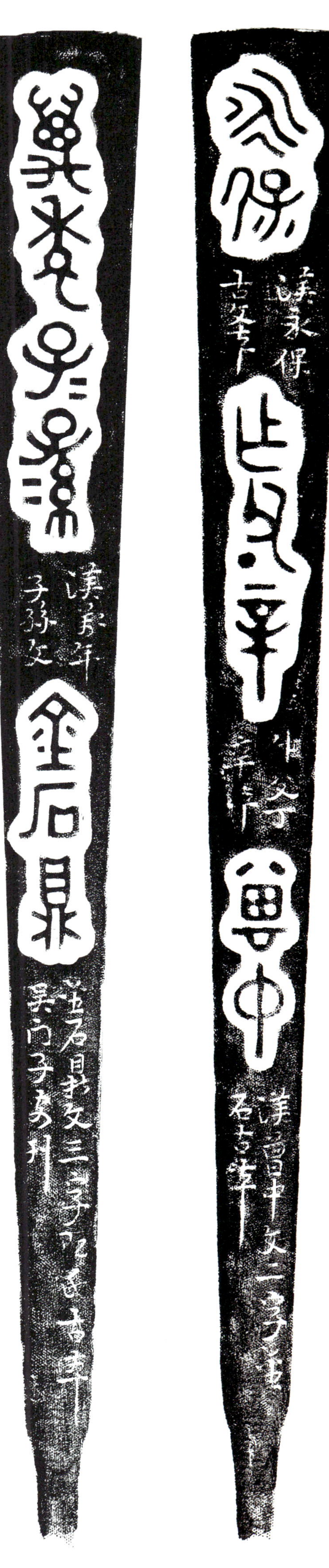

一三八　子安款摹刻漢器銘扇骨

清同治年間（1862—1874）

股長 31.10 厘米，板闊 2.03 厘米

款署『吴門子安刊』。

一三九　吴宗海刻『漁樵問答』、『東籬采菊』扇骨

清同治、光緒年間（1862—1908）

股長32.10厘米，板闊1.60厘米

款署『松亭吴宗海刊』，鈐陽文橢圓印『吴』。

吴宗海，字松亭。清同治、光緒年間著名竹刻家。擅刻人物、山水、花鳥，人物刻畫細膩，毫髮畢現。畫筆流暢，字亦挺秀，刀法工細。

一四〇　吴宗海刻『秋江野渡』、『捷報君知』扇骨

清同治、光緒年間（1862—1908）

股長32.10厘米，板闊2.04厘米

款署『松亭吴宗海刊』，鈐陽文橢圓印『吴』。

捷報君知
松雪吳宗海刊
秋江野渡

一四一　陳榕刻范多璜行書扇骨

清光緒元年（1875）

股長32.20厘米，板闊2.00厘米

款署「麟如大兄屬，香畦作」；「乙亥春日范多璜書」。

陳榕，字嶽年、香畦，號山農。清末、民國時期鄞縣（今屬浙江寧波）人，一作慈溪縣城（今寧波市江北區慈城鎮）人。近代篆刻家。善書，工篆刻，風格近徐三庚、錢松一路，刀法衝切，自然嫻熟，章法參差有致，頗見功力。

范多璜，字兆璠，清道光至光緒間鄞縣人。同治十二年（1873）舉人。善書法，初習楷書，端正雋雅，後轉習行書，宗法「二王」，筆致純熟流暢。著有《經史蒙求》。

一四二　程筠刻張熊花鳥圖扇骨

清光緒元年（1875）

股長 32.20 厘米，板闊 2.05 厘米

款署『兩峰子法，子祥張熊』，鈐陽文方印『張』；『乙亥夏四月，海粟程筠刊』，鈐陽文圓印『程』。

程筠，字海粟，清同治至光緒年間浙江嘉興人。書畫家、篆刻家。工書，習趙孟頫，得其神味。精刻竹。

一四三　巫英刻劍弇觀音駕雲、深山騎驢圖扇骨

清光緒元年（1875）

股長31.70厘米，板闊2.03厘米

款署『劍弇寫』；『乙亥冬月爲桃溪仁兄大人雅正，弟叙之巫英刊』。

巫英，字叙之，活躍在清光緒年間。生卒、里貫不詳。

劍弇，姓氏、里貫不詳。

一四四　王禮刻行書《岑嘉州詩》扇骨

清光緒二年（1876）

股長 32.50 厘米，板闊 2.23 厘米

款署「裕南軍門大人屬，丙子閏五月新安王冬蓀刻」。

王禮，字冬蓀，新安（今屬安徽黄山）人。活躍於清光緒年間。

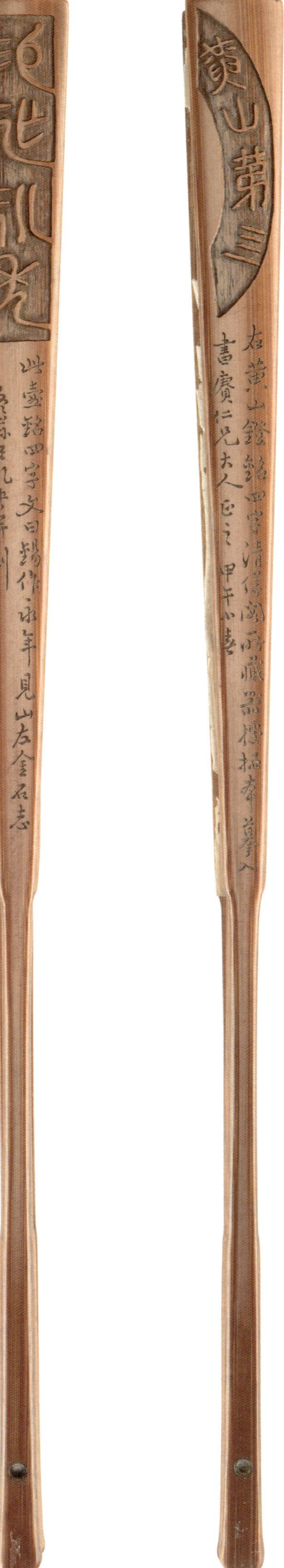

一四五　王禮摹刻黃山燈、古壺銘扇骨

清光緒二十年（1894）

股長31.40厘米，板闊1.05厘米

款署『書賡仁兄大人正之，甲午小春』；『冬蓀王禮書并刻』。

一四六　胡曜摹刻宋拓本晉滲盤銘扇骨

清光緒四年（1878）

股長 32.20 厘米，板闊 2.00 厘米

款署『茾孫仁兄大人大雅之屬，光緒四年戊寅歲秋九月肖寅弟曜作于如水寓齋』。

胡曜，字肖寅，浙江嘉興海寧人，居硤石。清末書畫家。工畫山水，疏朗秀潤，書法亦瘦硬。

一四七　徐沅刻行書扇骨

約清光緒三年（1877）

股長32.30厘米，板闊2.10厘米

款署「用和一兄大人正」；「海虞松石子刊」，鈐陽文橢圓印「石」。

徐沅（1864—1927），字松石，一字竹齋，常熟人。出身書香門第，凡詩詞文辭、書法篆刻莫不涉獵。又善刻竹。

清梅調鼎花鳥圖、楊沂孫行書成扇

一四八　仲仁刻李綱『老圃秋容』、摹古磚器銘扇骨

清光緒年間（1875—1908）

股長32.60厘米，板闊2.12厘米

款署『仲仁我兄方家大人雅教，弟李后安畫』，鈐陽文圓印『李』、陰文長方印『后安』；『仲仁自製』。

仲仁，生卒、里貫不詳。

李綱（1846—？），字后安，別署百鍊子，順天宛平（今屬北京）人。官白沙巡檢。工畫花鳥，筆致清挺，有陳淳遺意。間作拳石，頗蒼勁。書亦蒼勁可喜。

一四九　仲仁刻張錫文縮臨王羲之本《蘭亭序》扇骨

清光緒四年（1878）

段長32.70厘米，板闊3.85厘米

款署「戊寅蒲夏縮臨王逸少本，椿伯仁兄大人大雅正，臨晋孫弟張錫文書於護壽廬之南窗下，仲仁弟刻竹」。

張錫文，江蘇蘇州人，邰州知州。

一五〇 朗亭刻行書鄭板橋《種花詞》扇骨

清光緒四年（1878）

股長33.70厘米，板闊2.18厘米

款署「洛卿三兄大人屬，刻板橋種花詞」；「戊寅菊爍中旬朗亭作於自怡書屋之南窗」。

朗亭，姓氏、生卒不詳。

一五一　許平青刻行書詩句、仕女圖扇骨

清光緒五年（1879）

骨長 32.00 厘米，最闊 1.47 厘米

款署『光緒五年四月望日以應春舫仁兄大人屬，即正之』；『許平青刻』。

許平青，生卒、里貫不詳。

一五二　朱黻刻行書録《菜根譚・閑適》二則扇骨

清光緒五年（1879）

股長31.70厘米，板闊2.05厘米

款署『己卯潤三時客虎林爲椿伯仁兄大人正之，友岩弟朱黻刻』。

朱芾（?—1888年在世），一作朱黻，字友巖、友岩、友嵒，别號三如主人，别署玉麈山民，室名百漢磚齋，烏程（今屬浙江湖州）人，一作浙江吴興人。近代篆刻家。善刻印，取法趙之琛，作元朱文楚楚可觀。

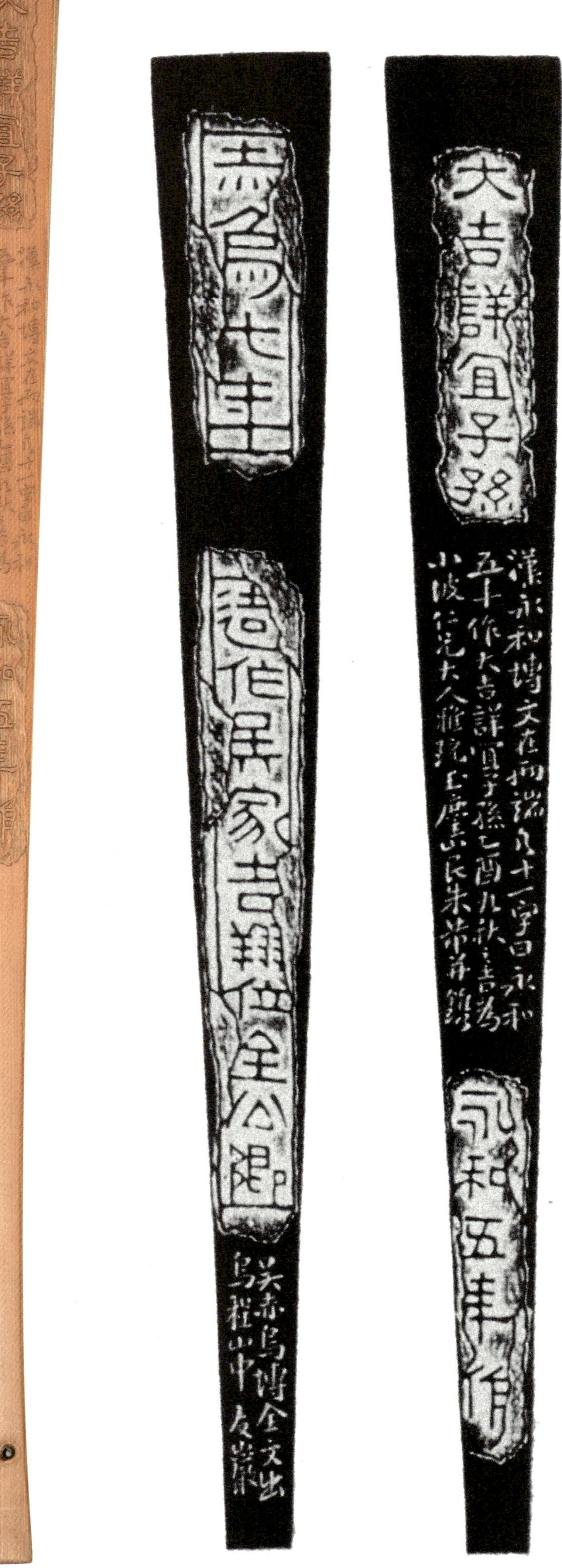

一五三　朱芾摹刻漢永和磚、吴赤烏磚銘扇骨

清光緒十一年（1885）

股長 33.40 厘米，板闊 2.30 厘米

款署『乙酉九秋之吉爲小坡仁兄大人雅玩，玉麈山民朱芾并鐫』；『友巖』。

一五四　蔡照刻周泰山水、秦量銘扇骨

清光緒六年（1880）

股長 32.20 厘米，板闊 2.04 厘米

款署『明齋屬，伯安畫，容莊刻，庚辰九月』；『撫秦量銘七字陽識刻之。即請明齋老兄我師以充揮暑之用，并求教正。容莊弟照記於西河近聖人居』。

蔡照，原名照初，字容莊、容壯，清咸豐至光緒年間蕭山（今屬浙江杭州）人。近代竹刻家、篆刻家。能篆隸，精鑒别古金石文，擅治印，承浙派，所作道勁秀逸工整。善刻竹木，曾爲邑中王齡刻扇骨百柄，花卉、山水、仕女、佛像具備，皆爲任熊所畫，奇巧工細，能傳原作之神。

周泰，字伯安，山陰（今屬浙江紹興）人。善山水，有名於時。

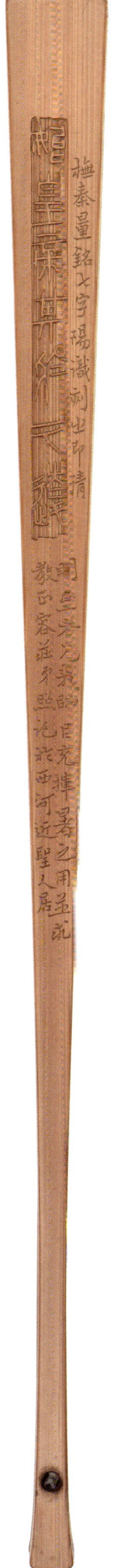

一五五　吴寶均摹刻漢車宫承燭盤、漢雙魚四錢大洗銘扇骨

清光緒六年（1880）

股長 32.50 厘米，板闊 2.02 厘米

款署『彤甫仁兄大人雅屬，庚辰杏月耕石老農摹』。

吴寶均，號耕石農，清光緒時江蘇武進人。擅篆書。

一五六　章桂三刻行書《蘭亭序》扇骨

清同治、光緒年間（1862—1908）

股長33.60厘米，板闊2.50厘米

款署『鏞初一兄大人正，桂三刊』，鈐陽文『桂三』橢圓印。

章桂三，吳縣（今屬江蘇蘇州）人，清同治、光緒年間蘇州竹刻作家。擅刻竹，人物花鳥，隨刀意刻，生趣天成，仕女人物精絶。刻行草書亦工，乃清末刻工中的翹楚。落章『桂三』。

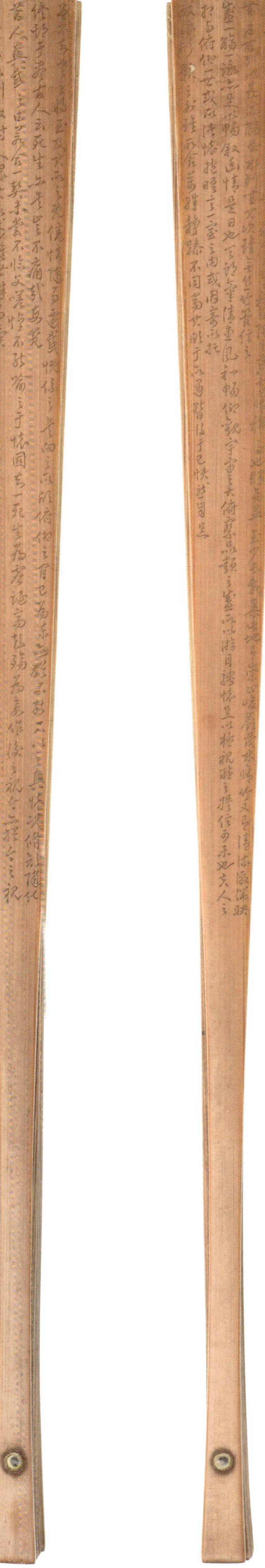

一五七　章桂三刻行書《蘭亭序》扇骨

清光緒七年（1881）

股長 32.20 厘米，板闊 2.10 厘米

款署『康如三兄大人正，桂三刊』，鈐陽文橢圓印『桂三』。

一五八　周萇杉刻雅笙菊花競放圖扇骨

清光緒八年（1882）

股長32.40厘米，板闊2.08厘米

款署『光緒八年夏五，雅笙寫』；『周萇杉刻，儒粟仁兄大人清賞』。

周萇杉，生卒、里貫不詳。

雅笙，姓氏、里貫不詳。

一五九　趙淇刻竹道人人物、行書《閨情》詞句扇骨

清光緒八年（1882）

股長 32.30 厘米，板闊 2.02 厘米

款署『摹宋人筆意，西津竹道人作』；『光緒壬午冬日偶題閨情詞句刻於碧梧書屋之南窗，爲子清仁兄大人法家指正，竹賓弟趙淇并墨』，鈐一陰文橢圓印。

趙淇（琪），字竹賓，江蘇揚州儀徵人。先從王小某學畫人物，衣褶殊有古意。精刻竹，仿濮仲謙，淺刻於扇邊，工細人物，須眉衣褶，栩栩如生，時稱淺雕巨手。小楷摹趙孟頫，尋常扇邊，刻至十行，殊可愛玩。

竹道人，江蘇鎮江人。生卒不詳。

一六〇　趙淇刻五老賞畫、錦簇護歸圖扇骨

清光緒十二年（1886）

股長31.80厘米，板闊2.11厘米

款署「五峰雲寄子作于碧霞齋」，鈐一陽文橢圓印；「光緒十二年仲春，奉宏昭仁兄大人雅屬，竹賓弟趙淇并墨」，鈐一陰文橢圓印。

一六一　趙淇刻斜倚薰籠圖、行書詩句扇骨

清光緒年間（1875—1908）

股長 32.10 厘米，板闊 2.13 厘米

款署『摹新羅法作于式古書屋之南窗，奉宏昭仁兄大人雅屬，竹賓趙淇』；『宏昭仁兄大人雅屬，竹賓弟趙淇鎸』，鈐一陰文橢圓印。

一六二　趙淇刻「冷露無聲濕桂花」、「春思圖」扇骨

清光緒年間（1875—1908）

股長 30.60 厘米，板闊 2.33 厘米

款署「竹賓作」；「法新羅山人意」「春思圖」「趙淇又刻」。

一六三　趙淇刻芭蕉仕女、耿西池刻枯木聞鴉圖扇骨

清光緒年間（1875—1908）

股長34.30厘米，板闊3.40厘米

款署『樸卿仁兄大人雅正，竹賓弟趙淇刻』；『樸卿二兄大人正之，西池刻』。

耿西池，晚清江蘇揚州人。吴讓之嫡傳弟子。擅淺竹刻。

一六四　趙之謙刻行書扇骨

清光緒年間（1875—1908）

股長 32.70 厘米，板闊 3.77 厘米

款署『撝叔爲邕生作』。

趙之謙（1892—1884），初字益甫，後改字撝叔，號冷君、憨寮、悲盦、無悶、梅盦，齋堂爲二金蝶堂、苦兼室。會稽（今浙江紹興）人。著名海派書畫家。咸豐己未（1859）舉人，官江西鄱陽、奉新知縣。能書，初法顔真卿，後專意北碑，篆、隸師鄧石如，加以融化，自成一家，能以北碑寫行書，尤爲特長。作花卉木石及雜畫亦以書法出之，寬博淳厚，水墨交融，能合徐渭、石濤、李鱓，獨具面目，爲清末寫意花卉之開山。工刻印，師鄧石如，工整秀逸，惜缺自然古樸之致。能自作扇骨銘文并自刻扇，善於扇骨上刻自己的書法或小品畫迹。有《二金蝶堂印譜》《悲盦居士詩剩》《六朝别字》《補寰宇訪碑録》，西泠印社集其書畫爲十集，曰《悲盦剩墨》。

一六五　朱志復刻趙之謙佛手圖、行書扇骨

清光緒九年（1883）

股長 32.80 厘米；板闊 2.14 厘米

款署『癸未九秋，趙之謙』，鈐陰文方印『趙』；『撝叔』，鈐陰文長方印『之謙』、陰文方印『减齋刊』。

朱志復，字遂生、子澤，號减齋，清同治、光緒年間江蘇無錫人。趙之謙弟子。精鐵筆，金石刻畫皆工。輯有《二金蝶堂癸亥以後印稿》。

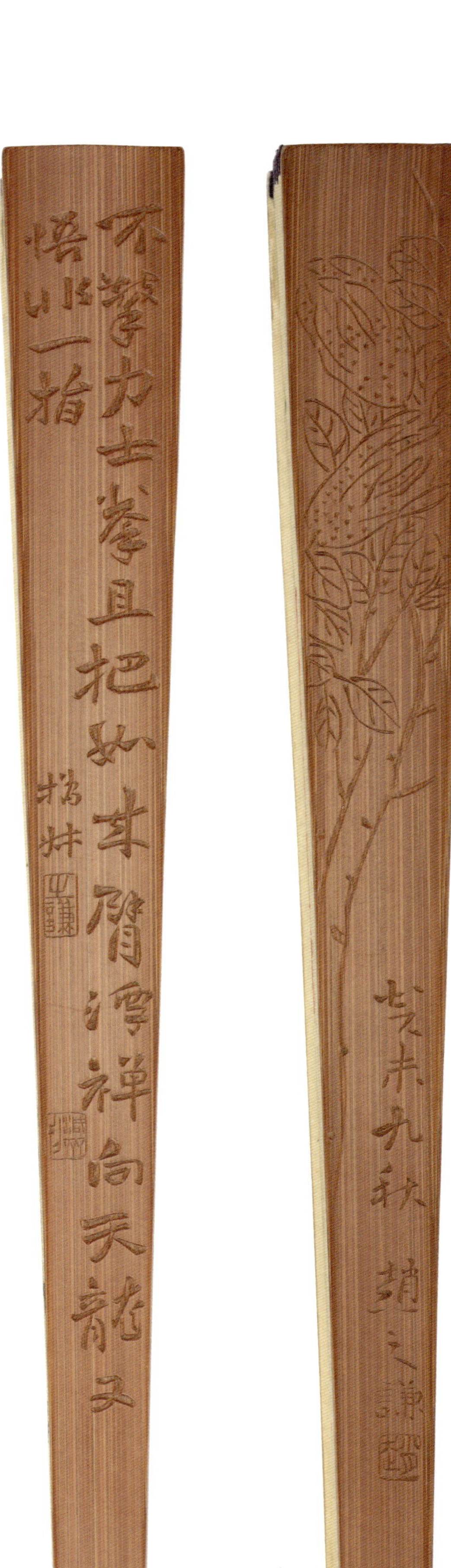

一六六　任頤垂枝花鳥圖、壺道人行書詩句扇骨

清光緒九年（1883）

股長 30.90 厘米，板闊 1.64 厘米

款署『癸未二月伯年』；『壺道人書』。

任頤（1840—1896），字伯年，號小樓。山陰（今屬浙江紹興）人。任鶴聲子。海上畫派重要畫家。善人物、花鳥，仿宋人雙鈎法，賦色濃厚，白描傳神，頗近陳洪綬。尤以寫意花鳥成就爲高。書法亦參畫意，奇警异常。賣畫海上，聲譽赫然，與胡公壽并重。

壺道人，姓氏、里貫不詳。

一六七　朱臣刻『竹裡煎茶』、行書扇骨

清光緒十年（1884）

股長 32.20 厘米，板闊 2.04 厘米

款署『叔眉四兄大人正是，晉三寫』；『甲申又五月中旬録黄葉老人過新庵之作』。

朱臣，字晉三，浙江海寧人。清畫家。善山水人物，有别致。與朱佳會同時。

一六八　巢勳秉燭夜讀圖、行書詩句扇骨

約清光緒十年（1884）

股長 32.30 厘米，板闊 2.04 厘米

款署「叔眉從兄正之，松道人寫」；「叔眉姻妹正之，□書」。

巢勳（1852—1917），字子餘，號松道人，又號松華館主，浙江嘉興人。學畫於同邑張熊。工山水，并能花鳥，其疏林遠岫，古木寒鴉，翛然有倪瓚遺意。所仿明、清諸家畫册，俱能得其仿佛。又臨摹《芥子園畫傳》，石印行世。有《光雪聽竹軒詞》。

清吴滔樹石修竹圖、吕景端行書成扇

一六九　金之駿刻『桐陰琴韵』、行草『隨園詩話』扇骨

清光緒十年（1884）

股長31.80厘米，板髹2.04厘米

款署『夢吉寫』；『甲申夏四月十有八日節書隨園詩話於紅柿邨之述盧，韵秋仁兄大人大雅之屬，夢吉書畫并刊』。

金之駿（1841—1901），字遹聲，號夢吉，又號述盧、述庵，別署紅柿邨農、一簣山人，秀水新溪（今嘉興新塍）人。清末書畫家、篆刻家。工書，學趙松雪。善人物、花卉，畫師改七薌。篆刻專宗浙派。尤精竹刻，擅鎸刻名人書畫、人物，尤其仕女，流麗無匠氣。

一七〇　金之駿刻桐陰琴韻圖、行書詩句扇骨

清光緒十年（1884）

股長31.70厘米，板闊2.07厘米

款署『履申仁兄大人大雅之屬，甲申夏五月金之駿并刊』。

一七一　金之駿刻『拜石圖』、行書扇骨

清光緒十年（1884）

股長31.90厘米，板闊2.13厘米

款署『夢吉寫并刊』；『甲申夏五月上浣以應彦沖大兄大人大雅之屬，紅柿邨農金之駿并刊』。

一七二　金之駿刻行書《蘭亭序》扇骨

清光緒十一年（1885）

股長32.10厘米，板闊2.08厘米

款署『懷清内弟大人雅屬，即乞指正，乙酉先立秋三日紅柿邨農金之駿書并刊』。

一七三　金之駿刻『春夜宴桃李園』、行書扇骨

清光緒十四年（1888）

股長32.00厘米，板闊2.10厘米

款署『夢吉寫并刊』；『澤之仁兄大人大雅之屬，即乞指正，戊子夏四月金之駿書并刊』。

一七四　金之駿刻漁翁、仕女圖扇骨

清光緒年間（1875—1908）

股長 32.30 厘米，板闊 2.05 厘米

款署『舜齋大兄雅屬，夢吉刊』。

一七五　金之駿刻行書詩句扇骨

清光緒年間（1875—1908）

股長 32.30 厘米，板闊 2.08 厘米

款署『衍甫九兄大人大雅之屬，弟金之駿并刊』，鈐陽文橢圓印『夢吉』。

一七六　鐵農刻陳負薈好竹笋香圖、王聞喜書法扇骨

清光緒十一年（1885）

股長31.70厘米，板闊1.99厘米

款署『乙酉冬日，負薈』，鈐陽文方印『陳』；『乙酉冬王聞喜書，鐵農刊』，鈐二篆書陽文方印『鐵』『農』。

鐵農，生卒、里貫不詳。

王聞喜，清書法家，生卒、里貫不詳。傳世作品有《羅賢、王聞喜山水書法扇面》《王聞喜、許瀚行書五言七言詩扇面》等。

陳負薈，生卒、里貫不詳。

一七七　鐵農刻周竹侯『梅花書屋圖』、草書扇骨

清光緒年間（1875—1908）

股長31.60厘米，板闊2.00厘米

款署『竹侯』，鈐陽文圓印『周』；『仲鈞先生雅屬，鐵農』，鈐陽文橢圓印『襄』。

周竹侯，生卒、里貫不詳。

一七八　徐琪刻『寒林策杖圖』、『柳塘垂釣』扇骨

清光緒十一年（1885）

股長 31.10 厘米，板闊 1.97 厘米

款署『摹葆生老翁筆法，乙丑春三月上浣』；『花農氏刊』。

徐琪（1849—1918），字玉可，號花農，仁和（今屬浙江杭州）人。近代篆刻家。光緒六年（1880）進士，官兵部侍郎，授翰林院編修。工詩詞，善書畫、篆刻，所作花卉，意在白陽、青藤之間，間作山水小景。著有《粵東葺勝記》《日邊酬唱集》《文昌百咏》《留雲集》等。

一七九　龔璜刻行楷《白香山詩》二首扇骨

清光緒十二年（1886）

股長30.30厘米，板闊1.10厘米

款署『丙戌夏日録白香山詩二首』；『宜園書，時年六十又六』。

龔璜，字宜園，清道光至光緒年間秀水（今屬浙江嘉興）人。詩人、書法家。由廩貢任温州永嘉教諭，歸辟幽居於北郭外。精行楷，雖暮年腕顫，屏幛扇幀不吝人求。詩本性靈，著有《蠟屐亭懷古》《八咏樓晚眺》諸作，傳播藝林。

一八〇 金桂芬刻『蘇東坡夜游承天寺圖』、行書《記承天寺夜游》扇骨

清光緒年間（1875—1908）

股長 31.80 厘米，板闊 2.11 厘米

款署『梅仙仁兄大人大雅之屬，秋叔金桂芬并刊』。

金桂芬，又名金粟，字秋叔，清同治、光緒年間浙江嘉興新塍人。名刻匠，篆刻家。擅刻竹木碑石，刀功蒼勁而不爽毫厘。光緒二十三年（1897），在嘉興新塍小靈鷲山館爲孫家楨刻名士題咏繪畫碑（以晚清名家書畫刻在三十二塊京磚上），這組碑現存嘉興博物館。

一八一　金桂芬刻行書、仕女圖扇骨

清光緒年間（1875—1908）

股長 32.20 厘米，板闊 2.00 厘米

款署『珮裳大兄大人正，金粟刻』；『桂芬又作』。

一八二 金桂芬刻高焕文摹《漢堂邑令費鳳碑》古印、銅器銘扇骨

清光緒十二年（1886）

股長 32.10 厘米，板闊 2.10 厘米

款署「丙戌夏日翰伯書桂芬刊」；「新溪豊樂鄉民金粟桂芬刻」，鈐篆書陽文印「名山金石」。

高焕文，字蔚如，號翰伯，浙江嘉興人。清同治、光緒間詩人、泉幣家。藏書室曰「泉壽山房」。著有《泉壽山房詩草（新溪棹歌）》《談泉雜録》《泉志續編》《高氏吉金録》《泉貨珍奇録》《泉壽山房泉考》，又光緒三十四年（1908）石印《癖泉臆説》，有《泉壽山房泉目》六卷稿本，卷首蔣清翊序稱「高翰伯先生」，并有「鴛湖翰伯」印。

一八三　高山刻『柳陰池畔閑行』、摹漢鼎銘扇骨

清光緒十三年（1887）

股長 32.30 厘米，板闊 2.04 厘米

款署『高山刊』；『丁亥清和閏月摹漢鼎文即應穀生仁兄大人正，高山嵩學刻』。

高山，字子仁，湖北沔陽人。元美弟。工詩，畫山水，尤爲擅名。蒼崖古樹，近形遠勢，老筆紛披，峭拔突兀，有元人筆意。

一八四 寅梅刻趙履深菊花圖、晉磚銘扇骨

清光緒十三年（1887）

股長 32.20 厘米，板闊 2.04 厘米

款署『雪生作』；『丁亥新秋，寅梅氏刊』。

寅梅，姓氏、里貫不詳。

趙履深，字雪生，清同治、光緒年間上海人。工畫，尤善山水，饒有天趣。

一八五　徐熙刻牧羊春女圖、行書詩句扇骨

清光緒年間（1875—1908）

股長32.20厘米，板闊2.08厘米

款署『春波姻丈屬』；『徐熙』，鈐陽文橢圓印『熙印』。

徐熙，字翰卿，號斗廬、斗廬子，清同治、光緒年間長洲（今屬江蘇蘇州）人，一説浙江紹興人。近代篆刻家。徐康（1814—？）子。承家學，精鑒別，工刻印，并精於刻竹，擅以淺刻、毛雕刻人物，亦擅刻行草書法與摹刻金石器銘，作品以扇骨、筆筒爲主。

一八六 徐熙刻琵琶女圖、行書詩句扇骨

清光緒年間（1875—1908）

股長 32.10 厘米，板闊 2.05 厘米

款署『佩之一兄大人正句，徐熙作』，鈐陽文橢圓印『熙印』。

一八七　徐熙摹刻周器、陶陵鼎銘扇骨

清光緒年間（1875—1908）

股長32.50厘米，板闊2.10厘米

款署『陶陵鼎器藏焦山，翰卿』，鈐陽文橢圓印『熙』。

一八八　徐熙刻行草董其昌語扇骨

清光緒年間（1875—1908）

股長 32.40 厘米，板闊 2.07 厘米

款署『思翁語，翰卿刻』，鈐陽文橢圓印『熙』。

一八九　王大炘摹刻古泉扇骨

清光緒至宣統年間（1875—1911）

股長 32.40 厘米，板闊 2.12 厘米

款署『冰鐵』。

王大炘（1869—1924），字冠山，號冰鐵、冰銕、巏山民，齋堂爲冰鐵堪、南齊石室。吳縣（今屬江蘇蘇州）人。近代篆刻家。寓居上海。工篆刻，初宗浙派，後師秦、漢，兼及皖派諸家，名噪一時，所作出入皖、浙之間，精於金石考據，與吴昌碩（苦鐵）、錢崖（瘦鐵）并稱『江南三鐵』（或『海上三鐵』）。1912 年輯自刻印成《王冰鐵印存》，著有《金石文字綜》《匋齋吉金考釋》《繆篆分韵補》《印話》《近世文字綜》《石鼓文業釋》等。擅刻竹。

清顾麟士壶梅、无量寿佛图成扇

一九〇　聘岩刻行草《蘭亭集序》扇骨

清光緒十四年（1888）

股長 31.10 厘米，板闊 2.10 厘米

款署『光緒戊子夏，聘岩』，鈐陰文方印『銓』。

聘岩，名銓，姓氏、里貫不詳。

一九一　顔惠刻金桂科荷塘仕女圖、摹古器銘扇骨

清光緒二十年（1894）

股長 31.80 厘米，板闊 2.10 厘米

款署『小琴畫』；『書賡仁兄大人清玩，南溪樵子顔惠刻，甲午秋』。

顔惠，號南溪樵子。活躍於清光緒年間。里貫不詳。

金桂科，字小琴，一作嘯琴，清光緒至民國初年安徽休寧人。徽州有名的篆刻家。工畫仕女，精小楷。刻印婉轉流麗，刀法莊整。光緒七年（1881）輯自刻印成《小竹里山館印存》。

一九二　錢萬青摹刻古泉鏃銘、梅花扇骨

清光緒二十年（1894）

股長 32.00 厘米，板闊 2.06 厘米

款署『王寅仁大人雅正』；『時在甲午夏五月仿石香法』，『世晚生錢萬青』。

錢萬青，活躍於清光緒年間，里貫不詳。

一九三　筱雲摹刻周門狓卣、漢雙魚永建洗漢長壽半鈎銘扇骨

清光緒年間（1875—1908）

股長 32.60 厘米，板闊 2.06 厘米

款署『咏之六兄先生正，筱雲』，鈐陽文橢圓印『又青』。

筱雲，一字又青，活躍於清光緒年間。姓氏、里貫不詳。

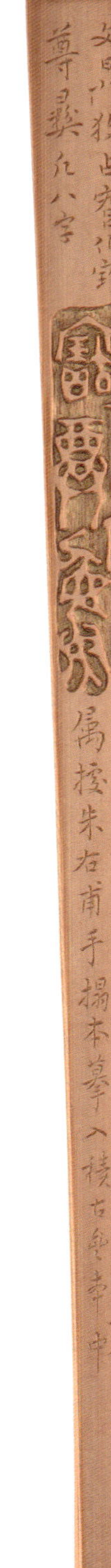

一九四　吴寶驥摹刻漢長壽半鈎後漢延光壺、漢初平雙魚洗銘扇骨

清光緒二十二年（1896）

股長 31.90 厘米，板闊 2.08 厘米

款署『少庭姻兄大人雅賞即希正疵』；『光緒丙申臯月中旬柳堂弟吴寶驥刊贈』。

吴寶驥（1871—1935），字柳堂、柳塘，别號秋水釣徒，安徽徽州籍，石門（今浙江崇德）人。近代書法家、篆刻家、竹刻家，西泠印社初期社員。書擅篆隸，擘窠大字宗顔、柳。工治印。刻竹尤精，擅刻金石文字於扇骨。有《誦芬書屋印存》。

太歲在甲戌初平五年吳師作宜子孫

太歲在甲戌初平五年吳師作宜子孫

漢初平雙魚洗銘

光緒丙申皋月中旬柳堂弟吳琺篆刊贈

漢長壽半鉤

嘉

行直錢萬二千延光四年銅二百

後漢延光壺銘行直錢萬二千延光四年銅二百

少庭姻兄大人雅賞即希正譌

一九五　耘苔摹刻『晋泰康』磚『便』字瓦、古泉銘扇骨

清光緒二十二年（1896）

股長31.70厘米，板闊2.08厘米

款署『春如二兄大人正，耘苔刻』；『丙申夏六月吉』。

耘苔，活躍於清光緒年間。里貫不詳。

一九六　于碩淺刻行草、楷書《隨園集》詩扇骨

清光緒二十三年（1897）

股長31.60厘米，板闊2.08厘米

款署『小松仁兄大人雅正，笑仙弟於宗慶刻，時在丁酉夏六月録隨園集詩於吴門養閑軒中』。

于碩（1873—1957），又名宗慶，字嘯軒、嘯仙、笑仙，江都（今江蘇揚州）人，久寓揚州，後寓北京，民國初曾在天津及北京爲人刻竹。清末民初中國最著名的象牙微雕大師，竹刻家。工書畫，近王小梅。精篆刻，尤精淺雕及毛雕，以微雕名世。繼承前輩淺刻藝術，於清光緒年間創微刻技藝，能於方寸牙板上刻六千餘字，以顯微鏡照之，筆致活潑，神采飛揚，堪稱絶技。所刻扇骨一邊上能刻字數十行，專憑指意，用鋒端刻劃，字迹極小，於圓潤中見蒼老。亦核桃微雕刻舟，名噪一時。

一九七　于碩深刻朱孝臧行書扇骨

清光緒年間（1875—1908）

股長 31.20 厘米，板闊 2.06 厘米

款署「孝臧」，鈐陽文橢圓印「朱」、陽文方印「于嘯仙」。

朱祖謀（1857—1931），原名孝臧，字藿生，一作古微、古薇，號漚尹，又號彊村，別號上彊山民等，自署漚老人，室名無着庵、思悲閣。歸安（今屬浙江湖州）人。近代著名詞人，與王鵬運、况周頤、鄭文焯稱爲清末四大家。光緒九年（1883）進士。歷官編修、侍講學士、内閣學士、禮部侍郎、廣東學政。宣統元年設弼德院，授顧問大臣，不赴。辛亥革命後隱居上海。初以詩名，乃交王鵬運，弃而專爲詞。又致力於詞籍輯校，刻唐、宋、金、元人詞爲《彊村叢書》，凡一百七十九種，校勘精密，爲研究詞學之重要資料。又編輯《湖州詞徵》《滄海遺音集》。所作詞，晚年删定爲《彊村語業》。又有遺稿《弃稿》等，與《滄海遺音集》合爲《彊村遺書》。以書法名海上。

一九八　陳千里刻仕女圖、摹漢安魚鷺洗黃山第四燈銘扇骨

清光緒二十四年（1898）

股長 31.40 厘米，板闊 2.06 厘米

款署『戊戌孟冬上浣摹黃山第四燈爲渭石仁兄大人雅屬，良士陳千里刻』，鈐陽文橢圓印『良士』。

陳千里，字良士，活躍於 19 世紀末 20 世紀初。精鐵筆，兼善琴操。

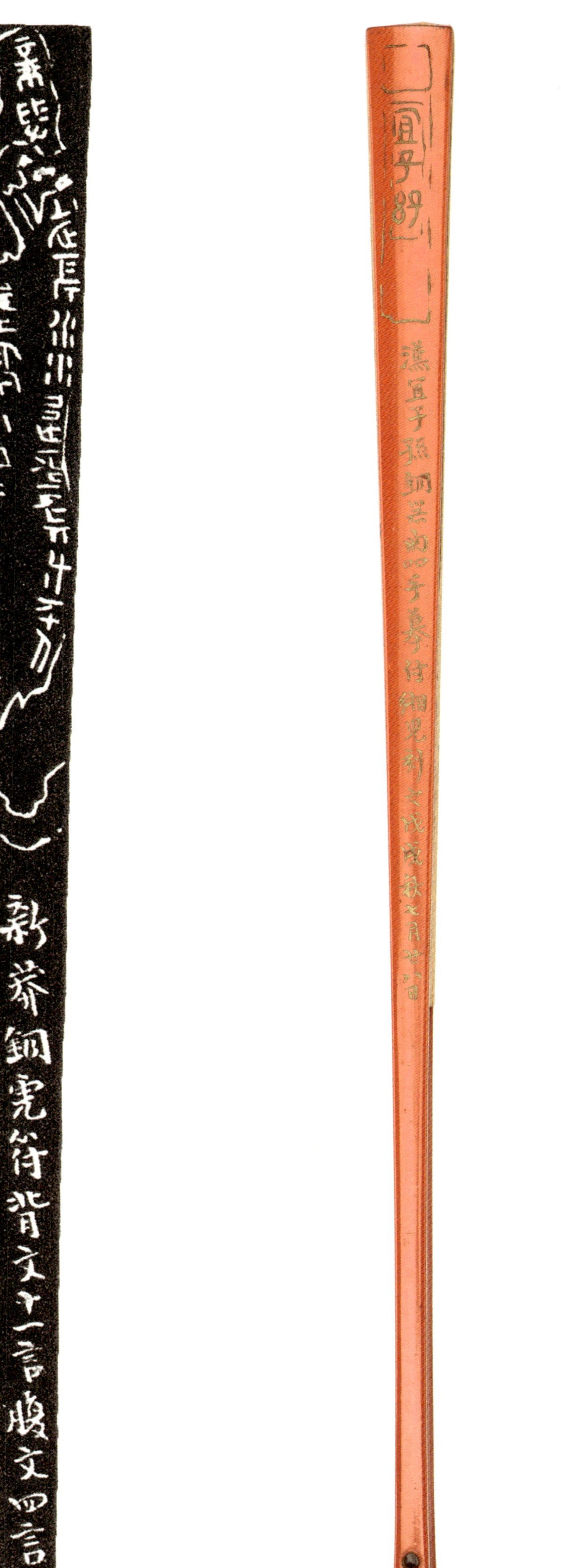

一九九　胡傳湘刻匋叩摹新莽銅虎符、漢宜子孫銅器銘朱漆填金扇骨

清光緒二十四年（1898）

股長 31.90 厘米，板闊 1.64 厘米

款署『匋叩手摹付湘兒刻之，戊戌秋七月二十八日』。

胡傳湘（1881—1924），又名湘，字小匋，石門（今浙江崇德）人。篆刻家。胡钁子、吴伯滔婿。工篆刻，刻印雅秀似其父而功力稍遜，亦擅刻竹，尤善刻畫金石。

二〇〇 蒲華刻行書扇骨

清光緒二十五年（1899）

股長31.30厘米，板闊2.05厘米

款署『若卿先生屬，己亥三月，蒲華』。

蒲華（1830—1911），原名成，字竹雲、作英、竹英、卓英，號胥山野史，一署胥山外史，室名九琴十研。秀水（今屬浙江嘉興）人，僑寓上海。以畫名世。書法早年學魏碑，中年後多作草書，逸放恣肆，然書爲畫掩。

二〇一　周之禮摹刻簋鼎、鑒銘扇骨

清光緒二十五年（1899）

股長 32.40 厘米，板闊 2.03 厘米

款署『己亥冬月，致和刊』，鈐陽文橢圓印『周』。

周之禮，字子和、子龢、紫湖，號致和、致和道人，長洲（今屬江蘇蘇州）人。篆刻家。王雲入室弟子。活躍於同治、光緒年間。專刻牙竹，摹刻金石文，布置工雅，脱盡習氣，殘破損缺處亦能逼肖。兼善篆刻，宗漢印法。

二〇二 周之禮摹刻漢泉、吴器銘扇骨

清光緒二十五年（1899）

股長 31.40 厘米，板闊 2.09 厘米

款署「禮記」，鈐陽文橢圓印「子和」；「光緒己亥仲春，致和道人刊」，鈐陰文方印「周」、陽文橢圓印「禮」。

二〇三　周之禮摹刻虎符、古璽銘扇骨

清光緒年間（1875—1908）

股長 32.50 厘米，板闊 2.00 厘米

款署『致和道人摹』，鈐陰文方印『周』；『禮刊』，鈐陽文橢圓印『禮』。

二〇四　周之禮摹刻晉墓磚銘扇骨

清光緒二十七年（1901）

股長 32.10 厘米，板闊 1.30 厘米

款署『辛丑三月紫湖刻』，鈐陽文方印『周之禮章』。

二〇五　周之禮摹刻『古泉九種』扇骨

清光緒年間（1875—1908）

股長 31.10 厘米，板闊 2.05 厘米

鈐篆書陽文方印『子和』；款署『致和道人摹』，下鈐篆書陽文橢圓印『和』。

二〇六　徐來賓刻行書《蘭亭序》扇骨

清光緒年間（1875—1908）

股長 32.40 厘米，板闊 2.10 厘米

款署『少湘分轉大人雅正是，楚水雅鴻徐來賓刻』。

徐來賓，字雅鴻，清末民國初江蘇興化人。工篆刻，擅刻行書、花鳥。善淺刻，瓷、竹、木、石，刻製細及毫髮，以瓷刻名於時。今揚州博物館藏有其所刻鼻煙壺。

二〇七　徐來賓刻行書扇骨

清光緒年間（1875—1908）

股長 32.60 厘米，板闊 2.10 厘米

款署『雅鴻氏作』；『漢卿仁兄大人方家正之，雅鴻弟徐來賓作』。

二〇八　徐來賓刻游魚、梅鶴圖扇骨

清光緒年間（1875—1908）

股長 32.50 厘米，板闊 2.12 厘米

款署『臨甫仁兄大人法正，雅鴻弟徐來賓刻』。

二〇九　朱以誠刻臨古印璽銘扇骨

清光緒年間（1875—1908）

股長 32.00 厘米，板闊 2.05 厘米

款署『仿何雪漁刀法，少塘大兄先生正，友竹朱以誠刊』。

朱以誠，字友竹，里貫不詳。活躍於清光緒年間。

二一〇 姚祥齡刻敦庵梅行書詩句、湘秋『潯陽秋月』扇骨

清光緒年間（1875—1908）

股長 32.00 厘米，板闊 2.10 厘米

款署『湘秋爲愼卿屬畫，益三刊』；『愼卿仁兄屬題，敦庵梅』。

敦庵梅，生卒、里貫不詳。

姚祥齡，字益三，奉賢縣（今上海奉賢區）姚家橋人，工鐵筆，尤精刻竹。

二一一　王雲刻金德樞行書節《蘭亭序》、《記承天寺夜游》扇骨

清光緒、民國年間（1875—1949）

股長 28.90 厘米，板闊 1.70 厘米

款署『月笙書』；『竹人刻』，鈐陰文長方印『王雲』。

王雲（1866—1950），字竹人，浙江紹興人，一作杭縣（今屬浙江杭州）人。父王緣，善人物寫照，得承父傳，宗費丹旭。居杭州賣畫，曾設硯於西泠印社，爲人畫像。兼精刻竹，尤善園藝。

金德樞，字月笙，號希農，清光緒、民國年間錢塘（今浙江杭州）人。書法家、篆刻家。善書，工墨梅，精治印。

民国黄葆钺荷莲图、隶书成扇

二一二　傅少英摹刻吉利銅器、長生敦銘扇骨

清光緒二十八年（1902）

段長31.80厘米，板闊2.15厘米

款署『據積古齋拓本摹刻，履清仁弟雅賞，壬寅十月六日公辰仿古』；『壬寅冬日履清摹長生敦銘十八字，據趙太常摹本編入，少英刻』。

傅少英，以字行，錢塘（今浙江杭州）人。生卒年不詳。擅刻竹，尤以刻陽文爲精，筆畫堅卓，地子明净，足以上追蔡照。

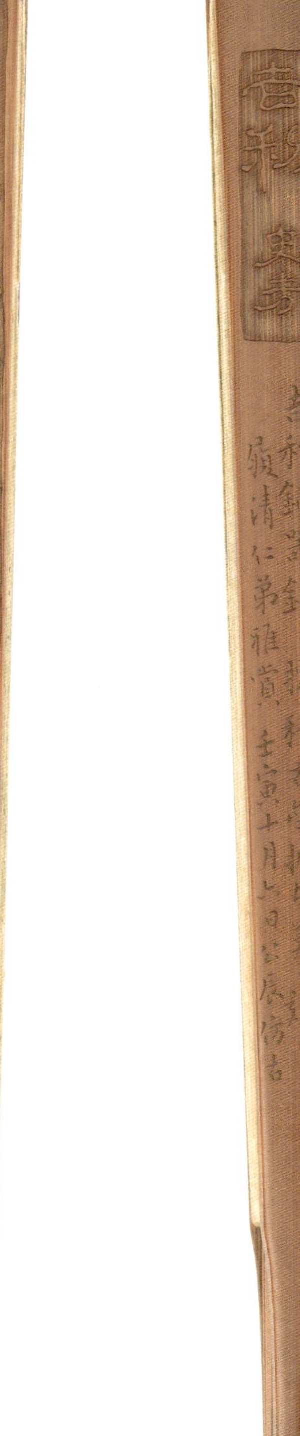

二一三　傅少英刻郭蘭祥芭蕉竹葉、垂枝梅圖扇骨

民國十二年（1923）

股長33.10厘米，板闊2.54厘米

款署『尚齋畫』；『石銘先生雅會，和庭畫』，『癸亥大暑少英刻』。

郭蘭祥（1885—1938，一作1885—1937），初名善徵，字和庭，號尚齋，别號冰道人，浙江嘉興鳳橋人。畫家、篆刻家。郭似壎長子，蘭枝兄。擅畫花卉，亦工山水，能詩詞，精篆刻。晚年客上海張適園家。著有《尚齋詩集》（未刊），出版有《尚齋畫集》。

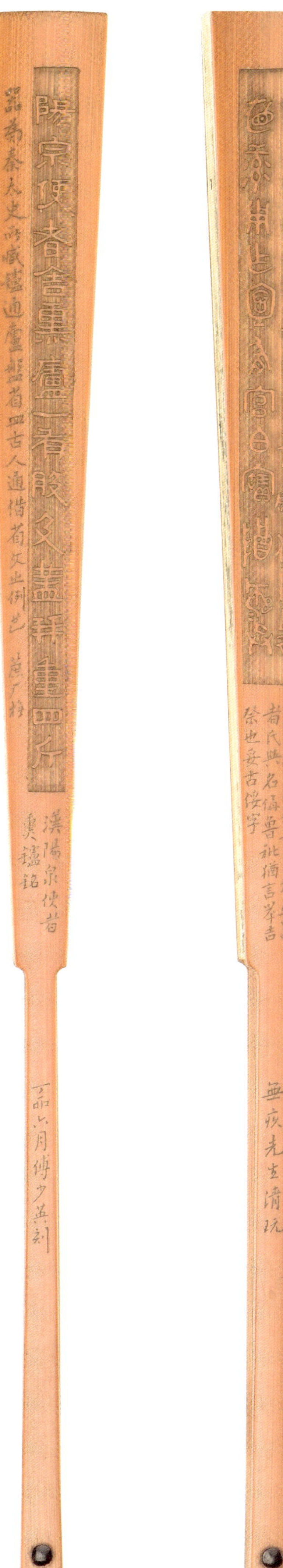

二一四　傅少英摹刻周戎都鼎、漢熏爐銘扇骨

民國十六年（1927）

股長 33.70 厘米，板闊 2.58 厘米

款署『無疚先生清玩』；『蔗厂橅』，『丁卯六月傅少英刻』。

二一五　傅少英摹刻周父癸斝、漢鐸漢吉利銅器銘扇骨

民國十七年（1928）

股長 33.50 厘米，板闊 3.33 厘米

款署「海石兄賞玩，星群持贈，時戊辰五月傅少英刻竹」；「蔗厂樵古」。

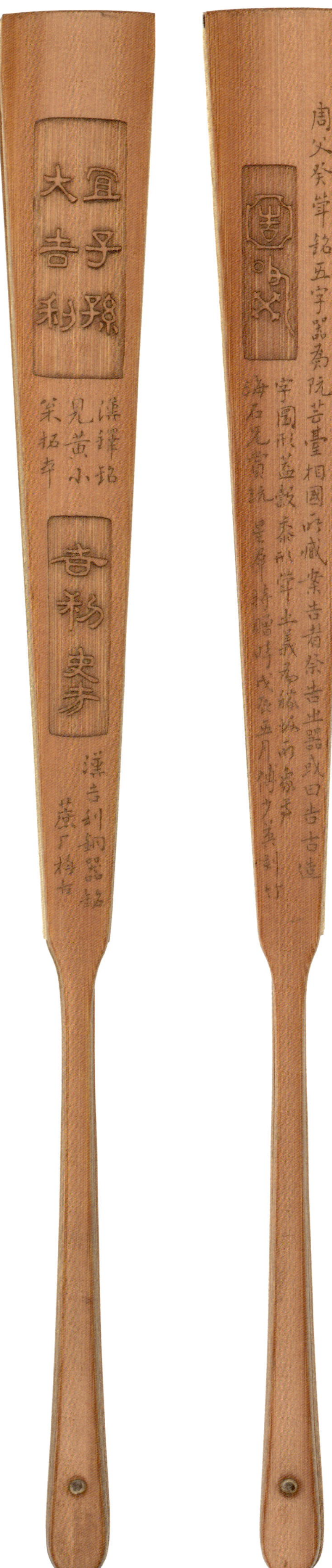

二一六　江雨三刻登崖觀奇、秋塘殘荷圖扇骨

約民國十年（1921）

股長 32.00 厘米，板闊 2.06 厘米

款署「印若仁兄大人之正，弟雨三刊」。

江雨三（生卒年不詳），江都（今江蘇揚州）人。清光緒、民國時期揚州著名瓷刻藝人。人物、花鳥、山水皆精。刀法斑斕純熟，綫條簡約流暢，極富表現力。揚州博物館藏有其代表作品《風箏圖》《蟬柳圖》等。

清顾麟士仿元人山水、潘振镛行书成扇

二一七　金庭芬刻黄曉汀山水人物、行書詩句扇骨

民國十年（1921）

股長 32.10 厘米，板闊 1.98 厘米

款署『昕泉老友正，曉道人』；『昕泉先生法家之屬，辛酉冬至日新溪逸史弟金庭芬書并刊』。

金庭芬，字梅先，別號紅柿村逸史，又號新溪逸史，浙江嘉興人。書畫家、篆刻家。金之駿子。活躍於 20 世紀初期，位於杭州靈隱寺飛來峰東側天竺的三生石爲其 1913 年所刻。擅刻竹，傳其家學。書法似沈寒柯，淵雅入古，偶畫梅花，頗有清趣。

黄曉汀（1889—1939），字起鳳，號鶴床、曉道人，以字行。江西上饒人，旅居上海。工詩，善文，善山水，饒有書卷氣。壯年游學浙江，居桐廬數十年。晚年雖病癱而尤作畫不輟。

二一八　金庭芬刻行書扇骨

民國年間（1912—1949）

股長 33.90 厘米，板闊 2.27 厘米

款署『進仁賢表阮大雅屬』；『梅先刊』。

二一九　金庭芬刻行書句扇骨

民國二十二年（1933）

骨長 32.10 厘米，最闊 2.06 厘米

款署『養心廬主人庭芬刊於詰閑齋』；『癸酉夏四月望後二日』。

二三〇 湯岱刻持花仕女圖、摹周器銘扇骨

民國十二年（1923）

股長 33.90 厘米，板闊 3.24 厘米

款署『摹入周器二款以請豹髯二兄兩政，癸亥長夏岱山刻并畫』，鈐陽文方印『湯』。

湯岱，字岱山，錢塘（今浙江杭州）人。活躍於 20 世紀初。工書畫，花鳥遠師任阜長，尤工小楷，精篆刻。亦擅刻竹，刀法工妙，遵漢朝刻碑之法，刻行書工穩秀美，且字底均鏟平，是其特色。

二三二　湯岱刻『秋林覓句』、行書詩句扇骨

民國十七年（1928）

股長 32.00 厘米，板闊 2.00 厘米

款署『戊辰春仲蕭山湯岱山刻并書』，鈐陽文橢圓印『鶴』。

二三二　湯岱刻童戲迷藏圖、摹漢董崇洗銘扇骨

民國十八年（1929）

股長 32.40 厘米，板闊 1.98 厘米

款署『岱山畫』，鈐陽文方印『岱山』；『己巳秋湯岱山刻』，鈐陽文圓印『岱』。

二二三 湯岱刻柳陰垂釣圖、摹漢五鳳石刻銘扇骨

民國二十年（1931）

股長 32.30 厘米，板闊 2.10 厘米

款署『善寶先生雅賞，辛未六月湯岱山書畫并刻』，鈐陽文方印『岱』。

二二四　湯岱刻行書詩句、摹周鐘銘扇骨

民國二十三年（1934）

股長 31.00 厘米，板闊 2.04 厘米

款署『甲戌二月湘湖老漁岱山刻』，鈐陽文方印『岱』。

二二五 湯岱刻仕女賞蝶圖、行書詩句扇骨

民國年間（1912—1949）

股長 31.70 厘米，板闊 2.04 厘米

款署『岱山』，鈐陽文方印『岱』；『蕭山老漁湯岱山刻』，鈐陽文方印『湯』。

二二六　湯岱刻仕女圖、行書詩句扇骨

民國（1912—1949）

股長 31.70 厘米，板闊 2.00 厘米

款署「岱山」，鈐陽文方印「岱」；「蕭山湯岱山書并刻」，鈐陽文方印「湯」。

二二七　湯岱刻張大千山水人物、行書詩句扇骨

民國年間（1912—1949）

股長 33.70 厘米，板闊 2.30 厘米

款署『大千張爰』，鈐陽文方印『大千』，下鈐陽文方印『張』；『蕭山老漁湯岱山書并刻』，鈐陽文方印『岱』。

張大千（1899—1983），原名正權，後改名爰，又名蝯，號季爰，一作季蝯，小名季，法名大千，別署大千居士等，室名大風堂等，以大千行。四川内江人。書畫家。曾從李瑞清、曾熙習詩文書畫，早年致力於石濤、八大、青藤、白陽諸家，繼及宋元各家。曾三上黄山寫生，三十歲後山水畫已有杰出成就，又善花卉、人物，尤善寫荷，獨樹一幟。20 世紀 40 年代初去敦煌莫高窟臨摹研究北魏隋唐壁畫。50 年代棲身海外，1978 年定居台灣台北雙溪。出版有《張大千畫集·畫選·書畫集·畫輯》等，著有《敦煌石記》等。

二二八　金紹堂刻人物、書法扇骨

民國十二年（1923）

股長 32.10 厘米，板闊 2.10 厘米

款署「東溪刻」；「癸亥白露節書於海上去住隨緣室缶」。

金紹堂，字仲廉，號東溪，浙江吳興人。活躍於20世紀初。金紹城弟。善書畫，精刻竹，尤擅刻扇骨，精細有法，刻諸家墨迹均極工妙，刻陽文山水、花鳥，可追宗吳魯珍、周芷岩。

二二九　金紹堂刻郭蘭祥行書詩句、虬松圖扇骨

民國年間（1912—1949）

股長 32.20 厘米，板闊 2.05 厘米

款署『佐衡仁兄屬，尚齋書畫』；『東溪刻』。

二三〇　陳端友摹刻犀印、古泉扇骨

民國十三年（1924）

股長 31.30 厘米，板闊 2.08 厘米

款署『橅趙、文兩家犀印，子椿世大兄屬書，馮超然』；『舊藏古泉數種，屬端友精摹於此，時甲子六月』。

陳端友（1892—1959），原名介，字介持，江蘇常熟人。刻硯名家。初從揚州張太平學刻硯。後至上海，入題襟館，與金石書畫家游，藝益精。1949年後曾延入華東藝專。1953年6月入上海文史館，爲較早館員之一。制硯刻工精細，題材别致，自成風格，熔雕刻、繪畫藝術爲一爐。每作常傾數年或十數年之力，精工巧妙，形神自然，硯盒亦必自制，與硯相配。

馮超然（1882—1954），名迥，以字行，號滌舸，别署嵩山居士，晚號慎得。江蘇常州人，晚年居上海。早年精於仕女，法出『明四家』之唐寅、仇英。晚年專攻山水，取法『四王』。花卉兼具骨力。書法篆刻亦精。與吴湖帆、吴待秋、趙叔孺并稱『海上四家』，與吴湖帆、吴待秋、吴子深在海上畫壇有『三吴一馮』之稱。出版有《馮滌舸畫集》。

摘趙文卅家鉥印
子振四兄屬書馮繼張
龕藏古泉數種為端友藉
癸卯花朝甲子六月

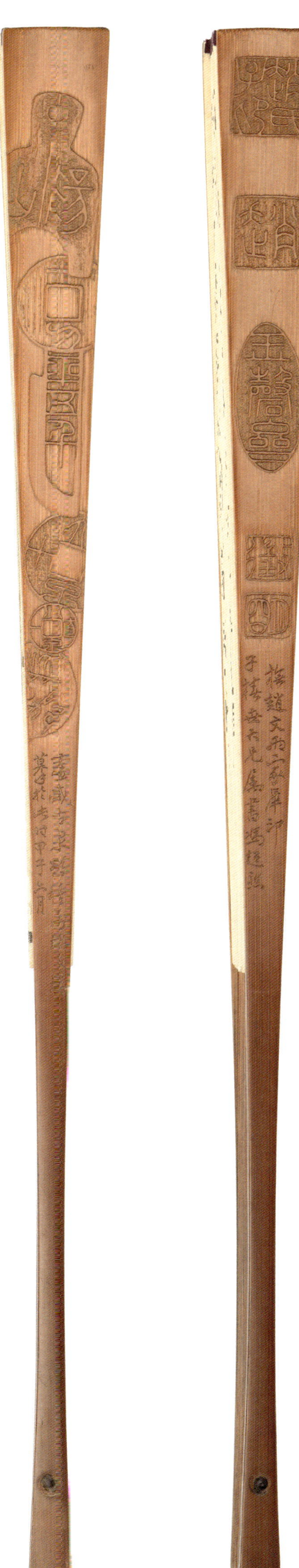

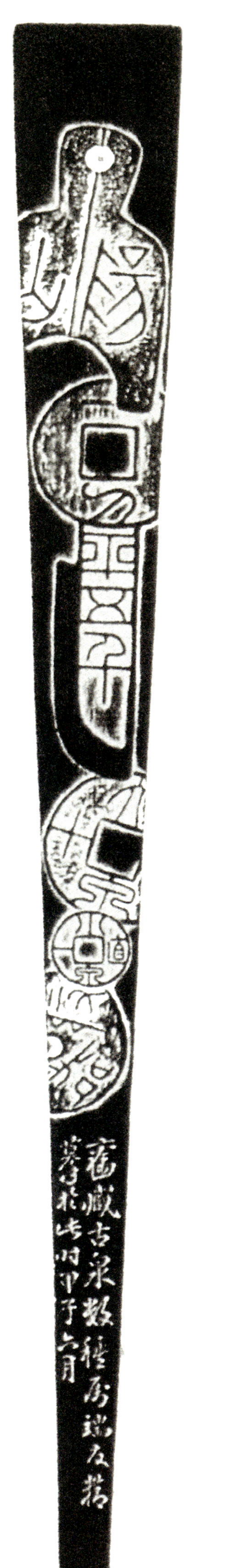

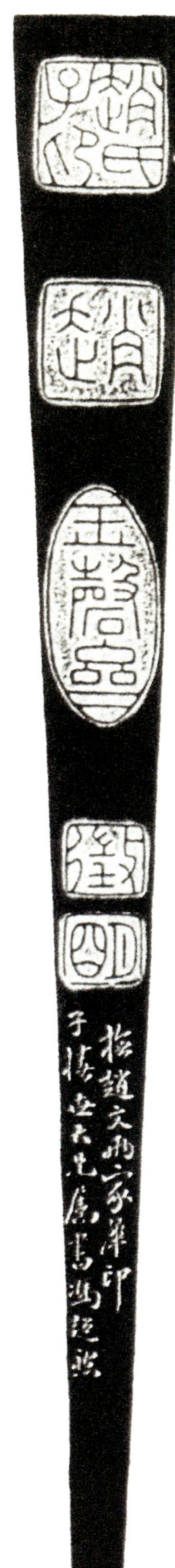

二三一　張楫如浮雕縮摹《蘭亭序》扇骨

民國十五年（1926）

股長 33.10 厘米，板闊 2.44 厘米

款署『昆陵張君楫如刻竹，以工細稱。歲甲子爲余刻扇一枋，縮橅定武蘭亭，實與松鄰、芷岩諸先進同能而獨勝焉。此扇以未竣工，無款識，然觀其勝處，必能知其出自誰手也。丙寅正月，曉帆跋』，鈐陽文橢圓印『善鈞』。

張楫如（1870—1924），號西橋，武進（今屬江蘇常州）人。於上海鬻藝。擅刻竹，尤擅刻陽文書法，曾於扇骨上摹刻漢石經四百字，又曾縮摹散盤、克鼎、盂鼎、石鼓、天一閣《夏承碑》、定武本《蘭亭序》等金石文字，皆精細絶倫。

二三二 吴與爵刻『東籬逸興』、行書詩句扇骨

民國十三年（1924）

股長 33.30 厘米，板闊 3.30 厘米

款署『甲子夏五，少湆』；『静溪先生法家教政，甲子五月栗庵吴與爵』。

吴與爵（1900—1994），字少湆，號栗庵，浙江杭州人。西泠印社早期社員。篆刻家。善畫梅蘭竹菊，早歲與高野侯、阮性山等交游。工篆刻，亦善刻竹扇骨，以花卉、行書爲主。刻印輯有《春暉草廬印存》。

二三三　吴與爵刻繁梅、蘭花圖扇骨

民國年間（1912—1949）

股長 33.10 厘米，板闊 2.21 厘米

款署『輔之道長教正，吴與爵』；『少涪』。

二三四　吴與爵刻梅花、行書詩句扇骨

民國（1912—1949）

股長 31.30 厘米，板闊 2.00 厘米

款署「少涪作於西泠」；「少卿先生正之，吴與爵」。

二三五　陳澹如摹刻兮仲鐘、杞伯敏父敦銘扇骨

民國十四年（1925）

股長 33.20 厘米，板闊 2.45 厘米

款署『澹如摹』，鈐陽文方印『淡如所作』；『石銘先生以所藏吉金屬摹即希正之，乙丑秋九月陳澹如刊』，鈐陽文長方印『澹如』。

陳澹如（1884—1953），原名履熙，以字行，又字坦如，號福田、覺庵、澹盧，晚號復恬居士，浙江嘉興人。西泠印社早期社員。書法、篆刻家。善治印，又善書法，尤工鐵綫篆。亦善刻竹，摹擬金石刀布古幣於扇骨，能逼真，所刻人物仕女、蔬果花卉，惟妙惟肖。著有《澹如印存》《澹如刻竹》等。

二三六　陳澹如刻郭蘭枝寒鴉行舟圖、臨閣帖扇骨

民國十七年（1928）

股長 30.50 厘米，板闊 2.00 厘米

款署『屺亭』；『戊辰秋屺亭臨閣帖，澹如刻』。

郭蘭枝（1887—1935），字起庭、屺亭，號素盦、恕庵，別號鳳池逸客，浙江嘉興人。郭似壎次子。能詩詞，工書法，善山水，精篆刻，善摹古，幾可亂真。

二三七　陳澹如刻郭蘭祥觀音送子圖、劉山農行書扇骨

民國年間（1912—1949）

股長 31.30 厘米，板闊 2.09 厘米

款署『尚齋畫』；『山農』，鈐篆書陽文長方印『澹如刻』。

劉山農（1878—1932），原名青，字照藜，後改字文玠、介玉，號天台山農。原籍浙江黄岩，父任嘉興守備，生於嘉興。民國五年（1916）後寓居上海，以鬻字爲生。擅書法，初學蘇東坡，後參北魏，雄渾俊拔。與清末民初著名書法家李瑞清、曾熙并稱『海内三大家』。

二三八　陳澹如摹刻趙之謙行書扇骨

民國年間（1912—1949）

股長 31.40 厘米，板闊 3.73 厘米

款署『景裴我兄屬，澹如摹』。

二三九　郭蘭慶摹刻古泉銘扇骨

民國十五年（1926）

股長 33.20 厘米，板闊 2.50 厘米

款署『石銘先生雅正，蘭慶』；『丙寅仲春餘庭摹刻』。

郭蘭慶（1900—1946），字餘庭，又作魚廷，號魚亭，浙江嘉興鳳橋人，晚年客居上海。郭似壎三子。畫家、篆刻家。工繪事，花卉宗惲壽平，尤精人物、仕女。善篆刻。工刻竹，摹刻陽文刀幣逼真。偶治印，亦甚精緻。

二四〇　郭蘭慶摹刻古泉銘扇骨

民國十八年（1929）

股長 33.90 厘米，板闊 2.17 厘米

款署「劍寒大兄屬，餘庭刻」，鈐陽文橢圓印「蘭慶」；「己巳五月，餘庭」，鈐篆書陽文方印「郭」。

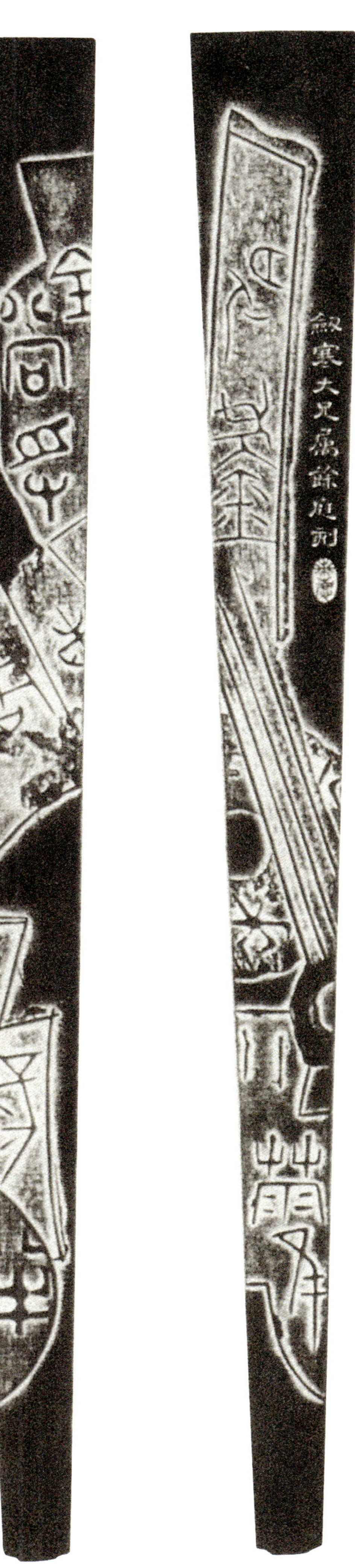

二四一　郭蘭慶刻飛蟲花卉、垂柳游魚圖扇骨

民國二十九年（1940）

股長 32.20 厘米，板闊 2.07 厘米

款署『庚辰冬，魚廷』，鈐陽文橢圓印『慶』；『餘庭寫并刻』。

二四二　郭蘭慶刻『疏影』、『喜報平安』扇骨

民國三十年（1941）

股長 33.80 厘米，板闊 3.42 厘米

款署『魚廷郭蘭慶寫』，鈐篆書陽文方印『郭』；『辛巳夏五，餘庭仿新羅法并刻』。

二四三　郭蘭慶刻蟹草、魚藻圖扇骨

民國三十一年（1942）

股長 33.90 厘米，板闊 2.18 厘米

款署『魚廷作』，鈐篆書陽文方印『慶』；『壬午春日，餘庭畫并刻』。

二四四　林兆禄刻行書詩句扇骨

民國十五年（1926）

股長31.20厘米，板闊2.04厘米

款署『伯如先生雅屬，介侯録山舟銘』；『丙寅四月介侯刻』，鈐篆書陽文橢圓印『兆禄』。

林介侯（1887—1966），名兆禄，字介侯，以字行，號眉庵，別署根香館主，吴縣（今屬江蘇蘇州）人，久居上海。篆刻家。工書，擅畫，精篆刻，專工摹刻金石，惟妙惟肖，兼擅治印。擅刻竹，刻扇用刀如筆，綫條蒼古簡練，無論山水花卉及金石文字，風格强烈，款多署『介侯』。

二四五　林兆禄留青蔣通夫桃花竹枝圖、『晚翠』扇骨

民國年間（1912—1949）

股長 33.30 厘米，板闊 2.48 厘米

款署『冠倫先生正之，介侯刻』，鈐陽文方印『介侯』；『通夫作，介侯刊』。

蔣通夫（1886—1963），字文達，浙江嘉興海鹽武原鎮人，寓居上海。畫家。上海文史館館員。工書畫，兼精篆刻。

二四六　林兆禄留青荷花圖、邾公釗鐘銘扇骨

民國年間（1912—1949）

股長 33.30 厘米，板闊 2.46 厘米

款署『介侯手刻』；『介侯刻』，鈐陽文長方印『侯』。

二四七　林兆禄刻趙之謙書法扇骨

民國年間（1912—1949）

股長 31.90 厘米，板闊 2.03 厘米

款署「撝叔」，鈐陽文圓印「趙」；「同治辛未五月，撝叔作」，鈐篆書陽文長方印「撝叔」，篆書陽文長方印「介侯刊」。

二四八　張文湝刻郭蘭祥草、行書法扇骨

民國十五年（1926）

股長 30.80 厘米，板闊 2.05 厘米

款署『仿張伯英草法作一筆書，丙寅天中日爲劍寒大兄屬，尚齋』；『方正學題畫虎句，尚齋録，翰孫刻』。

張文湝，字翰孫，號秋峨，浙江嘉興人。近代篆刻家。張嘉鍔（1864—1925）子。精刻竹。

二四九　張文湝刻郭蘭祥枝葉海棠、行書甌北詩扇骨

民國元年至二十七年（1912—1938）

股長31.20厘米，板闊2.00厘米

款署『尚齋』；『振文仁兄屬，尚齋書甌北詩，翰孫刊』。

二五〇　張文湝刻郭蘭祥竹石、芭蕉圖扇骨

民國元年至二十七年（1912—1938）

股長 34.90 厘米，板闊 2.47 厘米

款署『和庭寫』；『翰孫刻』。

二五一　張文湝刻郭蘭祥行書詩句、垂枝葉图扇骨

民國元年至二十七年（1912—1938）

股長 31.00 厘米，板闊 2.23 厘米

款署『尚齋畫，翰孫刻』；『景裴我兄屬，尚齋』。

二五二　張文淮刻郭蘭祥荷花、草蟲圖扇骨

民國元年至二十七年（1912—1938）

股長 31.40 厘米，板闊 3.74 厘米

款署『景裴仁兄屬，尚齋畫』：『尚齋寫，翰孫刊』。

二五三　拱辰刻郭蘭祥鷗鷺蘆帆圖、行書陸水庵詩扇骨

民國元年至二十七年（1912—1938）

股長 33.20 厘米，板闊 2.47 厘米

款署『景裴仁兄屬，尚齋寫，拱辰契』；『尚齋書陸水庵詩』。

黃璧，字拱辰，畫署名天任，福建莆田人。才思橫溢，行文不假思索，議論洋洋，深中時病。善畫，尤長花鳥，設色清雅。

二五四　朱翼如刻郭似壎菊花圖、行書詩句扇骨

民國十五年（1926）

股長 30.80 厘米，板闊 2.00 厘米

款署「季人畫」；「季騵世兄雅屬，丙寅中秋後一日，平廬録許文光句，昌燕刻」。

郭似壎（1867—1935），字友柏，一字季人，又作寄純、季純，號石隱，晚號平廬，浙江嘉興人。郭照（字子青，號曉樓）子。畫家、篆刻家。工人物、花卉及篆刻。花卉初師惲壽平，中年以後轉向寫意，似孫雪居、陳道復一派。著有《續藝林悼友録》。

朱翼如，字或名昌燕，上海青浦人。光緒末至民國十年寓居上海金山。擅書法。

二五五　余仲嘉刻鄧芬花鳥圖、行書詞句扇骨

民國十五年（1926）

股長 30.60 厘米，板闊 2.04 厘米

款署『丙寅五月，鄧芬畫，仲嘉刻』。

余仲嘉（1908—1941），原名衍猷，字仲嘉，以字行，號默尊者，廣東佛山南海人，寓滬上。篆刻家、竹刻家。從鄧誦先學書，從鄧爾雅習篆刻。後又轉益多師，遂以篆法治印，刻竹名於時。刻印宗法黄牧甫，篆、隸古拙，得其神似。刻竹以鄧爾雅書、鄧誦先畫者爲最精；先尚淺刻，後經諸德彝指點改學金西崖深刻，以扇骨爲精。書學顔平原，篆摹石鼓文，偶寫山水，有淡宕之致。

鄧芬（1894—1964），字誦先，號曇殊，別署從心先生，廣東佛山南海人。中年後往來於澳門、香港間。畫家、篆刻家。工書畫，所繪山水、仕女、花卉，不拘一格，信手而成，尤擅簡筆花鳥，善捕捉鳥雀的神韻，人稱『鄧芬三筆雀』。其人物畫尤爲杰出。張大千曾稱其爲現代嶺南唯一國畫家。擅雕刻，并專刻竹，善治小印。亦精通詩文詞及音樂。

二五六　余仲嘉刻行書《常建隱居詩》扇骨

民國十七年（1928）

股長 31.40 厘米，板闊 1.96 厘米

款署『戊辰夏五，南海余仲嘉刻於滬上』。

清谿深不測隱處惟孤雲松際露微月清光猶

為君茅亭宿花影

藥院滋苔紋余亦謝時去西山鸞鶴羣

常建隱居詩

戊辰夏五南海余仲嘉刻於扈上

清谿深不測隱處惟孤雲松際露微月清光猶

為君茅亭宿花影

藥院滋苔紋余亦謝時去西山鸞鶴羣

常建隱居詩

戊辰夏五南海余仲嘉刻於扈上

二五七　余仲嘉刻仕女吹簫圖、行書詩句扇骨

民國十九年（1930）

股長31.90厘米，板闊2.00厘米

題『清音輕曳柳絲長』，款署『仲嘉畫』『育青先生方家雅屬，庚午六月南海余仲嘉刻』，鈐陽文橢圓印『余』。

二五八　余仲嘉刻行書詩句扇骨

民國元年至三十年（1912—1941）

股長31.40厘米，板闊2.05厘米

款署『翔魁先生雅屬，仲嘉刻』，鈐陽文圓印『仲嘉』。

二五九　王傑人留青丁仁松枝、梅花圖扇骨

民國十六年（1927）

股長 31.00 厘米，板闊 2.03 厘米

款署「丁卯十月，輔之作」，鈐陽文圓印「丁」；「鶴廬」「冷舟刻」。

王傑人（1887—1940），名槐，字傑人，以字行，號冷舟，別署齊賢鄉人，浙江紹興人。畫師王竹人之弟。西泠印社早期社員，篆刻家。工畫，精刻竹，又精治印。善刻竹牙品物，刻扇骨、牙章等小品尤多。曾取湘竹，就其斑刻作花卉、人物，留斑去地，儼如墨迹之書畫，亦竹刻中別開生面者。藝事精絶，爲時稱賞。

丁仁（1879—1949），原名仁友，字輔之，號鶴廬，杭縣（今屬浙江杭州）人。丁松生從孫。西泠印社創始人之一。畫工蔬果、梅花，工寫甲骨文書法。嗜印成癖，有《丁氏八家印選》《杭郡印輯》《石刻龍泓遺翰》及袖珍本《丁氏秦漢印緒》。

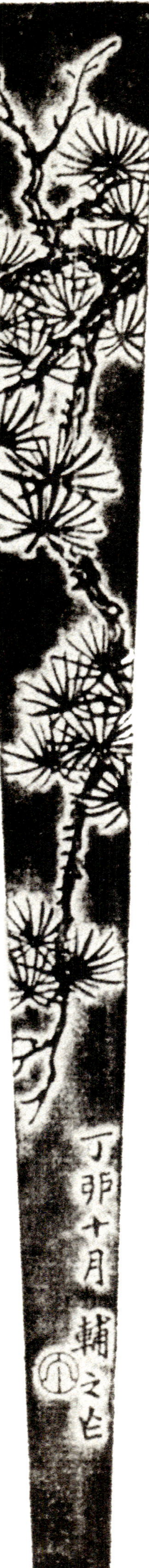

二六〇　黄允瑞留青摹新莽泉範扇骨

民國十六年（1927）

股長 30.10 厘米，板闊 2.03 厘米

款署『丁卯孟冬吴江山泉作』，鈐陽文橢圓印『黄』；鈐陽文橢圓印『山泉』。

黄允瑞（?—約 1936），字鼇子，號山泉，江蘇吴江人。黄兩泉弟。活躍於 20 世紀初。能書善畫，擅摹各家書法，精篆刻，工刻竹，尤以刻石鼓、金文扇骨最精。

二六一　黄允瑞刻草蟲圖扇骨

民國年間（1912—1949）

股長 32.60 厘米，板闊 2.10 厘米

鈐陽文葫蘆印「山泉」；款署「擬翁雜筆意　吴江山泉」，鈐陽文方印「黄」。

二六二　黃允瑞刻徐芷湘行書詩句扇骨

民國年間（1912—1949）

股長30.50厘米，板闊2.06厘米

款署『芷湘書』；『山泉刻』，鈐陽文方印『黃』。

徐芷湘（1869—1943），名世澤，別號次蝯，江蘇吴江人。工八法，胎息顏、柳，神似何紹基。間亦作畫。

二六三　黄允瑞刻顧砻山水人物扇骨

民國年間（1912—1949）

股長 33.90 厘米，板闊 2.88 厘米

款署『砻塗』，鈐陽文方印『砻』；『墨畦』，鈐陽文方印『山泉作』。

顧砻（1872—1940），字墨畦，一字品石，别號南塘舊隱、畏磊山民，江蘇吴江人，寓居蘇州。爲陸廉夫高足，與沈蘊石、劉陌青、沈研荷并稱陸門早期四弟子。擅山水，追宗元四家及明沈石田、董其昌。書法以古籀、行楷，深得漢魏六朝晋唐各家堂奥。亦能詩文。

二六四　高源刻蟬枝圖、王禔臨武梁祠畫像題字扇骨

民國十六年（1927）

股長 30.70 厘米，板闊 2.07 厘米

款署「心泉刻」，鈐陰文方印「高」、陽文橢圓印「丁卯」；「杏川先生有道屬，臨武梁祠畫像題字，丁卯七月福厂王禔」，鈐陰文方印「禔」、陰文橢圓印「心泉刻」。

高源（?—約 1966），字心泉，寓居北京。篆刻家。師法王福庵，工書法、篆刻、硯銘。精於竹刻，爲 20 世紀二三十年代活躍在北京的扇刻名家，與當時的張志魚、劉夢雲、白鐸齋等齊名。擅治印，宗秦漢，元朱文功力尤深。

王禔（1878—1960），初名壽祺，字維季，號福厂，又號屈瓠，別署羅刹江民，齋名麋研齋，七十後自號持默老人，浙江杭州人。王同伯子。西泠印社創始人之一。工書，鐘鼎、篆、楷、隸無不能。擅篆刻治印，尤精鐵綫篆印，爲時浙派治印第一人。民國初至北京，任印鑄局技正。民國十九年（1930）至上海鬻書、治印以自給。中華人民共和國成立後，爲上海中國書院畫師。著《說文部屬拾异》《麋研齋作篆通假》《福厂藏印》《麋研齋印存》。

二六五　黄瑋刻『松壑鳴琴圖』、行草扇骨

民國十六年（1927）

股長30.70厘米，板闊2.02厘米

款署『蘭癡』，鈐陰文印『漢侯』；『丁卯夏日節臨書譜。漢侯黄瑋作於邗上餐善館之南軒』，鈐長方形陰文印『一生心血』。

黄瑋（1902—1976），字漢侯、良瑋，自號蘭癡，江蘇揚州人。揚州著名微雕藝術家。師從耿耀庭，擅竹牙淺刻、微雕，尤擅毫芒雕刻小字，以臨摹晋、唐、宋名家書法見長，爲揚州淺刻縮臨技藝的開創者。

二六六　黃瑋刻行書《蘭亭序》、《歸去來兮辭》扇骨

民國二十七年（1938）

股長 30.70 厘米，板闊 2.05 厘米

款署「漢侯黃瑋作於邗上餐善館中」；「戊寅秋七月，蘭癡又筆」，鈐橢圓陰文印「漢侯」。

二六七　黃璋刻行草《三藏聖教序》扇骨

民國年間（1912—1949）

股長32.00厘米，板闊2.05厘米

款署『育青先生法家指正，漢侯黃璋作於邗上餐善館中』，鈐陰文長方印『一生心血』。

二六八　錢搏南摹刻古泉、吳磚銘扇骨

民國十七年（1928）

股長31.10厘米，板闊2.04厘米

款署『戊辰九月下浣』；『虞山錢搏南刻』。

錢搏南，約卒於1940年，江蘇常熟人。精刻竹，刀法閑雅，無刻劃生澀之氣，爲當時所推重。

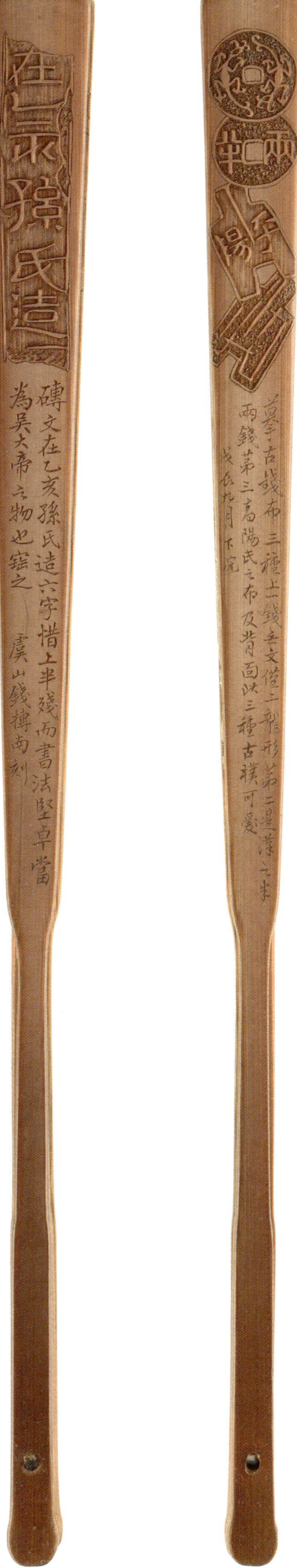

二六九　錢搏南刻梅竹、梅花圖扇骨

民國二十年（1931）

股長23.60厘米，板闊2.00厘米

款署『時在辛未三月下浣』；『虞山錢搏南刻』。

二七〇　張石友摹刻古泉銘扇骨

民國十八年（1929）

股長 31.40 厘米，板闊 2.03 厘米

款署「己巳五月，張石友」，鈐陽文橢圓印「簡齋」；鈐二陽文圓印「張」、方印「石友」。

張石友，生卒年不詳，以字行，別號簡齋，江蘇無錫人。篆刻家。好撫刻碑碣印章。尤精刻竹。

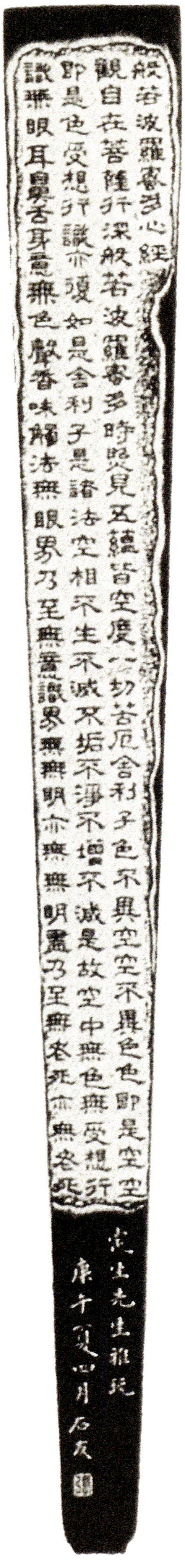

二七一 張石友留青隸書《般若波羅蜜多心經》扇骨

民國十九年（1930）

没長31.10厘米，板闊2.00厘米

款署『定生先生雅玩，庚午夏四月，石友』，鈐陽文方印『張』；鈐陽文長方印『簡齋手作』。

二七二　何其愚刻行草《後赤壁賦》、『赤壁夜游圖』扇骨

民國二十年（1931）

股長 32.00 厘米，板闊 2.05 厘米

款署『永清老友法正，辛未初春句容何其愚作於海上曉風軒之南窗』，鈐陰文長方印『何如』；『赤壁夜游圖，辛未夏，其愚又作』，鈐陰文圓印『如』。

何其愚（1891—1958），名如，字學衡，一字學恨，號其愚，以號行，又號北固閑人，江蘇丹徒人，後寓揚州。工花卉、翎鳥，有新羅山人筆意。擅長行草。詩、書、篆刻造詣亦深。善刻竹。

二七三　何其愚刻行草、楊柳魚藻圖扇骨

民國二十年（1934）

股長 32.40 厘米，板闊 2.10 厘米

款署『兆熊仁兄法正，甲戌初春弟何其愚作』『其愚又筆』，鈐陰文圓印『何』、陰文長圓印『愚其』；『兆熊仁兄再正，其愚又畫』，鈐陰文圓印『何』。

二七四　汪壽平刻陳摩蘆塘蝦蟹圖扇骨

民國二十年（1931）

股長32.40厘米，板闊2.00厘米

款署「半千室主人屬，迦盦寫，壽平刻」，鈐篆書陽文方印「汪壽平」；「辛未新秋迦盦作」，鈐篆書陽文長方印「摩」。

汪壽平，里貫不詳，長期寓居蘇州，一度寓居上海。擅刻竹摺扇骨。字作魏碑，蒼潤老辣，鐵筆亦鏗鏘有力，深刻爲之，微妙得神。

陳摩（1886—1946），字迦盦、伽盦，更字伽仙，號迦蘭陀，江蘇常熟人。宣統二年（1910）定居蘇州。陸恢弟子。工書，擅山水、花卉、翎毛、蔬果，揮灑自如，別有技巧。尤擅山水、松石，法漁山、耕煙，能傳虞山一脉，花卉師青桐、喬梓。

二七五　秦康祥刻俞星維行楷杜牧《山行》、靜物圖扇骨

民國二十年（1931）

股長33.00厘米，板闊3.17厘米

款署「摹文五峰法，亦湖又筆」，鈐陽文方印「彥沖手刻」；「辛未秋暮爲彥沖講意，欲刻竹索余書之，句章耋叟俞星維」，鈐陽文長方印「亦湖」。

秦康祥（1914—1968），字彥沖，室名濮尊朱佛庵（曾得明竹刻家濮仲謙、朱松鄰作品，因名所居）、睿識閣，鄞縣（今屬浙江寧波）人。精竹刻及篆刻。著有《睿識閣古銅印譜》，又輯褚德彝《松窗遺印》（與張魯盦合作）、錢世權《古笏齋印譜》、吴澤《吝飛館印存》、喬曾劬《喬大壯印蜕》。

俞星維，字亦湖，號句章耋叟，寧波人。

民國王賢紫藤圖、馮幵行書成扇

二七六　周容刻錢瘦鐵『黃山一角』、任堇行書詩句扇骨

民國二十一年（1932）

股長 31.80 厘米，板闊 3.60 厘米

款署『叔厓爲冰老寫』；『舊作題畫一絶奉夊生老兄兩正，壬申六月任堇勁叔書，周梅谷刻』。

周容（1881—1951），字梅谷，別署百匋室主，吴縣（今屬江蘇蘇州）人。蘇州碑刻高手。刻印宗秦漢，仿吴昌碩印，幾可亂真。又擅長仿古銅器、碑刻諸藝，刀法嫻熟蒼勁。輯有《壽石齋印存》。

錢瘦鐵（1891—1967），名厓（崖），字叔厓、叔崖，號瘦鐵，以號行，室名數青峰館、天池龍泓齋，江蘇無錫人。書畫家、篆刻家。中國畫會創辦人之一。工山水，善書法，精篆刻，尤以刻印自創一格，與吴昌碩（苦鐵）、王冰鐵，有『江南三鐵』之稱。有《錢瘦鐵畫集》《瘦鐵印存》。

任堇（1881—1936），字堇叔，浙江紹興人。任伯年子。能詩，精鑒別，工書畫。以書法名重於時，尤善章草。間作花卉，秀逸絶倫；寫山水專師宋人，不輕與人作。卒於上海。

二七七　周容摹刻漢虎符封泥、唐魚符古泉銘扇骨

民國年間（1912—1949）

股長 32.00 厘米，板闊 2.10 厘米

鈐陽文葫蘆印『周容』；款署『景桓先生屬，梅谷刻』，鈐陽文長方印『某谷』。

二七八　吴岳刻蕭踈松濤圖、行書詩句扇骨

民國二十二年（1933）

股長 31.10 厘米，板闊 2.05 厘米

款署『民國癸酉末伏後一日江都南愚鐵筆於首都』，鈐陽文圓印『吴』。

吴南愚（1894—1942），名岳，字南愚，以字行，榜其居曰縹緗館，江都（今江蘇揚州）人，後寓北京。江都書法家吴仲容之子。篆刻家。擅書法，四體皆工，楷書尤佳。兼工山水、人物、花鳥，能傳古意，筆意蕭逸。能治印，亦善刻象牙及扇骨，尤擅長微雕，早年潛心研究于碩刻法。

二七九　李若虛刻草書録《書譜》一節扇骨

民國二十二年（1933）

股長 30.90 厘米，板闊 2.02 厘米

款署「癸酉春三月，江都李若虛刻於滬上」，鈐二陰文方印「石」「作」。

李若虛，民國時期江都（今江蘇揚州）人，于碩表侄。刻竹得于碩真傳，技藝亦很高超。

二八〇　童大年刻山水、草書節《周易》扇骨

民國二十二年（1933）

股長 30.90 厘米，板闊 2.04 厘米

款署『癸酉清和月，擬黄子久大意，二尊居士法正，童大年』，鈐陰文方印『大年』；鈐陰文長方印『少豊』。

童大年（1873—1955），原名暠，字醒盦，又字心菴、心安、心龕，號性涵、小松、松君五子，又號金鼇十二峰松下第五童子，又署童子，晚號萬庵，别署古瀛，室名安居、依古廬，崇明（今屬上海）人，經『一·二八』『八·一三』諸役，先後流寓杭、滬。篆刻家。精究六書。擅鐵筆，刻印喜用衝刀，以秦漢爲宗，旁及浙、皖等派。間作花卉，以書法行之。

二八一　應蔚之刻童大年虬松、垂梅圖扇骨

民國年間（1912—1949）

股長 32.10 厘米，板闊 2.10 厘米

款署『小松畫』；『小松畫蔚之刻』，鈐陰文方印『應』。

應蔚之，生卒、里貫不詳。

二八二　屈志雲刻羲之愛鵝圖、行書扇骨

民國二十二年（1933）

股長 30.70 厘米，板闊 2.00 厘米

款署『綬珊先生雅正，癸酉仲夏虞山屈志雲刻』，鈐陽文圓印『雲』。

屈志雲（？—1964），字雪庵，常熟人。工刻竹，擅陰刻，刀法嫻熟，流暢自然，以竹骨、臂擱、筆筒尤爲佳，作品甚少。

二八三　馮初光刻行書詩句扇骨

民國二十二年（1933）

股長31.20厘米，板闊2.03厘米

款署『恩慶先生雅正』；『癸酉重耳馮初光刻』，鈐陽文篆書長方印『初光』。

馮初光（1896—？），浙江嘉興嘉善人，寄居上海。工畫。

二八四　譚維德摹刻周禽彝漢永興洗、古泉銘扇骨

民國二十二年（1933）

股長 32.60 厘米，板闊 2.09 厘米

款署『癸酉，一民』，鈐陽文葫蘆印『一民』。

譚維德，生於清光緒年間，1937 年卒，字一民，安徽合肥人，後寓居蘇州。近代竹刻名家。工篆刻，擅刻竹，善於扇骨上摹刻鐘鼎文字，縮爲小陽文，不失神韵，尤以摹刻古錢幣爲精絶。有《譚一民刻扇拓本》傳世。

二八五　譚維德摹刻虢叔鐘、師趛鼎周諸女尊銘扇骨

民國二十二年（1933）

段長32.40厘米，板闊2.10厘米

款署『癸酉夏月，一民』，鈐陰文方印『譚』。

二八六　譚維德摹刻周紀侯鐘叔戕敦、諸女尊虎符泉銘扇骨

民國二十四年（1935）

股長 32.20 厘米，板闊 2.08 厘米

鈐陽文葫蘆印「一民」；款署「乙亥夏月，應長卿先生雅屬，一民作」。

二八七　譚維德摹刻𧈑鼎楚公鐘、杞伯壺銘扇骨

民國元年至二十六年（1912—1937）

段長 32.60 厘米，板闊 2.13 厘米

鈐陰文方印「潭」；款署「一民」，鈐陽文葫蘆印「一民」。

二八八　譚維德刻蔡銑牡丹、秋葵圖扇骨

民國元年至二十六年（1912—1937）

股長32.50厘米，板闊2.00厘米

款署「蔡銑作」，鈐陽文方印「一民刻」；「蔡銑作，一民刻」，鈐陽文方印「譚」。

蔡震淵（1897—1960），名銑，字振淵，又字震淵，并以行，室名玉蟬硯齋（因家藏玉蟬硯而名），自署玉蟬硯主，江蘇蘇州人。擅工筆花鳥，翎毛花卉、瓜果走獸兼精，亦善山水及仕女。因畫猴、松鼠有獨到之筆，人戲稱「蔡猢猻」「蔡松鼠」。

二八九　徐三台刻盧俊梅花圖、行書詩句扇骨

民國二十二年（1933）

股長31.30厘米，最闊2.10厘米

款署『東海并寫』；『癸酉四月，鴛水盧東海書，徐三台刻』。

釋登馨（1901—1982），字竹修，一作竹虛，俗姓徐，名熙春，字三台，浙江嘉興人。居梧桐樹街，因名其廬爲桐隱。三十歲後未成家，從玉麓上人出家水西寺，主持楞嚴寺功德堂。工篆刻，得同里陳澹如指授，尤精刻竹。

盧俊，字東海，號寄雲，浙江嘉興人。書畫家。工書畫。書學南田，花卉亦如之；又能治印，仿吴、趙，頗能神似。

二九〇　徐三台刻陳澹如摹梅花喜神譜扇骨

民國二十二年（1933）

股長 31.90 厘米，板闊 1.90 厘米

款署『澹如摹』；『癸酉春澹如爲劍寒老兄摹梅花喜神譜，桐隱刊』，鈐陽文方印『三台』。

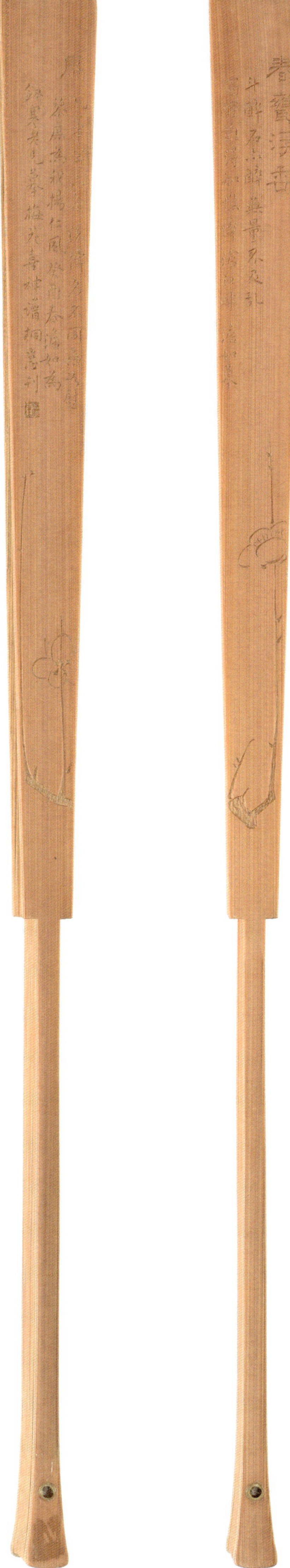

二九一　徐三台刻劉山農行書詩句扇骨

民國元年至二十一年或二十二年（1912—1932或1912—1933）

股長30.80厘米，板闊2.01厘米

款署『山農書，三台刻』，鈐篆書陽文長方印『鴛湖』。

二九二　蘭成刻行書、朱舜康松雲玉女圖扇骨

民國二十一年至二十二年（1932—1933）

股長 32.40 厘米，板闊 2.08 厘米

款署『三台道兄屬，蘭成書以自刻，時壬申重九』，鈐二陽文葫蘆、方印『甘大昕』『三台』；『三台道兄法家，癸酉春，舜康』。

蘭成，生卒、里貫不詳。

朱舜康，字或號炎，浙江嘉興人。民國二十五年（1936）起寓居上海金山。擅畫仕女。

二九三　秦君達刻蒼松幽篁圖、行書詩句扇骨

民國二十二年（1933）

股長30.80厘米，板闊2.02厘米

款署『雪農先生誨正』『梅』，鈐陰文方印『癸酉』；『癸酉秋，君達刻』，鈐陽文方印『秦』。

秦君達，生卒、里貫不詳。

二九四　黃兩泉摹刻建興弩機季良父盉、秦盤梁磚古泉銘扇骨

民國二十二年（1933）

股長 32.20 厘米，板闊 2.09 厘米

款署『癸酉夏日摹，吴江，兩泉刊』，鈐陽文方印『黃兩泉』。

黃兩泉，自署紅梨渡人，江蘇吴江人。20 世紀上半葉竹刻藝人。擅刻竹，長於陽文淺刻，所作以臂擱、筆筒、扇股爲多。

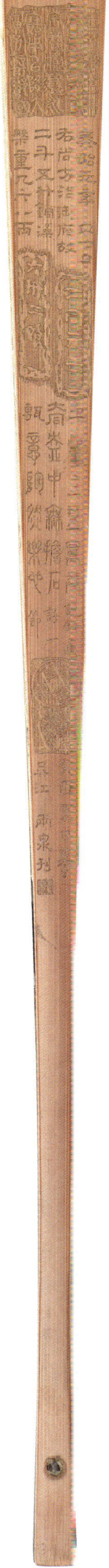

二九五　黄兩泉摹刻晋磚古泉、漢鏡扇骨

民國三十年（1941）

段長 32.00 厘米，板闊 2.02 厘米

款署『紅梨度人』，鈐陽文方印『兩泉』；『辛巳暮春之初，兩泉橅古』，鈐陽文橢圓印『黄』。

二九六　東瀣刻瀣三山水图、郭蘭枝行書詩句扇骨

民國　年間（1912—1949）

股長 30.70 厘米，板闊 2.00 厘米

款署『劍寒先生正之，瀣三寫』；『素龕書東瀣刻』。

東瀣，姓氏、里貫不詳。

瀣三，姓氏、里貫不詳。

二九七　張志魚刻汪慎生花鳥图扇骨

民國年間（1912—1949）

股長31.30厘米，板闊2.10厘米

款署『瘦梅刻，慎生畫』，鈐陰文方印『汪』；『瘦梅刻，慎生畫』，鈐陰文方印『張』。

張志魚（1891—1963），或作張志愚，字通玄，又字瘦梅，亦署壽眉，別號寄斯庵主，河北宛平（今屬北京）人。1943年後寄居上海。篆刻家，竹刻家，北平藝術學院竹刻治印教授。工書畫，精篆刻，擅刻竹，尤擅扇骨。所刻扇骨，必請名賢書畫骨稿，以雙刀深刻皮雕、沙地留青技法獨步當時，與南方不盡相同。著有《刻竹治印無師自通》《扇骨拓集》和《寄斯庵印譜》。

汪慎生（1896—1972），名溶，字慎生，以字行，別署滿川村人，原籍安徽歙縣，生於浙江蘭溪。擅花鳥，宗法華新羅，以秀逸見長，兼作山水。工詩詞，善題咏。

二九八　陳松亭刻仿元人本人物圖、行書《陋室銘》扇骨

民國年間（1912—1949）

股長 33.30 厘米，板闊 2.53 厘米

款署「仿元人本，松亭刻」。

陳松亭，民國時人，制扇骨大家，與張志魚齊名。所刻扇骨有深有淺，刀法犀利，筆鋒畢現，尤其宛轉回環處更見功力。刻扇皆署「松亭」二字。

二九九　王宏耀刻吴澂『山人好樓居』、寶熙行書扇骨

民國二十三年（1934）

股長33.20厘米，板闊2.55厘米

款署『抱鍔吴澂畫』，鈐篆書陽文橢圓印『待秋』，下鈐篆書陰文長方印『甲戌』；『沈堪寶熙』，鈐陰文方印『沈厂』，下鈐篆書陽文橢圓印『竹盦刊』。

王宏耀，號竹厂（盦），北京人，活躍於20世紀初。爲張志魚首席弟子。擅刻扇骨。

吴澂（1878—1949），字待秋，號春暉外史，又號鷺鶿灣人、抱鍔居士，别署括蒼亭長，崇德人。後居上海，以鬻畫爲業。吴伯滔次子。工山水，宗法『清初四王』，自成一家，兼擅花卉，間畫佛像、鍾馗。亦能治印。爲海上題襟館金石書畫會成員，與吴湖帆、吴子深、馮超然人稱『三吴一馮』。

寶熙（1871—1930），滿洲正藍旗人。愛新覺羅氏，字瑞臣，亦作瑞丞，號沈盦，室名獨醒盦，宛平（今屬北京）人。光緒十八年（1892）進士。任翰林院編修。入民國後，任大總統府顧問、約法會議議員、參政院參政。後曾任僞滿内務處處長等。書法端莊肅穆，能詩。著有《東游詩草》，另有《沈盦詩文稿》，未刊。

三〇〇　王宏耀刻祁崑蟬柳圖、行書詩句扇骨

民國二十七年（1938）

股長 30.70 厘米，板闊 2.05 厘米

款署『井西作於松厓精舍』，鈐二篆書陽文及陰文圓、方印『井』『西』；『戊寅長夏，井西居士祁崑』，鈐陰文方印『崑』，下鈐陽文橢圓印『竹盦刊』。

祁崑（1901—1944，一作 1894—1940），字景西，一作井西，號井西居士，山西壽陽（一作北京）人。書畫家、篆刻家。山水蒼勁秀雅，取法宋元，工細明麗，得明人遺意，青綠山水推爲近代第一。尤精於臨摹古畫，偶作花鳥亦妙。書法由米芾上溯李邕，題畫款識極秀潤，且能與畫相稱。又精篆刻，所作近於陳豫鐘、奚岡。也能琢硯、刻竹、吹笛、唱曲。

三〇一　王宏耀刻陳年梅花圖、壽鏞行書録朱祖謀《菩薩蠻》句扇骨

民國年間（1912—1949）

股長33.70厘米，板闊2.20厘米

款署「陳年寫」，鈐篆書陰文方印「年」；「彊邨菩薩蠻斷句，印勾録」，鈐陰文篆書方印「壽」，下鈐陽文橢圓印「竹厂刊」。

陳年（1876—1970），字半丁，一作半癡，又字静山，浙江紹興人，居北京。北京中國畫院副院長。工書畫，山水、人物、花鳥、走獸無所不工，尤善花卉，能吸收明、清各家花卉畫法而獨樹一幟，山水則似石濤，風格尤高。兼善摹印，師吳昌碩。著有《陳半丁畫册》。

壽鏞（1885—1950），字石工，號印匄、玨庵，浙江紹興人，久寓北京。精篆刻，尤工小楷，能詞，有《玨庵詞》行世。

三〇二　王宏耀留青齊璜蔓藤葫蘆、荷花圖扇骨

民國（1912——1949）

股長31.30厘米，板闊2.10厘米

款署「白石齊璜」，鈐陽文方印「木土」；「竹庵刻製」，鈐陽文橢圓印「王」。

三〇三　朱其石刻王師子花鳥圖、行書扇骨

民國年間（1912—1949）

股長30.40厘米，板闊1.90厘米

款署『朱其石王師子合作』；『朱益齋主甫令刻』，鈐陽文橢圓印『王』。

朱其石（1906—1965），原名碁，又名宣，字其石，號括蒼居士等，別署秀水老農、葛窗居士、雁來紅館主人、抱冰居士等，浙江嘉興人。篆刻初學吴昌碩，頗能神似。工篆書，多作《石鼓文》體勢，秀挺蒼勁。

王師子（1885—1950），原名偉，字師梅，四十歲後改名師子，別署墨稼居士，江蘇句容人，一度寄居上海。治藝謹嚴，花、鳥、魚、蟲，注意寫生。用筆用色，施墨布局，跌宕遒勁，艷而不俗，麗而不浮。書法則以秦權詔版爲宗。

三〇四　張㛃留青摹齊侯甔杜陵壺、曾伯霥簠冘簠銘扇骨

民國二十四年（1935）

股長31.50厘米，板闊2.00厘米

款署『摹齊侯甔、杜陵壺，龍山女子㓞之刻』，鈐陽文方印『張』；『乙亥春橅曾伯霥簠、冘簠於江南二泉上，張㛃刊』，鈐陰文方印『㓞之』。

張㛃（女，1913—1976），名始，字㛃之，號龍山女子，江蘇無錫人，年輕時久客上海。梁溪金石家張瑞芝長女，支慈庵甥女。自幼跟隨父親和舅父學習竹刻，十六歲時其留青竹刻就名聞滬寧一帶。能篆書，博研金石，擅金石印章、木雕、碑刻，尤精於竹刻。擅雕皮留青，精刻竹几、鐘鼎、石鼓、漢魏碑志、鏡文幣瓦，以及山水、人物、仕女、花鳥之屬，無不精妙入古，代表作品有《梅竹扇骨》（1973年創作）等。是『近代少有的女竹刻家』。

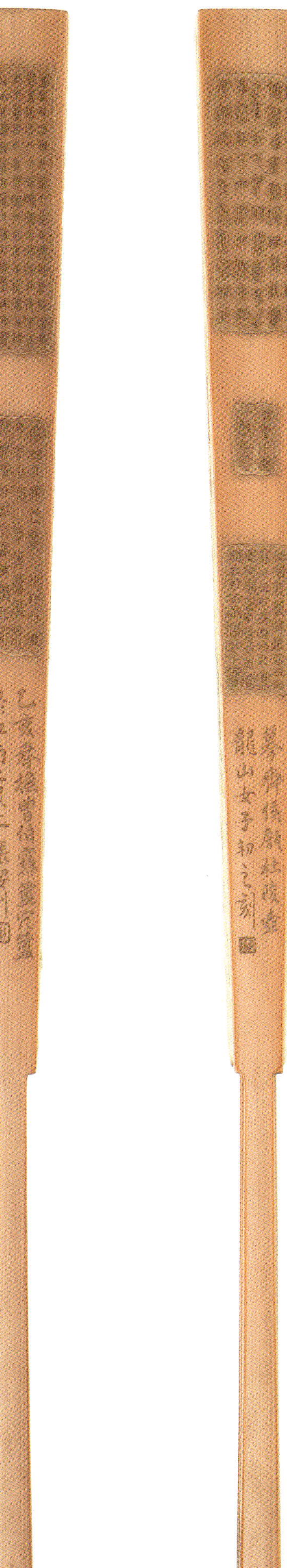

三〇五　吴炎刻王叔暉人物圖、黄濬行書扇骨

民國年間（1912—1949）

股長 31.90 厘米，板闊 2.06 厘米

款署『叔暉畫』『迪生刻』；『秋岳書南來所得句』，鈐二陽文橢圓、方印『黄』。

吴炎，字迪生，江都（今屬江蘇揚州）人，客居北平多年。民國年間竹刻名家、篆刻家，曾任北平印社社長。工書，善刻竹治印，亦善制印泥。擅將名人書畫篆刻於扇骨之上，傳器有淺刻花鳥書法扇骨。

王叔暉（女，1912—1985），字鬱芬，浙江紹興人。擅工筆人物，創作以古典題材爲主，善於繼承中國畫綫描的優秀傳統，并吸收西畫的透視解剖法，用筆精細，細節刻劃明徹入微，人物形象美而不媚，清秀生動，於現代工筆人物畫中獨具一格。

黄濬（1891—1937），字秋岳，又號哲維，一作哲涯，別號壺舟，室名花隨人聖庵，福建閩侯人，一作侯官（今均屬福建）人。曾任梁启超、汪精衛之秘書，官至行政院秘書。詩人陳衍弟子。工詩詞，善詩文詞章之學，尤工駢體文，著有《花隨人聖摭憶》。工書法，秀雅文氣，曾爲張大千等名家題畫詩多首。

泊符志業傷妏秦江今漢山換貴茶

秋岳書南來所得句

叔暉畫

迪生刻

三〇六　吴炎刻溥儒鍾馗擒鬼圖、孔昭曾行書詩句扇骨

民國二十七年（1938）

股長31.20厘米，板闊2.00厘米

款署『心畬』，鈐陽文方印『溥』；『戊寅夏日，又荃書，迪生刻』，鈐陽文方印『王大』。

溥儒（1896—1963），字心畬，別署四川逸士，號西山逸士，別署松巢，室名寒玉堂，宛平（今屬北京）人。清宗室，恭親王之後。幼即究心藝事，詩詞、書法，秀逸出塵。工山水，以南宋爲宗。與張大千有『南張北溥』之稱。

孔昭曾（1874—1940），字文荃，號少雲，孔子七十一代孫。光緒十七年（1891）舉人，授內閣中書侍讀、分省補用知府、曲阜官立四氏師範學堂（曲阜師範學校前身）監督（校長）、曲阜孔學總會會長等職。喜愛書畫藝術，潛心研究歐、顏、米、蔡以及漢魏六朝碑帖，造詣較深。繪畫長於山水、人物、花鳥。兼攻詩詞，著有《曲阜聖迹古迹擇要略考》一卷。

三〇七　楊先農摹刻漆書筆、古泉扇骨

民國二十八年（1939）

股長 31.10 厘米，板闊 2.00 厘米

款署『己卯五月楊先農刻』，鈐陽文方印『楊』。

楊先農，生卒、里貫不詳。

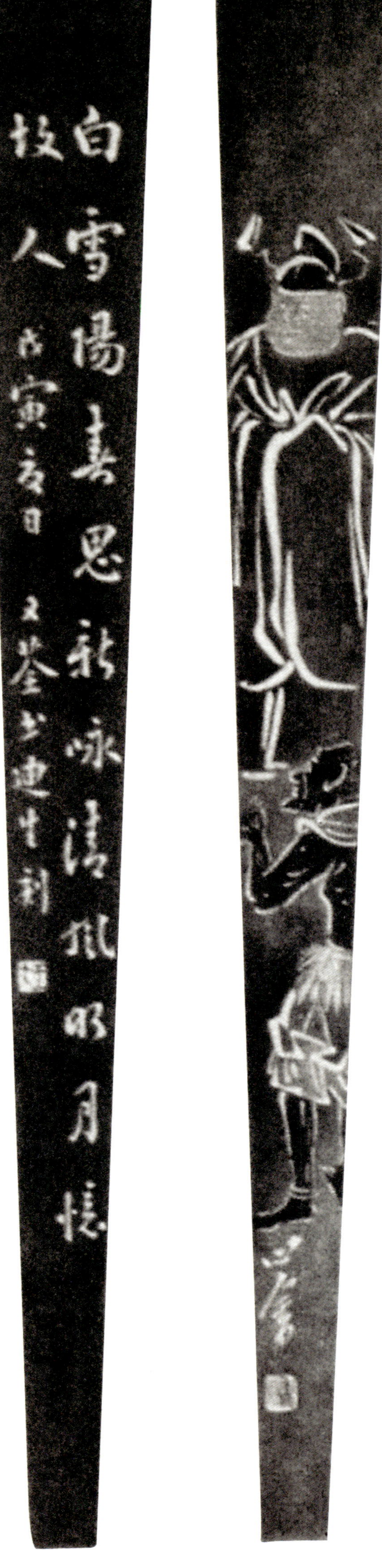

三〇八　秦之仁刻行書東坡句、石鼓文扇骨

民國二十八年（1939）

股長32.30厘米，板闊2.08厘米

款署『半知先生法政，己卯七月之仁寫東坡句并刊』，鈐陽文橢圓印『仁』；『己卯新秋臨石鼓文集，聯十六字以應半知先生大雅教正，之仁刊』，鈐陽文橢圓印『仁』。

秦之仁（1910—？），號易安，上海浦東人。書法篆刻家、竹刻家。擅用摺扇竹柄面雕刻，爲日本前首相田中角榮青睞，名噪東瀛。中華人民共和國成立後爲中國蠶絲公司營業所美工人員。

三〇九　秦之仁刻張大千寒鴉漁歸圖、行書李商隱《樂游原》扇骨

民國年間（1912—1949）

股長31.50厘米，板闊2.03厘米

款署『大千』，鈐陽文方印『大千』；『秦之仁製』，鈐陽文方印『之仁』。

三一〇　秦之仁刻張大千山水人物、山水圖扇骨

民國（1912—1949）

股長32.80厘米，板闊2.05厘米

款署『大千』，鈐陽文方印『大千』；『大千又筆』，鈐二陽文方印『大千』『之仁刊』。

三一一　艮觀刻高時豐『松壽』、行草詩句扇骨

民國年間（1912—1949）

股長31.00厘米，板闊2.06厘米

款署『存道寫』；『存道書，艮觀刻』。

艮觀，姓氏、里貫不詳。

高時豐（1876—1960），字魚占，號存道居士。浙江杭州人。高野侯之兄。晚清秀才。工書，善山水、花卉，晚年專於畫松，以秀筆出之，古樸有致。兼能治印，爲西泠印社早期社員。晚年入上海市文史館。能詩，著有《存道詩賸》一册。

三一二　湯寒光刻唐雲月兔圖、行書詩句扇骨

民國年間（1912—1949）

股長31.00厘米，股闊2.15厘米

款署『杭人唐雲寫』；『西泠寒光書刻』，鈐陽文方印『湯』。

湯寒光，西泠印社社員。其餘不詳。

唐雲（1910—1993），字俠塵，別號東原、藥塵、藥城、藥翁、老藥、大石、大石居士、大石翁，室名大石齋，杭縣（今屬浙江杭州）人，1938年遷居上海。曾任中國美術家協會理事，上海美協副主席，中國畫研究院院務委員，西泠印社理事，上海中國畫院代院長、名譽院長。著名國畫大師。善畫花鳥、山水，尤以蘭竹著稱，取法八大、石濤、金農、華喦、沈周等。撰有《王履〈華山圖〉》《八大山人的〈瓶菊畫〉》，出版有《唐雲花鳥畫集》等。

三一三　赤人摹刻任薰雙蟹鬥螯圖、趙之琛書法扇骨

民國年間（1912—1949）

股長 31.90 厘米，板闊 2.02 厘米

款署『阜長任薰寫』；『次閑書於退庵，癸卯夏四月』，鈐陽文長方印『赤人摹刻』。

赤人，姓氏、里貫不詳。

三一四　孫更貫留青高野侯梅花圖、隸書扇骨

民國二十九年（1940）

股長32.00厘米，板闊2.10厘米

款署「庚辰冬，野侯寫」；「彥沖吾兄雅屬，高野侯集漢西狹頌，庚辰十月孫更貫刻」。

孫更貫，生卒年不詳。近現代竹刻名手。張石園入室弟子，孫憎陀之子。擅書畫，精刻印和刻竹，惜英年早逝，傳世作品不多。

高時顯（1878—1952），字欣木，號野侯，以號行，杭縣（今屬浙江杭州）人。時豐弟。清末舉人，西泠印社早期社員。以書隸、畫梅、治印著名。尤工畫梅，有「畫到梅花不讓人」之句。藏書畫處名梅王閣，所藏古今名人畫梅極豐，稱「五百本畫梅精舍」。輯有《方寸鐵齋印存》。

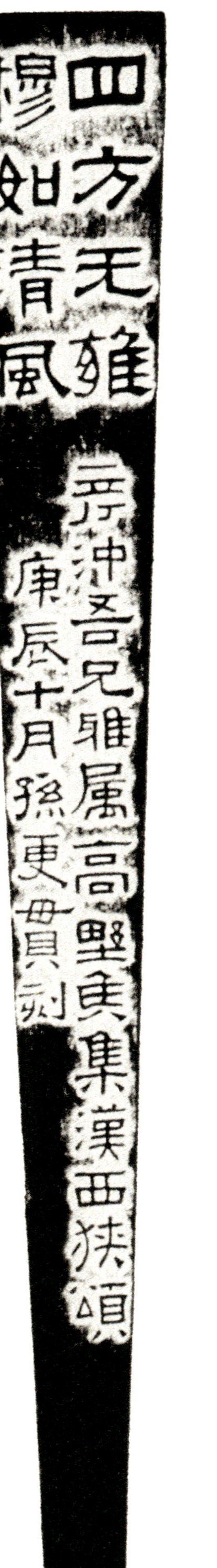

民国高野侯墨梅图、隶书成扇

三一五　支謙摹刻先秦古泉、漢安國侯虎符唐軍傳佩魚符扇骨

國二十九年（1940）

股長31.80厘米，板闊2.00厘米

鈐刻陽文方印『彥沖珍藏』；款署『庚辰立夏，慈厂記』，鈐陰文橢圓印『支』。

支謙（1904—1974），字慈庵（或作『慈厂』）、士厂、子安，號南村，又號宜石、染香居士，別署染香館主，室名染香館、宜石齋。吳縣（今屬江蘇蘇州）人，寄居上海。扇刻名家。擅竹刻扇骨、臂擱，能吸取傳世竹刻技法，以繪畫法刻竹。兼工花卉，頗具宋元筆意。亦工治印，師從趙叔孺。

三一六　支謙刻『春風』、『秋思』扇骨

民國年間（1912—1949）

股長32.00厘米，板闊2.00厘米

款署『支慈廠刻』，鈐陰文長方印『南邨』；『南邨寫』，鈐陽文橢圓印『支』。

三一七　支謙刻江寒汀蟬柳、蟈蘆圖扇骨

民國年間（1912—1949）

股長31.50厘米，板闊2.03厘米

款署『寒汀畫』，鈐陰文方印『江』；『慈厂刻』，鈐陽文橢圓印『支』。

三一八　支謙留青郭蘭祥蟬柳、花蟲圖扇骨

民國年間（1912—1949）

股長 31.30 厘米，板闊 2.04 厘米

款署『尚齋畫，慈厂刻』，鈐陽文長方印『尚齋』；鈐陰文方印『支士厂』。

三一九　支謙留青漁家女、梅竹圖扇骨

民國年間（1912—1949）

股長 32.50 厘米，板闊 2.04 厘米

款署「支謙慈厂」，鈐陽文橢圓印「支」；「慈庵」，鈐陽文長方印「慈厂」。

三二〇　秦佛元留青余伯雨東坡賦鼠（子鼠）、掛角讀書（丑牛）圖扇骨

民國三十年（1941）

股長31.70厘米，板闊1.90厘米

款署「東坡賦鼠，伯雨寫十二屬之子鼠圖」，鈐陰文橢圓印「余」，下方鈐二陽、陰文方印「伯雨」「作畫」；「掛角讀書，辛巳八月寫十二屬之丑牛。佛元刊」，鈐陰文橢圓印「秦」，下方題「級三兄，拂暑。劉君石敬贈」。

秦佛元，生卒、里貫不詳

余伯雨，號江東老龍，又號雕龍軒主，南京人。民國時期活躍在京津地區的扇刻名家。善單刀刻竹，尤擅留青陽文，喜於扇邊刻作山水人物，并題長跋，有文人之韵。

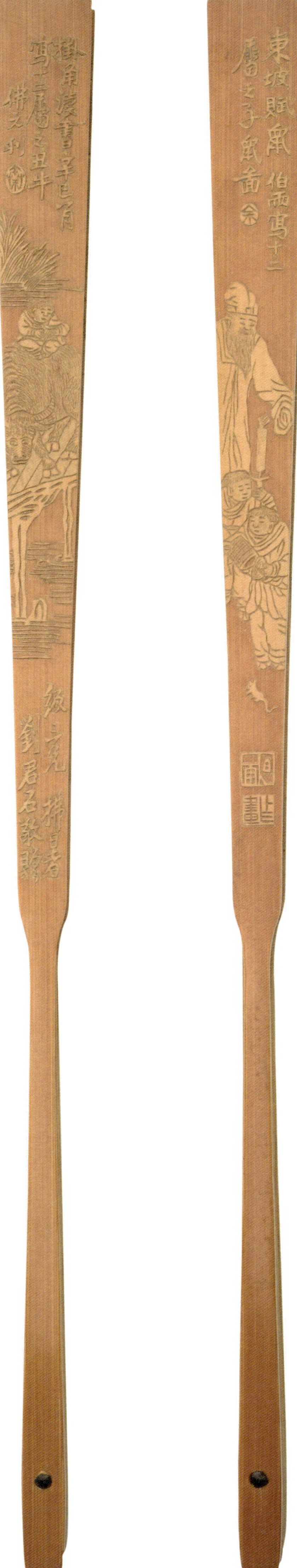

三二一　秦佛元留青余伯雨黃耳寄書（戊犬）、海上牧豕（亥豬）圖扇骨

民國年間（1912—1949）

段長31.75厘米，成闊1.90厘米

款署『黃耳寄書，寫十二屬之戊犬圖。伯雨作』，鈐陰文橢圓印『余』，下方鈐二陽、陰文方印『伯雨』『作畫』；『海上牧豕，寫十二屬之亥豬圖。佛元刊』，鈐陰文橢圓印『秦』。

三二二　秦佛元留青袁枚《隨園詩話·傘山道中》圖扇骨

民國年間（1912—1949）

股長 31.70 厘米，板闊 1.90 厘米

鈐陰文方印「佛元刊」；鈐陽文方印「石」。

三二三　留青湯擴祖《春雨》圖扇骨

民國年間（1912—1949）

段長 31.80 厘米，段闊 1.90 厘米

鈐陰文圓印；款署『澤庭兄拂暑，劉君石敬贈』。

三二四　花雲刻王道蟬柳、鵲梅圖扇骨

民國三十年（1941）

股長 32.00 厘米，板闊 2.09 厘米

款署「瘦秋王道寫於滬上」，鈐陽文橢圓印「王」；「辛巳夏劍南刊」，鈐陽文橢圓印「花」。

花雲（1908—1964），字劍南，虞山（今屬江蘇常熟）人。江南著名刻竹藝人。花元之弟。幼從父潤卿學書作畫。精於刻竹扇骨，尤長於留青。常與兄合作，作畫刻竹。1937 年後寓上海刻竹，與書畫家江寒汀、唐雲、馬公愚、支慈庵等均有交往。

王道，字海鷗、閑鷗，號瘦秋、鋤園，清末年至民國初年上海人，一作常熟人。好學嗜書，於董其昌書深得三昧。晚年學益純粹，精力彌滿，骨老氣蒼。曾游日本，名噪彼都。

三二五　花雲刻花元竹石、芭蕉鳥石圖扇骨

民國年間（1912—1949）

股長31.80厘米，板闊2.03厘米

款署「劭厂畫」，鈐陽文橢圓印「元」；「劍南刊」，鈐陽文橢圓印「花」。

花元（1898—1957），字劭厂，別號解語室主，室名鬧紅一舸，虞山（今屬江蘇常熟）人。民國時期職業畫家，活躍於無錫、上海一帶。擅花鳥及行書。畫承家學，後師從沙山春和吴石平，并能「偶效任伯年得其神似」，花鳥賦色明麗，氣韻清雅。書學楊沂孫、張謇（季直），小行楷亦極規矩，惜多棱角。

三二六　花雲刻花元鵲立枝頭圖、行書詩句扇骨

民國年間（1912—1949）

股長 32.00 厘米，板闊 2.00 厘米

款署「劫厂畫」，鈐陽文橢圓印「元」；「虞山劍南刊」，鈐陽文橢圓印「花」。

三二七　花雲刻花元鳥竹圖、行書詩句扇骨

民國年間（1912—1949）

股長 32.20 厘米，板闊 2.01 厘米

款署「劼厂畫」，鈐陽文橢圓印「元」；「虞山劍南刊」，鈐陽文橢圓印「花」。

三二八　花雲刻花元松下觀雁圖、行書詩句扇骨

民國年間（1912—1949）

股長31.70厘米，板闊2.00厘米

款署「劼厂畫」，鈐陽文橢圓印「元」；「虞山劍南刊」，鈐陽文橢圓印「花」。

三二九　任夫刻黄葆戊梅枝圖、行書陸游《梅花絶句》扇骨

民國年間（1912—1949）

股長 31.30 厘米，梃闊 1.06 厘米

款署『墅樵先生雅正，青山農寫，任夫刻』；『放翁梅花絶句，青山老農』。

任夫，生卒、里貫不詳。

黄葆戉（1880—1968），一作葆戊，字藹農，號鄰谷，别署青山農，福建長樂人，久居上海。書畫篆刻家。擅長書法，工隸書及北碑，參以伊秉綬筆意，簡静渾樸，自成風格。亦擅繪畫，山水、花卉，皆充滿文人氣息。兼工治印。有《曖廬摹印集》《青山農書畫集》《蔗香館印存》等。

三三〇　徐素白刻盆景圖扇骨

民國三十年（1941）

股長 30.80 厘米，板闊 2.05 厘米

款署『曼生刻曉鐘仿』；『辛巳二月，徐曉鐘刻』。

徐素白（1909—1975），字根泉，號曉鐘。江蘇武進人，寓居上海。近代著名竹刻家。精於刻竹，尤擅留青技法，與上海書畫名家江寒汀、錢瘦鐵、唐雲、白蕉、鄧散木、馬公愚等均有合作，能傳神地再現不同書畫家的筆墨風格，被譽爲當代留青雕刻之最。出版有《徐素白竹刻集》。

三三一　徐素白留青江寒汀佛手、蔓瓜圖扇骨

民國年間（1912—1949）

股長32.10厘米，板闊2.07厘米

鈐陽文方印「曉鐘」；款署「寒汀畫素白刻」，鈐陽文圓印「徐」。

江寒汀（1903—1963），名上漁，又名鴻，字寒汀，以字行，江蘇常熟人。十六歲從同里陶松溪游，寫花鳥別具神韻，後負笈游滬，得綜觀宋元名迹，善於描繪各種禽鳥，尤精於雙勾填彩、没骨寫生，所畫花鳥形象生動，色彩明麗，栩栩如生，自成面目。出版有《江寒汀百鳥圖》《江寒汀畫集》等。

三三二 李卓雲刻江寒汀花蝶竹蛛、蟬枝瓜葉圖扇骨

民國年間（1912—1949）

股長32.30厘米，板闊2.08厘米

款署『寒汀畫，卓雲刻』。

李卓雲（1921—？），吉林人。20世紀海上竹刻名家。爲畫家江寒汀的快婿門生。刻扇骨以翁丈畫稿爲主，運刀能曲盡其意。

三三三　孫嘯亭刻江寒汀松鳥、花蟲圖扇骨

民國年間（1912—1949）

股長31.70厘米，板闊2.03厘米

款署『寒汀畫』；『雲江先生大雅正之，歗亭刻』。

孫嘯亭，活躍於20世紀上半葉。孫隘堪子。親承家學，工篆刻。

三三四　孫嘯亭刻江寒汀花鶥、柳鳥圖扇骨

民國年間（1912—1949）

股長 33.20 厘米，板闊 2.20 厘米

款署『寒汀畫』，鈐陽文方印『孫』；鈐陽文長方印『嘯亭刻』。

三三五　周玉菁刻吴似蘭荷塘小景、行書詩句扇骨

民國三十年（1941）

股長32.00厘米，板闊2.03厘米

款署「緑野寫意」，鈐篆書陽文方印「似蘭」「玉菁刻」，鈐陽文方印「周」；「辛巳冬日，緑野」，鈐陽文圓印「吴」。

周玉菁（1920—2005），初名德生，號立齋，江蘇蘇州人。吴中名畫家周赤鹿長子。刻竹師承吴門派竹刻名家黄山泉。入蘇州工藝美術廠，專事雕刻。凡印章、磚雕、木刻、竹刻無所不能，尤擅鎸刻臂擱、扇骨。其扇骨刊刻頗有個人風格，在一扇骨上，微刻、淺刻、深刻皆有體現，曾以國畫寫意法刻荷葉，濃淡墨色迭出，可謂開創了竹刻又一筆法。

吴似蘭（1908—1964），名華馨，字似蘭，又字慶生，號緑野，别署蘭塢，江蘇蘇州人。工畫，花卉師事顔純生，落筆有致，肥潤若真。兼善攝影。

三三六　周玉菁刻張議牡丹圖、行書詩句扇骨

民國年間（1912—1949）

股長 31.60 厘米，板闊 2.04 厘米

款署『宜生寫，玉菁刻』，鈐陽文長方印『宜生』；『宜生書，玉菁刻』，鈐陽文圓角方印『周』。

張議（1902—1967），字宜生，號忍齋，江蘇常熟人，1925 年後定居蘇州。精通文辭，工書，擅花卉。早年師從國畫名家陳摩習山水畫，與當代書畫名家張辛稼、陸抑非、王季遷出於同一師門。

三三七　金紹坊刻趙叔孺秋葵秀石圖、王禔篆書扇骨

民國三十年（1941）

股長34.40厘米，板闊3.28厘米

款署『伯良仁兄雅屬，辛巳夏日趙叔孺作，西厓刻』；『録山舟學士扇銘，奉伯良先生雅屬。辛巳夏福厂篆，西厓刻』。

金紹坊（1890—1979），字季言，自號西崖，別署西厓，室名可讀齋、可讀廬，浙江吴興人。金紹城及金紹堂之弟。擅書畫，工竹刻，亦精鑒賞。尤精竹刻扇骨，曾於三年中刻扇骨三百餘把，又能刻留青山水於小秘閣，仿周子和縮橅金石文字，得其神似。其竹刻作品，多爲其兄金城畫稿，亦有吴待秋（澂）、吴昌碩（俊卿）等人之作，刀法流暢，渾厚生動。著有《可讀齋刻竹拓本》《西崖刻竹》《竹刻藝術》和《刻竹小言》。

趙叔孺（1847—1945），名時棡，字叔孺，以字行，號紉萇，晚號二弩老人，室名二弩精舍，鄞縣（今屬浙江寧波）人，寄居上海。精金石、書畫，尤好畫馬，晚工花卉、翎毛、草蟲。并工刻印。著《二弩精舍印存》《漢印分類》《古印文字韵林》等。

王禔（1878—1960），初名壽祺，字維季，號福厂，又號屈瓠，別署羅刹江民，齋名麋研齋，七十後自號持默老人，浙江杭州人。王同伯子。承家學，喜蓄印，自稱印傭。工書法，鐘鼎、篆、隸、楷、草皆能。又精刻印，得浙派神髓。光緒三十年（1904）與葉銘、丁仁、吴隱共創設西泠印社於西湖孤山。民國初至北京，任印鑄局技正。民國十九年（1930）至上海鬻書、治印以自給。中華人民共和國成立後，爲上海中國畫院畫師。著《説文部屬檢异》《麋研齋作篆通假》《福厂藏印》《麋研齋印存》。

三三八　金紹坊刻笋竹松鼠、柿子枝葉圖扇骨

民國年間（1912—1949）

股長 32.40 厘米，板闊 2.05 厘米

款署『西厓』；鈐陰文方印『西厓手刻』。

三三九　金紹坊刻孤鶴行舟、蛛網殘枝圖扇骨

民國年間（1912—1949）

股長 32.00 厘米，板闊 2.08 厘米

鈐陰文方印『金坊』；款署『西厓刻』。

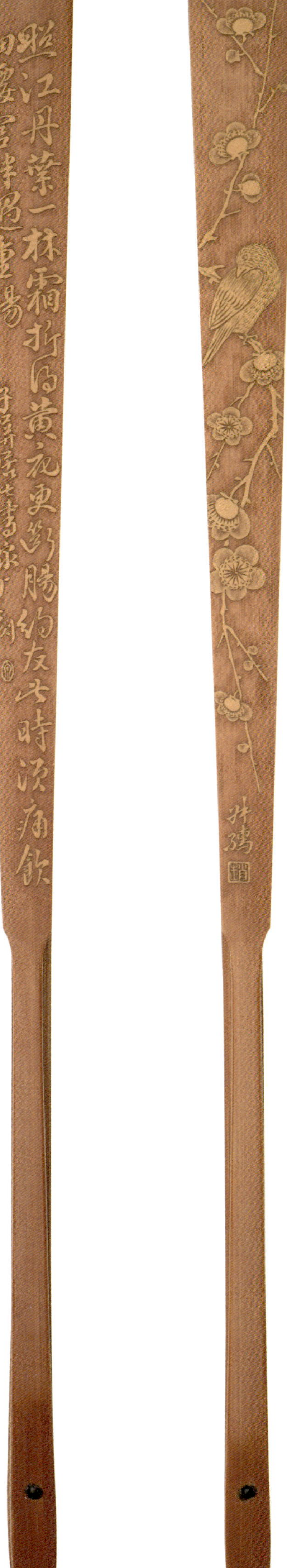

三四〇 泉庵留青趙叔孺梅雀圖、子屏居士行書扇骨

民國年間（1912—1949）

股長 30.90 厘米，板闊 1.90 厘米

款署『叔孺』，鈐陽文方印『趙』；『子屏居士書，泉庵刻』，鈐陽文橢圓印『泉』。

泉庵，民国竹人。生卒、里貫不詳。

子屏居士，生卒、里貫不詳。

三四一　馮邕喈刻竹陰閑情圖、行書録玉壺句扇骨

民國三十一年（1942）

股長 32.40 厘米，板闊 2.00 厘米

款署『維清先生雅屬，邕喈刻』，鈐陽文橢圓印『馮』；『録玉壺句，壬午四月，邕喈書』。

馮邕喈，浙江平湖人，近現代篆刻家。

三四二　沈覺初刻汪庸垂枝梅、來楚生隸書惲寿平《梅图》扇骨

民國三十二年（1943）

段長31.10厘米，板闊2.00厘米

款署『汪庸寫，覺初刻』；『南田翁詩，癸未春暮來楚生録之，沈覺初刻』。

沈覺初（1915—2008），初名岩，後更名覺，字覺初，以字行，齋名容膝齋，浙江德清人，寓居上海。20世紀上海著名竹刻家、篆刻家。吴待秋入室弟子。善山水書法，又能刻印、刻壺和竹刻。山水宗四王，印宗胡钁，旁及磚陶、封泥，又以書畫用筆刻竹扇骨、臂擱、竹木筆筒、硯板、硯盒等。與上海名畫家多有合作，與唐雲、來楚生過從甚密，刻紫砂壺，獨創一格，爲近世名手，名播海内外。

汪庸，民國時期書畫家。《美術年鑒》記載：民國二十五年（1936），上虞朱念慈在杭州創辦書畫同道組織『蓴社』，汪庸與姜丹書、潘天壽、唐雲、來楚生、韓陶齋、申石伽等均爲首批社員，蓴社每月雅集一次，盡一日之長，競作書畫，抗戰後尚在浙東舉行社集。

來楚生（1903—1975），原名稷勳，字初生，更字初升，號然犀，燃犀、負翁，别署楚凫、非葉、安處、木人、一枝頤、晚署初二門，室名然犀室，蕭山（今屬浙江杭州）人，後定居上海。書畫、篆刻家。畫工花鳥，擅長闊筆花鳥畫，亦涉山水、人物。精書法，遠宗漢魏晋唐，近踵明清諸家，草、隸、篆皆工，尤以草、隸冠絶一時。工篆刻，源出吴讓之，追宗秦漢，略師吴昌碩而有己意，治印尤爲著名。書、畫、印三者俱佳，人稱三絶。著有《來楚生畫集》《來楚生印集》《來楚生篆刻藝術》等。

三四三　龐鐸刻松鶴策杖圖、行書詩句扇骨

民國三十二年（1943）

股長 32.00 厘米，板闊 2.04 厘米

款署『癸未七月吴江仲經刊』，鈐陽文方印『方壺』。

龐鐸（1895—1953），字仲經、祥生、方壺，又作中金、仲景、羊生，號鹿門山樵，吴江同里人。蘇州竹扇骨雕刻名家。擅刻竹，精選材。

三四四　龐鐸刻人物圖、行書詩句扇骨

民國年間（1912—1949）

段長 31.40 厘米，段闊 2.11 厘米

鈐陽文長方印『方壺作』；款署『鹿門山樵刊』，鈐陽文長方印『中金』。

三四五　湯小山刻祁崑山水圖、行書詩句扇骨

民國年間（1912—1949）

股長31.50厘米，板闊2.10厘米

款署『井西居士』，鈐篆書陽文方印『井西』；『蕭山湯小山書刻』，鈐篆書陽文橢圓印『小山』。

湯小山，浙江蕭山人。民國時期刻扇骨小名家。

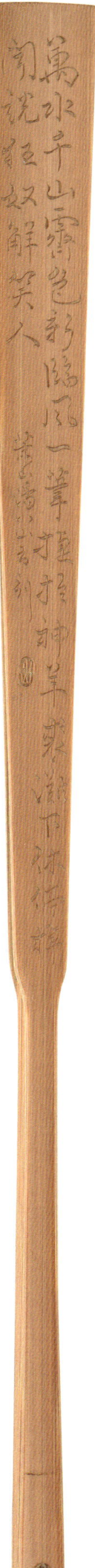

三四六　沈琬玉刻蝶戀花、垂枝花鳥圖扇骨

民國年間（1912—1949）

股長 31.70 厘米，板闊 2.02 厘米

款署『開第先生正之』『琬玉』；『梁溪女史刻』，鈐陰文方印『沈』。

沈琬玉（女），號梁溪女史，民國時期江蘇無錫人。擅刻花鳥，綫條流暢，刀痕爽利。

三四七　沈琬玉刻『浸月』、隸書吴昌碩詩句扇骨

民國（1912—1949）

股長 31.85 厘米，板闊 2.05 厘米

款署『琬玉刻』；『雲卿先生正之，撫缶廬老人舊句。琬玉』，鈐陰文方印『沈』。

三四八　顧廷玢刻行書詩句扇骨

民國年間（1912—1949）

股長31.30厘米，板闊1.99厘米

款署『景桓姻兄大人清玩』；『伊耕』，鈐二篆書陽文方印『伊』『耕』。

顧廷玢，字伊耕，一作依根，江蘇蘇州人。民國時期蘇州竹扇骨雕刻名家。擅詩詞、書法、治印、刻竹。20世紀20年代前後任江蘇省立第二中學教師，教授金石和竹刻。

三四九　支松刻葡萄、枇杷圖扇骨

民國年間（1912—1949）

股長 31.80 厘米，板闊 2.00 厘米

款署『敬玉』；『敬玉支松刻』。

支松，字敬玉，吴縣（江蘇蘇州）人，民國年間竹刻家，支慈庵族弟。善書畫金石，精於竹刻，和一些書畫名流多有交往。存世竹刻作品多爲陰刻山水竹石扇骨。

三五〇　楊聽松刻白雲山人人物圖、行草扇骨

民國年間（1912—1949）

股長31.30厘米，板闊2.00厘米

款署『古吳白雲山人』；『楊聽松刻』，鈐陽文方印『楊』。

楊聽松，生卒、里貫不詳。

白雲山人，姓氏、里貫不詳。

三五一　張維揚刻竹枝圖、張治草書詩句扇骨

民國年間（1912—1949）

股長 30.80 厘米，板闊 1.94 厘米

款署『石坡畫并刻』；『重光大道落新秋大罡張治書於海上真賞館南窗』。

張維揚，字石坡，清末民國時鄞縣（今屬浙江寧波）人。善書，工篆刻。楷書、篆書皆能，有前人章法。

張治，生卒、里貫不詳。

三五二　傳訓刻江載曦蔓藤花果圖、單曉天行書詩句扇骨

民國年間（1912—1949）

股長31.10厘米，板闊2.00厘米

款署『見厓』『式詔刻』；『孝天書，式詔刻』。

傳訓（1922—？），字式詔，浙江寧波鎮海人。早年自學寫字、治印和刻竹。20世紀30年代末拜白蕉爲師，習書法治印。1943年投金西厓門下習刻竹，盡傳金氏刻竹之秘。20世紀60年代廣爲海上書畫家刻竹。

江載曦（1915—1951），又名祿耀，字見厓，號蝶胥，別署眷西樓主，浙江嘉興嘉善人。江雪塍仲子。七七抗戰事起，由蘇州避滬，以藝自晦。工山水、花卉、人物、翎毛，於宋元明諸家，寢饋甚深，山水直逼文唐。自民國三十一年（1942）起，喜作草蟲，出入於宋趙昌、艾宣，元錢舜舉，明趙文俶，清馬江香、惲南田諸家，尤工畫蝶，一時有『江蝴蝶』之稱。

單曉天（1921—1988），原名孝天，字琴宰，別號春滿樓主，浙江紹興人。自幼即受其父偉臣先生庭訓，以書小楷爲日課。後經启蒙老師李肖白介紹師事鄧散木。隸、篆、正、行、草書無所不能。尤以篆刻名世。其書法氣度典雅端莊，結體恢宏清遒，功力深厚。

三五三　潘行庸刻仿元人本山水、摹金文扇骨

民國年間（1912—1949）

股長 31.00 厘米，板闊 2.07 厘米

款署「仿元人本，味厂」，鈐陽文方印「郯」；「味厂橅古」，鈐陽文方印「潘」。

潘行庸（1888—1961），名郯，字行庸，號味厂，別號拙叟，嘉定（今屬上海）人。潘松雲之子。工於刻竹，自幼師承時文秀齋技藝，專事浮雕和淺刻，擅刻山水壁飾及扇骨，所鏤山水、花鳥、仕女，盡行師法，尤工刻小楷，凡畫譜、畫册、諸家字體，均能模仿逼真。

三五四　潘行庸刻仿宗蒼山水、行書詩句扇骨

1950 年

股長 30.10 厘米，板闊 1.99 厘米

款署『仿宗蒼筆，得孚表叔拂暑，侄王鳳琦敬贈』；『庚寅孟秋上浣，行庸』，鈐陽文方印『郯』。

三五五　高廷肅刻高振霄書法扇骨

20世紀中葉

股長31.90厘米，板闊2.04厘米

款署『彦沖世兄屬，高振霄書，男廷肅侍刻』；『振宵再書』。

高振霄（1876—1956），字雲麓，别署閑雲，號頑頭陀、洞天真逸，七十歲後署學者學庵、四明一個古稀翁、耄年勵學（均刻有印），室名雲在堂、静遠齋、洗心室。鄞縣（今屬浙江寧波）人。光緒三十年（1904）進士。官編修。民國後寓滬教授，以鬻書自給，并恒以臨碑，至老不衰。工書法，兼能畫梅。著有《史發微》。

高廷肅（1921—？），字式熊，室名小雲在堂（其父齋名雲在堂），鄞縣（今屬浙江寧波）人。振霄第二子。精篆刻。1948年輯自刻印《西泠印社同人印傳》四册。

三五六　朱鉊新刻『忘機』、行書詩句扇骨

1957 年

股長 30.80 厘米，板闊 2.08 厘米

款署『丁酉大暑，朱鉊新寫意』，鈐陽文方印『朱』；『彥沖先生博正，丁酉夏徐廉甫持贈，時年七十三』，鈐陽文方印『十五』。

朱鉊新，畫家朱蓉莊之子。擅八法，髫齡即能對客揮毫，作楹聯古渾可喜，因有神童之號。及壯有所作，輒署園丁。書學顔平原，擅畫蘭竹，筆氣雄健。

三五七　徐孝穆刻唐雲梅花、竹枝圖扇骨

1962年

股長31.00厘米，板闊2.00厘米

款署「彥沖道兄屬，杭人唐雲」；「孝穆刻，大石畫，時壬寅之春」。

徐孝穆（1916—1999），名文熙，字谿西，號穆翁，江蘇吴江縣黎里鎮人，長期定居上海。柳亞子外甥。擅書法、繪畫，癖金石，精刻竹、刻硯及紫砂茶壺。書法能楷書、行草。能篆刻，有鄧石如、吴昌碩遺意。竹刻追摹明代嘉定朱氏刻技，深研清代周芷岩刀法，專攻淺刻法，融書法、繪畫、雕刻於一爐，善於保持原作的筆墨特徵。初期以刻柳亞子書爲多，後吴作人、蔣兆和、沈尹默、唐雲、白蕉等都爲其竹刻作書畫，長期與唐雲合作。撰有《刻餘隨筆》《徐孝穆竹刻》。

後記

中國竹刻扇骨的研究，地域性非常明顯，以蘇州和揚州爲最。蘇州作爲明清時期中國江南制扇業和扇骨雕刻藝術的重鎮，有關制扇業和扇骨雕刻藝術的文獻記録與文化研究成果尤爲豐富；揚州作爲扇骨雕刻聚集地也有許多頗爲重要的研究成果。但是，綜合歷史演變和地域特徵，對中國竹刻扇骨作較全面系統性研究的，目前所見相關專著文獻甚少，有必要深入發掘和研究探討。

本書收録的實物資料主要是基於秦康祥先生的竹刻舊藏。秦康祥先生是民國時期滬上著名的甬籍收藏家，其竹刻收藏除許多彌足珍貴的明清名家竹刻藝術品以外，還有豐富的清至民國時期的名家竹刻扇骨。這些竹刻扇骨數量之多、涉及地域之廣、年代跨度之大、文人書卷氣息之重，均堪稱宇内第一。因此，對這批存世數量龐大且能基本構成系列與體系的扇骨實物的具體年代與相關作者的細緻辨認和嚴密考證，有助於梳理與比較分析它們在形制、款式以及題材内容上所體現的時代特點與發展脉絡，使這些扇骨所流行的歷史演變、地域特徵進一步清晰明朗，這是構成本書課題研究的重要基礎。

隨着近年來文物拍賣市場的興起與社會個人收藏的日益興盛，一些以單純扇骨，或與成扇一體的竹刻扇骨陸續見之於世，并且也具一定的存世量，這些都是扇骨研究很好的實物資料。

扇骨竹刻藝術在明晚期已初見端倪，於清中後期真正全面興起，至清晚期達到鼎盛，并一直延續至民國時期乃至中華人民共和國成立初期。作爲一門頗具時代特點、地域特色和文人色彩的竹質雕刻藝術，所涉及的知識領域極爲寬泛。一件小小的扇骨往往集詩、書、畫、印數位名家創作於一體。它既是明清竹刻藝術發展到一定歷史階段後與多種藝術交相融合的結晶，更是時代社會經濟發展的特殊産物，蘊含着豐富的社會人文信息與歷史文化價值。正由於扇骨竹刻在當時文人中的風靡，故絶大多數擅長詩、書、畫、印、竹刻的文人與藝人都參與到了扇骨的創作之中。這些文人藝匠雖然絶大多數名載史册，但也有些未留踪迹，加之古代扇骨款識基本上都是以作者的字號落款，而字號相重者在古代又司空見慣，這些都給考證扇骨創作藝人的準確性帶來了很大的難度。作者查考工作雖歷經數年，但遺憾的是尚有不少字號有待考釋，在此衹能遺憾地作待考處理了。同時，限於見識，本書在研究上也難免有所錯訛疏漏。

本書是以竹刻扇骨爲主的研究著作，因此對於每一件扇骨，凡涉及衆多創作者的，其人物簡介的編排順序，原則上是將刻扇者放在首位。也正是基於此，使得本書圖版編排的順序，無法參照通常書畫圖録出版的編排規則，即按作者的生年爲序。況且，絶大多數竹刻扇骨的作者根本無法準確地查證到其生卒年份，抑或是學界所公認的主要創作年代。因此，本書衹能暫且選擇主要以竹刻扇骨作品的具體年代來排序。凡遇同一作者的，則按其在書中出現的最早作品年代爲準，其餘的緊隨其後，這樣，每一位竹刻扇骨作者的作品也相對集中。這種方法雖有缺陷，但大致的年代相對比較準確。

至於扇骨的定名，則基本以國家文物局發布的《館藏文物登録規範》爲標準，定名時將扇骨正面内容置前，背面内容置後，以頓號相隔；款署亦是如此，正面的置前，背面的置後，以分號相隔。凡有作者自定畫題的，則以自定畫題爲名直接加引號，力求做到見其名如見其物。此外，又因每件竹刻扇骨的題材内容已在名稱中作詳細表述，故在圖版具體介紹時均作省略，衹留考析款識釋文。

可以説，中國竹刻扇骨的研究，還有很長的路要走。因爲，竹刻扇骨許多款識的辨析、人物字號的考證實非易事，還有便是扇骨所涉及的廣博的社會歷史背景與人文信息、文化現象等等，都有待於進一步的發掘考證與深化研究。

在本書出版之際，要特别感謝國家出版基金、江西省博物館、揚州博物館、蘇州博物館、象山博物館、西泠印社和寧波出版社的大力支持；特别感謝趙羽先生主編的《懷袖雅物：蘇州摺扇》，使本書在蘇州地域摺扇的研究上有重要的理論支撑與圖片參考資料；感謝本書裝幀設計寧波大學潘沁先生的辛勤付出；感謝寧波博物館錢路先生在扇骨疑難文字辨認上的熱情相助和李安寧先生在文物拍攝工作中的精益求精。

最後，謹以此書致敬已故的秦康祥先生、秦秉年先生父子以及秦康祥先生夫人陳和薌女士。

圖書在版編目（CIP）數據

中國竹刻扇骨 / 李軍著 . —寧波 : 寧波出版社，2018.10（2019.7 重印）
ISBN 978-7-5526-2805-0

Ⅰ. ①中… Ⅱ. ①李… Ⅲ. ①扇—鑒賞—中國 Ⅳ. ① K875.24

中國版本圖書館 CIP 數據核字（2018）第 242868 號

中國竹刻扇骨 Zhongguo Zhuke Shangu

李軍　著

出版統籌　袁志堅
責任編輯　沈建國
責任校對　陳金[illegible]　張愛妮　虞姬穎　王　蘇
裝幀設計　潘　[illegible]
圖版拍攝　李安[illegible]
排　　版　原色太陽
責任印制　陳　[illegible]
出版發行　寧波出版社（寧波市甬江大道 1 號寧波書城 8 號樓 6 樓）
印　　刷　寧波白雲印務有限公司
開　　本　787 毫米 × 1092 毫米　1/8
印　　張　53.75
字　　數　200 千
版　　次　2018 年 10 月第 1 版
印　　次　2019 年 7 月第 2 次印刷
標準書號　ISBN 978-7-5526-2805-0
定　　價　800.00 元